Meine WELT der STAUDEN

Christian Kreß

Meine WELT der STAUDEN

Staudenbeete anlegen, pflegen und verändern

Achtung!
Eintragungen, Unterstreichungen etc. sind untersagt und gelten als Beschädigung!
Überprüfen Sie daher bitte den Zustand des Bandes vor der Ausleihe und melden Sie uns evtl. vorhandene Eintragungen!

Ulmer

Inhalt

Tausendsassa im Staudengarten: Christian Kreß 7

Faszination und Berufung 9

Eine eigene Staudengärtnerei 10
Vom Jahr des Staudengärtners 22
Über das Züchten und Selektieren 32
Stauden in freier Natur entdecken 36

Praktisches Staudenwissen 45

Einmaleins der Staudenverwendung 46
Staudenbeete richtig anlegen 52
Von der Planung zur Blütenorgie 58
Ärgste Drängler im Staudenbeet 70
Essbares und Giftiges nebeneinander? 74
Mit Stauden gärtnern bis ins hohe Alter 78
Praktische Schritte für einen dauerhaften Erfolg 82
Stauden richtig pflegen 92
Unkraut, tatsächlich kein Problem? 106
Ein paar Vermehrungskniffe 110

Ganz persönliche Lieblingsstauden 117

Alpine und Steingartenstauden 118
Halbschattenstauden 122
Beetstauden 128

Einige Erfahrungen und Pflanzbeispiele 143

Dynamik oder Statik? 144
Artenvielfalt oder Minimalismus? 148
Im Schattengarten zeigt sich wahre Beständigkeit 152
Eine große Herausforderung: trockener Schatten 166
Ein feuchter Schattengarten 172
Wechselfeuchte Beete in der vollen Sonne 180
Zeichen des Klimawandels: Kies- und Steppengärten 184
Extreme Standorte: zwischen Asphalt und Verkehr 192
Extreme Standorte: Stauden auf Dächern 196
Unendlich große Pflanzenwelt: Alpinum und Steingarten 198
Wenn Gemüse und Stauden aufeinander treffen 208
Ideenreich: Stauden in Töpfen, Kisten und Kübeln 212

Service 217

Über Christian Kreß und Sarastro Stauden 218
Bezugsquellen 218
Einige Lesetipps 219
Register 220

Tausendsassa im Staudengarten: Christian Kreß

Dem Zauber eines gekonnt angelegten Staudengartens mit seiner unendlichen Vielfalt kann sich heute wohl niemand mehr entziehen. Kein Gartentyp zeigt vom frühen Frühjahr bis in den späten Herbst so viele Möglichkeiten ungewöhnlicher und berührender Pflanzungen. Speziell im öffentlichen Raum hat es eine Zeitlang gedauert, bis wogende Gräser und wild anmutende Stauden die formalen Blumenbeete abgelöst haben. Doch heute kann man ruhigen Gewissens behaupten: Der naturnah gestaltete Garten mit seinen winterharten Blütenstauden ist der Gartenstil des 21. Jahrhunderts! Und wie kaum ein anderer in unseren Breiten hat Christian Kreß, der Staudenzauberer aus dem oberösterreichischen Innviertel, sein Gärtnerleben, eigentlich sein ganzes Leben, dieser so vielfältigen Pflanzenwelt gewidmet. Und wie so viele andere ambitionierte Gartenmenschen habe auch ich schon vor vielen Jahren diese einzigartige Gärtnerei in Oberösterreich entdeckt. Und obwohl sie von meinem Wiener Wohnsitz ganz schön weit weg ist, bin auch ich immer wieder nach Ort im Innkreis gepilgert oder habe Gartentage besucht, wo unser reisefreudiger Staudenmagier regelmäßig seine besonderen Pflanzen darbietet. Und natürlich habe ich immer Neuigkeiten gefunden, Spezialitäten, Raritäten, die aus der Gartencenter-Reihe fallen wie ein besonderer Efeu mit klitzekleinen Blättchen, eine Wiesenraute en miniature oder unzählige seltene Alpenpflanzen, wahre Schätzchen! Oder meine geliebten Krötenlilien, auf die ich dort gestoßen bin. Nie und nimmer wird dieser wunderbare Ort ohne kistenweise Neuerwerbungen wieder verlassen!

Gerne denke ich an das erste Mal zurück, als wir mit unserem Wiener Gartenklub diese ungewöhnliche Gärtnerei besucht haben, doch auch an das letzte Mal vergangenen September – liegen doch Welten der Weiterentwicklung dazwischen. Ganz wunderbar hat sich hier alles entwickelt, verändert und vergrößert, der Schaugarten ist eingewachsen und die Auswahl an Raritäten ist schier riesig geworden. Kein Juwelierladen der Welt bringt mir solch Herzklopfen wie Christians Staudengärtnerei und sein romantischer Schaugarten, ein wahrlich paradiesischer Ort. Seit einiger Zeit gibt es sogar ein „Phlox-Museum" mit vielen Sorten, auch aus Russland, von denen man hier noch nie gehört hat – unglaublich!

Dieses völlige Aufgehen im Beruf findet man sonst hauptsächlich bei Künstlern, ein Leben ohne Trennlinie zwischen Berufs- und Privatleben ist auch für einen naturliebenden Gärtner eher ungewöhnlich. Von seinen vielen Reisen in botanisch interessante Gebiete bringt Christian Kreß immer wieder neue Eindrücke und faszinierende Bilder mit. Und hortet er sie zu Hause für sich? Nein, er gibt sie natürlich in seinen Vorträgen immer weiter – und ebenso in seinen Büchern über das Wesen der Stauden. Er teilt einfach gerne, was er in seinem intensiven Gärtnerleben an Erfahrungen angesammelt hat. Lassen wir uns davon inspirieren und möglichst viel im eigenen Staudengarten ausprobieren: viel Spaß bei der Lektüre!

Ruth Wegerer
Passionierte Gärtnerin, Gartenjournalistin und Buchautorin sowie Organisatorin des Gartenklubs Acanthus

FASZINATION UND BERUFUNG

Mit Stauden zu arbeiten, sie zu vermehren und ihre Entwicklung bis zum endgültigen Standort im Garten zu verfolgen, ist eine sehr reizvolle und wunderbare Aufgabe. Und wer einmal Feuer gefangen hat, kann sich ihrer Faszination kaum mehr entziehen. Mich begeistern aber nicht nur Blüten und Blattstrukturen, sondern vor allem auch die Menschen, die dahinter stehen: seien es Kollegen, Pflanzensammler – oder meine Mitarbeiter.

Und auch wenn Schlagwörter wie Rationalität und Arbeitsteilung vor der Staudengärtnerei nicht Halt machen, haben wir Staudengärtner doch das Glück, nachhaltiges Interesse an Stauden wecken zu können. Immer unter dem Motto: Lasst Blüten sprechen – und vergesst Gräser und Farne nicht.

Eine eigene Staudengärtnerei

Irgendwie reizte es mich immer schon, selbständiger Staudengärtner zu sein: einen eigenständigen Weg zu beschreiten und die eigenen Ideen zu verwirklichen. Allein, der Weg dorthin sei weit und steinig – so zumindest bekam ich es immer wieder von allen Seiten zu hören.

Wunschtraum versus Realität?

Jetzt nach mehr als 20 Jahren darf ich sagen, dass ich diesen Schritt trotz vieler Höhen und auch einiger Rückschläge niemals bereut habe. Und dass ich auch nach dieser langen Zeit nie die Lust verloren habe, diesen schönsten aller Berufe weiter auszuüben. Auch wenn nach Meinung so mancher Steuer- und Unternehmensberater trotzdem noch mehr Umsatz gemacht werden sollte. Jedem jungen Gärtner mit einer guten Berufserfahrung im In- und Ausland rate ich, den Weg in die Selbständigkeit zu probieren. Man muss ja nicht derart bei Null auf der grünen Wiese anfangen, wie ich es getan habe. Inzwischen gibt es auch genügend Betriebe, die übernommen werden wollen. Mein wichtigster Tipp: Vor dem Weg in die Selbständigkeit sollte man seine eigene Vision finden und diese auch formulieren. Ebenso klare Unternehmensziele definieren, um sich ja nicht zu verzetteln. Heute ist es ein absolutes No-Go zu meinen, man müsse jahrein, jahraus jeden Bereich des Gartenbaues abdecken und neben Kranzbinderei und Friedhofsgärtnerei auch noch Topfchrysanthemen, Gartenbau und Gartenpflege machen. „Schuster, bleib bei deinen Leisten", dieser Spruch hat sich gerade in der heutigen Zeit sehr bewährt.

Und auch wenn es sicher eine Menge Berufe gibt, in denen man sein Geld mit wesentlich weniger Mühe verdient als ausgerechnet als Staudengärtner – ich würde trotzdem niemals tauschen! Ich finde, keine Sparte des Gartenbaues ist so abwechslungsreich, spannend und vielfältig wie ein Stauden-Sortimentsbetrieb. Hier lebt man tatsächlich noch so richtig als Gärtner. Aber wohl kein anderer Bereich hat eine so lange Vorlaufzeit wie die einer Staudengärtnerei mit weitreichender Privatkundenfrequenz. Fazit: Nur ein leidenschaftlicher Gärtner mit viel Passsion und hohem Einsatzwillen ist auf Dauer bereit, hier Fuß zu fassen und diese jahrelange Durststrecke durchzustehen. Romantik ist hier fehl am Platz – auch der viel zitierte „gesunde Beruf" ist beileibe nicht immer so gesund, wie er gerne dargestellt wird.

Nur mit Unterstützung der Familie

Nach acht Jahren trennte ich mich damals, das war 1995, relativ abrupt von meiner alten Firma, in der ich für Vermehrung, Sortimentsgestaltung und Kundenberatung verantwortlich zeichnete. Ich war mit mir selbst nicht mehr zufrieden – meine Ziele dort hatte ich erreicht und konnte mich nicht mehr weiterentwickeln. Was nun? Wir hatten kurz zuvor ein Haus gekauft und meine Frau bekam als eine der letzten Lehrerinnen in Oberösterreich eine Beamtenstelle sowie eine Festeinstellung an der ortsansässigen Schule. Ich hatte zwei verlockende Angebote aus der Schweiz und ein gutes Angebot aus Niederösterreich. Eines davon anzunehmen hieße, das Haus wieder zu verkaufen und alles hinter sich zu lassen, einschließlich unseres Freundeskreises. So besprach ich mich mit der Familie und kam zum Entschluss, besser den Sprung in die Selbständigkeit zu wagen.

Der erste Schritt begann hinter dem Haus mit einigen Frühbeetkästen, in denen ich sukzessive damit anfing, einige Stauden zu sammeln und zu

Ambiente von blühenden Stauden umgeben, wie aus einem Guss! Produktionsflächen und Schaubeete verschmelzen zu einem Gesamtwerk.

vermehren. Ich hatte ja absolut nichts vorzuweisen, keinen Grund und Boden, keinen Pflanzenbestand, rein gar nichts! Mein bescheidenes Startkapital reichte gerade aus, um mir einen Schwung Mutterpflanzen, den ersten Lieferwagen sowie Fräse und die notwendigen Werkzeuge zu beschaffen. Damals gab es kaum Betriebe, die Staudenjungpflanzen anboten, und so blieb mir nichts anderes übrig, als den klassischen Weg der Vermehrung über eigens aufgepflanzte Mutterpflanzen zu beschreiten. Dies brauchte Zeit und Geduld.

In einem Anflug von Enthusiasmus fuhr ich mit unserem Pkw und einem ausgeliehenen Anhänger von Dänemark über Holland bis Süddeutschland und klapperte in zehn Tagen alle möglichen Staudengärtnereien ab, die mir über die Internationale Staudenunion (ISU) persönlich bekannt waren, um dort vor Ort gute Staudensorten zur Vermehrung auszusuchen. Nicht gerade wenige Kollegen machten mir für die erworbenen Schätze einen guten Preis oder schenkten sie mir sogar – sie wünschten mir viel Glück für die Zukunft.

Zu Hause angekommen pflanzte ich die Stauden auf den Acker einer mir bekannten Gartenarchitektin, wo sie prächtig gediehen. Meine Frau ging halbtags in die Schule und so kamen wir finanziell einigermaßen über die Runden. Wir hatten zwei Töchter, wobei die ältere schon in die Schule ging, die kleine aber noch nicht einmal in den Kindergarten. So fiel mir vormittags der Haushalt wie auch die Aufsicht zu. Dies war leider nicht zu ändern, denn Schwiegereltern und Eltern wohnten weit weg. Aber bald änderte sich die Situation und ich hatte mehr Luft für meine zukünftige Gärtnerei. Heute darf ich sagen, dass ich es ohne diesen Rückhalt meiner Familie wahrscheinlich nicht geschafft hätte.

Das Gelände ist gefunden

Zwei Jahre später kam mir zu Ohren, dass gleich in der Nähe der Autobahnauffahrt ein landwirtschaftliches Grundstück zu pachten wäre. Ich besichtigte es und erkannte sofort die Situation und dessen geradezu ideale Verkehrslage. Ich sprühte vor Begeisterung und stellte mir schon in Gedanken einen florierenden Betrieb vor. Nun begannen allerdings erst noch die Hürden der Bürokratie: Das Grundstück musste seitens der Gemeinde in gärtnerischen Nutzgrund umgewidmet werden. Es handelte sich um einen ebenen Wiesengrund, der von einem Bauer regelmäßig gemäht wurde. Die nächste Straße war in 150 m Entfernung durch eine eigene Zufahrt zu erreichen.

Es galt nun, einige wichtige Dinge sofort in Angriff zu nehmen. Die Zufahrt musste befestigt und geschottert, das gesamte Grundstück gegen Wildverbiss eingezäunt und abgesichert werden. Dann brauchte ich eine Stromleitung. Hier hatte ich unwahrscheinliches Glück, denn gerade wurde an der nahe gelegenen Bundesstraße eine Leitung für einige neu errichtete Unternehmen verlegt, und ich konnte den Antrag einer Zuleitung stellen. Aber eine Gärtnerei existiert sicher nicht sehr lange, wenn sie keinen ergiebigen Wasseranschluss besitzt. Die Ortswasserleitung ging zwar direkt an der Hauptstraße vorbei, nur war dies Trinkwasserqualität und mir wurde versichert, dass bei Wasserknappheit die Gärtnereien und Baumschulen die ersten wären, denen das Wasser gekürzt wird. Also musste ich wohl oder übel einen Tiefbrunnen schlagen lassen. Der Brunnenbaumeister schlug den Brunnen nach seinen Erfahrungen 70 m tief, dann hatte ich Wasser zur Genüge.

Unsere Anzuchtsbeete befinden sich inmitten von blühenden Gärten. Zu jeder Jahreszeit zeigen Stauden ihre ganze Schönheit.

Platz für Vermehrung und Produktion

Als nächstes benötigt ein Staudengärtner Gewächshäuser und Produktionsflächen sowie Mutterpflanzenquartiere. Alles wurde nach und nach realisiert. Zunächst errichtete ich ein Gewächshaus, das ich dringend für meine Vermehrung benötigte. Ein zweites folgte fünf Jahre später. Ich brauchte es für eine möglichst frühzeitige Produktion, denn es lässt sich ja sehr viel an Mutterpflanzen in der kalten Jahreszeit vermehren und topfen. Auf flache Kästen mit einer Glasabdeckung möchte ich übrigens auch heute niemals gänzlich verzichten – wenn dies auch in den Augen mancher Kollegen eine eher umständliche Methode ist. Gerade nässeempfindliche Kulturen, wie auch viele empfindliche hochalpine Stauden in Töpfen können so hervorragend überwintert werden. Und zugleich ist es eine recht preiswerte Art und Weise.

Die eigentliche Staudenanzucht geschieht auf sogenannten Stellflächen, wo die Stauden aufgereiht werden, nachdem sie getopft wurden. Hier bleiben sie dann so lange stehen, bis sie verkauft werden. Der größte Teil des gesamten gängigen Sortimentes gelangt auf diese schmalen Beete, und bis auf wenige Ausnahmen werden die Stauden auch dort überwintert, indem man meist einfach nur ein dünnes Vlies darüberzieht. Im Grunde genommen sind diese Stellflächen nichts anderes als Beete – darunter befindet sich eine Kiesschicht als Dränage, über die eine schwarze Folie gezogen wird, damit nur wenig Unkraut zwischen den Töpfen aufkommt. Die ersten drei Jahre arbeitete ich mutterseelenallein, dann stellte ich Angela als meine erste Halbtagskraft ein, ein Jahr später folgte Gerlinde, eine Gehilfin aus früherer Zeit, die ich als Lehrling in meinem alten Betrieb ausbildete. Eine Topfmaschine besaßen wir damals wie heute nicht, denn dies rentiert sich nur bei wesentlich höheren Einheiten und Stückzahlen.

Erste Arbeiten für die Gärtnerei

Zunächst vermehrten wir Stauden für den Garten- und Landschaftsbau. Storchschnabel (*Geranium*) und Elfenblumen (*Epimedium*) in Hülle und Fülle! Für die Gattung *Geranium* habe ich seit einigen Englandreisen sehr viel übrig – sehe ich in ihnen

Storchschnäbel wie *Geranium × magnificum* 'Wisley Blue' sind vielseitig für Rabatten oder als Bodendecker einsetzbar.

doch eine willkommene und abwechslungsreiche Möglichkeit, sich die Arbeit im Garten zu erleichtern, da sie einen schnellen Bodenschluss ermöglichen. Außerdem nahm ich zu Beginn jeden Auftrag an, sei es einen Pflegeauftrag, kleinere Neuanlagen oder den Bau einer Trockenmauer samt entsprechender Bepflanzung. Dies alles machte zudem Spaß und es war notwendig, denn woher sollte sonst zu Beginn das Geld kommen? Und trotzdem waren solche Tätigkeiten eher die Ausnahmen, denn ich wollte mich ja auf mein Sortiment und dessen Produktion konzentrieren.

Ein Steingarten nimmt Gestalt an

In dieser Zeit errichtete ich wahrscheinlich mein größtes Projekt außerhalb meiner zukünftigen Gärtnerei, es war ein Alpinum am Niederrhein, nahe der holländischen Grenze. Klaus, ein befreundeter Staudengärtner, bekam auf einmal Lust auf einen Steingarten. Er wusste aber nicht, wie er diesen realisieren sollte, denn er hatte weder das spezielle Fachwissen noch entsprechende Leute an der Hand. Seine Gärtnerei produzierte unter anderem mehr als eine halbe Million Pampasgräser im Jahr – zudem hatte er ein Logistikzentrum allerersten Ranges aufgebaut und wurde mit den Jahren zu einer Art „Globalplayer" in Sachen Stauden für Gartencenter und Versandgärtnereien in ganz Deutschland und darüber hinaus. Bei ihm liefen alle Fäden zusammen – eine gänzlich andere Nummer und Größenordnung, mit der ich mich niemals messen wollte. Ich bewunderte ihn und sah mich als das krasse Gegenteil an, aber wir hatten trotz allen Gegensätzen die richtige Chemie zueinander. Doch eines konnte Klaus nicht: einen Steingarten bauen. Da wir uns schon länger kannten, sagte ich ihm zu und fuhr für eine Woche an den Niederrhein. Im Laufe der Jahre hatte ich mir bezüglich Steingärten einiges an Routine angesammelt und freute mich auf diese Herausforderung. Der sehr flach gehaltene Steingarten entstand direkt vor seinem Büro, war in wenigen Tagen gebaut und anschließend mit vielerlei Raritäten bepflanzt. Wir trennten uns und hörten ein Jahr nichts mehr voneinander. An einem trüben Novemberabend schellte dann das Telefon und Klaus war wieder dran. Er erzählte mir, dass er mit seinem Steingarten eine riesige Freude hätte und dass dieser von jedermann bewundert werde. Daher wollte er nun gerne seinen gesamten Vorgarten in einen einzigen großen Steingarten umgestalten. Ich fragte ihn nach der Größe des Vorhabens. Er sprach von mehr als 700 m², ausschließlich Steingarten. Der Vorgarten war bereits „gerodet" und stand für neue Ideen bereit. Zu Hause im Innviertel ging die Staudensaison sowieso schon ihrem Ende entgegen – und ich sagte spontan zu. Ich reiste also wieder an den Niederrhein, diesmal für 14 Tage, um dieses Megaprojekt zu verwirklichen. Leider war das Wetter ausgesprochen kalt und nass, und die Steineschlepperei war reine Schwerstarbeit. Als Hilfe standen mir zwei Asylbewerber zur Verfügung, ein Kosovo-Albaner und ein Nepalese, beides Leute aus hohen Bergregionen, die überraschend schnell viel Gefühl für die Verlegung der Steine aufbrachten. Unser Projekt nahm mit den Tagen Gestalt an und wir waren ein denkbar harmonisches Team. Während wir arbeiteten, erfuhr ich zu meiner großen Überraschung, dass mein Mitarbeiter aus Nepal direkt aus der unmittelbaren Nachbarschaft jenes Zimmervermieters in Pokhara stammte, von dem aus ich meine Trekkingtour durch das Kali-Gandaki-Tal in Nepal startete. Wie ist die Welt doch so unglaublich klein ...

Dann fuhren wir an den Rhein und suchten einige überdimensioniert große Felsen aus Grauwacke aus, diese wurden auf riesigen Flusskähnen aus Belgien herangeschippert. Ich musste diese ganz großen Solitärsteine sinnvoll platzieren lassen und das Gelände darum herum entsprechend modellieren. Ein Wasserlauf kam obendrein dazu. Jeder Stein, und sei er noch so klein, musste mit seiner Breitseite nach unten verlegt werden, um das Gesamtbild möglichst natürlich zu halten. Anschließend fuhr ich die nahe gelegenen Baumschulen ab und suchte einige ausgesprochene Zwergkoniferen aus. Der Feinschliff zum Schluss bestand dann in der Bepflanzung mit polsterbildenden Stauden der vielgestaltigsten Arten – darunter

Der Steingarten ist ein unendliches Refugium, die Leidenschaft kann mit *Sempervivum* beginnen.

Ein Trio, das über Jahre bestehen bleibt: Leinkraut (*Linaria pallida*) und Kriechende Fetthenne (*Sedum reflexum* var. *refractum*), dahinter der Kurzstängelige Enzian (*Gentiana* 'Krumrey', Acaulis-Gruppe).

selbstverständlich auch hochalpine Steinbrech und dergleichen. Da ich früher immer schon viel in den Bergen unterwegs war, hatte ich mit der Zeit den notwendigen „natürlichen" Blick gewonnen, wie Steine und Poster zueinander harmonieren sollten. Und ganz wichtig: Nichts wäre schlimmer und unnatürlicher, wie wenn in einem Steingarten Stauden zu finden wären, die nicht aus Bergregionen stammen.

Eine Gärtnerei zum Wohlfühlen

Mein Fernziel war es, eine Staudengärtnerei mit einem breiten Sortiment für ein pflanzeninteressiertes Publikum aufzustellen. In erster Linie habe ich mich dabei von Gärten und Gärtnereien in England und Frankreich inspirieren lassen, denn dort zeigte man damals schon wesentlich mehr Gefühl für Ambiente und Harmonie. Und nichts wurde mir mit den Jahren fremder und abweisender als Buntbildetiketten und Alutische, sogenannte Verkaufshilfen, die mir von einigen Betriebsberatern suggeriert wurden. Ich sagte mir, dass man mit solchen Dingen heutzutage keinen Liebhaber mehr anlocken könne, denn dies könnte jedes Gartencenter und jeder Baumarkt mit einem Standardsortiment wesentlich besser bewerkstelligen.

Mein Motto ist noch heute: Lass die Pflanze sich in ihrer Schönheit offenbaren! Und ein Sortiment mit mehr als 2000 Arten und Sorten kann man nicht in Augenhöhe auf Tischen platzieren, denn dies würde einen enormen Aufwand an Personal und Handling bedeuten.

Ich kann es auch nach wie vor nicht verstehen, dass es immer noch Kollegen gibt, die ihre Privatkundschaft nur in abgezirkelte, anonyme Verkaufsecken lassen, und der Rest der Gärtnerei bleibt eine nebulose, scheinbar geheimnisumwobene Tabuzone. Wovor haben sie denn Angst oder was soll verborgen bleiben? Bei mir sollen die Kunden Staudengärtnerei pur erleben, den Angestellten bei der Arbeit zusehen, ihnen quasi über die Schulter schauen können und die Stauden gleichzeitig in Schaubeeten verwendungsbezogen erleben dürfen. Kurzum, ich wollte eine Gärtnerei mit Ambiente und Charme schaffen, eine Gärtnerei zum Wohlfühlen, sozusagen als Gesamtkunstwerk. War dies ein zu hochgestecktes Ziel?

Sehr arten- und sortenreich: die Gruppe der *Porphyrion*-Saxifragen.

Sammeln ist eine Leidenschaft

Als leidenschaftlicher Staudengärtner sammelt man zwangsläufig drauflos – zugegeben, zu Beginn vielleicht auch etwas planlos. Man bekommt von allen Seiten Staudenneuheiten zum Ausprobieren geschenkt – und so wächst das Sortiment mit den Jahren wie von selbst. In den Anfangsjahren übernahm ich in einem Anflug von Enthusiasmus eine riesige Steinbrech-Sammlung eines steirischen Alpenpflanzensammlers sowie eine weitere, kleinere Sammlung an Alpinen. Mit einem Schlag hatte ich über 300 Sorten der polsterbildenden *Porphyrion*-Saxifragen zum Vermehren – ohne mir im Klaren zu sein, wie ich diese Flut an den Käufer bringen könnte. Damals hatte ich noch keinen Webshop, außerdem blühen diese wunderhübschen Juwelen schon sehr früh im Jahr: Man musste Glück haben, denn nach einem milden Winter Ende Februar kam noch kaum ein Kunde in die Gärtnerei. Zog ein kalter Winter ins Land, der bis Ende März andauerte, liefen die blühenden Pölsterchen prima – ein Glücksfall. Die meisten Alpinen der zweiten Sammlung konnte ich mit den Jahren jedoch sehr gut verwerten, während ich die Saxifragen-Sammlung jahrelang unterhielt, um sie schließlich an Hans Martin Schmidt, einen bekannten Alpenpflanzengärtner in Deutschland, im Tausch abzugeben.

Aber zu einem Staudensortiment gehören schließlich nicht nur Alpine. Doch wir leben in einer Zeit, in der Spezialisierung das Zauberwort zu sein scheint. So sehr eine Spezialisierung dem Staudengärtner auch Vorteile verschafft, mir war diese auf Dauer viel zu einseitig. Wenn ich mir vorstelle, ein Leben lang nur Funkien (*Hosta*) zu vermehren, mich ausschließlich mit Polsterstauden zu beschäftigen oder gar eine reine Kräutergärtnerei zu besitzen, ich würde den Spaß am Beruf verlieren. Denn man möchte doch immer auch noch andere Stauden ausprobieren – und zu groß ist das Betätigungsfeld. Es ist aber natürlich eine riesige Herausforderung, auf verschiedenen Ebenen immer up to date sein zu wollen, und alle paar Jahre beispielsweise das *Sempervivum*-Sortiment oder die *Hosta*-Sammlung mit Neuheiten aufzupeppen.

Dazu kommt, dass jedes Jahr Unmengen an Neuheiten auf den Markt gelangen, sei es via Jungpflanzenfirmen oder im Tausch unter Kollegen.

Alt versus neu – wer muss gehen?

Früher galt es geradezu als Ehrensache, Neuheiten erst einmal unter der Hand an befreundete Gärtner weiterzugeben, diese zu vermehren und auszuprobieren. Die Neuheiten wurden außerdem an Staudensichtungsgärten gesandt und dort parallel auf Herz und Nieren über einige Jahre geprüft. Heute leben wir in einer äußerst schnelllebigen Zeit, jeder will der erste sein, Neuheiten kommen und gehen teilweise auch wieder von selbst, ohne dass ihr Wert je ausprobiert oder hinterfragt wurde. Ich habe mir immer zum Ziel gesetzt, offen und kritisch gegenüber Neuheiten zu sein, jedoch auch alte, bewährte Sorten zu behalten. Für einen Staudengärtner bedeutet das auch, über seinen eigenen Schatten zu springen und alte, überholte

Sorten gnadenlos zu verwerfen und aus dem Sortiment zu streichen. Denn sonst würde das Sortiment mit der Zeit ins Unermessliche wachsen. Es genügen zehn gute, blaublühende Storchschnäbel im Sortiment – man braucht keine 40 Sorten, es sei denn, man ist *Geranium*-Spezialist und sammelt diese. Aber auch dann sollte man Prioritäten setzen und nur jene Sorten in größeren Stückzahlen unter die Leute bringen, die auch den Kundenansprüchen gerecht werden.

Offen für die Welt

Hat man bereits Verbindungen in alle Welt, so soll man diese Kontakte als Staudengärtner auch ausnutzen. Unser Sortiment bereicherte ich mit den Jahren durch vielerlei Tauschaktionen mit privaten Züchtern und Kollegen, nicht nur über den Weg einer Jungpflanzenfirma. Ich denke beispielsweise an Franz Erbler, den österreichischen Taglilienzüchter, der uns seine bodenständigen, robusten „Haller-Sorten" zur Vermehrung und zur Einführung überließ. Aber auch an begnadete Pflanzensammlerinnen wie Doris Höllinger oder Anny Bartl, die uns manchen ihrer besonderen Findlinge gaben. Diesem pflanzlichen Austausch kann gar nicht genug Bedeutung beigemessen werden! Durch Briefkontakte, heute leicht über die neuen Medien wie Facebook herzustellen, aber auch durch Gartenforen gelangt man an Gleichgesinnte aus nah und fern, mit denen man immer wieder Seltenheiten tauschen kann. Einige professionelle Samensammler in Übersee verkaufen auch nach Europa, so gelangt man zu weiteren wertvollen Raritäten. Und schließlich konnte ich im Laufe der Zeit mancherlei Kontakte zu botanischen Gärten knüpfen, die bereit waren, mir ihre Samenlisten zur Durchsicht zu überlassen oder mir so manchen Steckling zur Vermehrung abzugeben.

Sortiment nach Geschmack

Das Sortiment richtet sich auch erheblich nach dem Geschmack der jeweiligen überregionalen Kundschaft. Beispielsweise sind Gräser bei den Hobbygärtnern Österreichs nach wie vor kein allzu tief gehendes Thema, keinerlei Vergleich zu Westeuropa oder gar den USA. Hier ein ausgefallenes Sortiment ausschließlich für die Laufkundschaft bereitzuhalten, wäre schlichtweg purer Luxus. Dabei stehen bei uns jede Menge Gräser in den Schaugärten, gut integriert und interessant kombiniert. Über den Webshop allerdings sieht die Sache wieder ganz anders aus, hier werden durchaus eine Menge Gräser bestellt. Und die Zeiten könnten sich auch in Österreichs Privatgärten ändern, wenn die Gartengestalter auch weiterhin Gräser verwenden wie bisher.

In den 1980er-Jahren sammelte ich in meiner alten Firma wie versessen alles an panaschierten Stauden, was mir unterkam, und machte mir große Hoffnungen, dass diese vielleicht auch bei unseren Kunden Gefallen finden könnten. Weit gefehlt! Bei uns haben weiß gerandete Funkien in einigen Sorten nach Jahrzehnten der Sortimentspflege den Einzug in die Akzeptanz gerade geschafft, bei silbrigen Lungenkräutern wird es schon wesentlich schwieriger und eine gelb-grau panaschiert-gesprenkelte Weinraute wird zum Noseller – ganz zu schweigen von anderen Kuriositäten, die in Japan und den USA mit der Zeit vielleicht zur gesuchten und teuren Rarität wurden. Auch in den großen Vermehrungsbetrieben in Europa kann ein von vielen erhofftes Highlight durchaus auch einmal zum Flop werden – es gibt genügend Beispiele.

Taglilien zählen zu den anspruchslosen und langlebigen Stauden.

Der Geschmack und somit die Sortimentsgestaltung hängt stark davon ab, wie modern eine Staude gerade ist und worüber die Zeitschriften berichten. Wurde beispielsweise geschrieben, dass *Astrantia* unkomplizierte Dauerblüher sind und außerdem unabdingbar zum „Dutch Wave" dazugehören, kann dies eine ganze Jahresproduktion positiv beeinflussen, indem der vorhandene Bestand schnell aufgebraucht wird. Ähnliches haben die höheren Glockenblumen erfahren, die sich einer ungebremsten Beliebtheit erfreuen. Regionale Modeerscheinungen können sich außerdem mit der Zeit zu Paradestauden schlechthin entwickeln. Für mich ist das beste Beispiel der Hohe Stauden-Phlox, der sich nicht nur im bayerischen Raum, sondern weit darüber hinaus bei vielen Gartenfreunden einer jahrzehntealten, ungebrochenen Liebschaft erfreut.

Scharbockskräuter laufen nicht?

Ein weiteres, für mich zunächst sehr negativ besetztes Thema waren die hübschen Scharbockskräuter aus England. Wir waren die ersten, die sich diese liebenswerten Frühlingsblüher zulegten – um damit zunächst gründlich ins Fettnäpfchen zu treten. Zur Vorgeschichte: In England existiert eine Unterart des Scharbockskrautes (*Ranunculus ficaria*), welches keinerlei Knöllchen (Achselbulbillen) in den Blattachseln bildet und sich somit nicht wie die Pestilenz im Garten ausbreiten kann, sondern brav horstig wächst und zudem jedes Jahr schöner wird. In Kombination mit Vorfrühlingsalpenveilchen, Nieswurz und Zwergnarzissen können auf diese Weise farbenfrohe Vorfrühlingsbilder geschaffen werden, nach denen sich jedermann sehnt.

Aus dieser Unterart wurden von einigen Liebhabern in England die unterschiedlichsten Sorten selektiert, und auch in der Natur wurden Auslesen gefunden. Diese zeichnen sich durch dunkelmetallisch glänzende Blätter und wohlgeformte einfache bis gefüllte Blüten aus. In den 1990er-Jahren hatte ich Kontakt zu John Carter, dem National Collection Holder in England. Von ihm ließ ich mir rund 30 vielversprechende Sorten schicken. Es waren teilweise nur winzige Knöllchen, es dauerte einige Jahre, bis wir davon Verkaufspflanzen vermehrt hatten. Und dann kam mit den Jahren die riesengroße Enttäuschung: Kaum jemand hatte Interesse daran, und auf Gartentagen im Frühling bekam ich mehrfach von Kunden zu hören, was ich mit diesem Unkraut wohl bezwecken wolle. Da konnte man sich den Mund fusselig reden – Scharbockskraut, Gott bewahre! Ich war nahe daran, das ganze schöne Scharbockskraut mit seinen wohlklingenden Sortennamen nach Jahren der Vermehrung schnellstmöglich zu kompostieren.

Die schwarzblättrige 'Brazen Hussy' ist eine sehr verbreitete und auffällige Scharbockskraut-Sorte.

Namen machen Leute – und Pflanzen

Eines Tages kam mir dann ein genialer Einfall. Ich schrieb gerade einige Verkaufstäfelchen für meinen Stand am Berliner Staudenmarkt im Botanischen Garten Berlin-Dahlem und da dachte ich, wie wäre es, wenn ich diese Scharbockskräuter nun einfach ganz salopp unter „Seltene Zwerg-Ranunkeln" verkaufe? Ich schrieb ein entsprechend großes Schild und die Rechnung ging tatsächlich auf. Allerdings war die Qualität in jenem Jahr so richtig knackig und meine Zwerg-Ranunkeln blühten sprichwörtlich aus allen Knopflöchern.

Wenig später bekamen wir dann unseren Onlineshop, wo ein größerer Kundenkreis mittels guter Bilder und einer zusätzlichen, möglichst blumenreichen Beschreibung per Mausklick bestellen konnte – Stauden per Paket sozusagen. So gelangte ich an einen internationalen Liebhaberkreis, den man für den Absatz seltener Stauden sonst vielleicht nicht erreicht. Seit einigen Jahren finden ganz besonders Staudenfreunde aus Skandinavien, Russland und Polen großen Gefallen an diesen reizenden Zwerg-Ranunkeln, und heute bin ich froh, diesen langen Atem gehabt zu haben, denn von manchen Sorten sind immer viel zu wenig Verkaufspflanzen vorhanden.

Ein Staudensortiment auf seinen Kundenkreis zurechtzuschneiden ist ein schöner, aber langwieriger Prozess, der wohl nie ganz abgeschlossen sein wird. Es ist ja auch ein sehr spannender Prozess, der uns beweist, wie abwechslungsreich unser Beruf sein kann, bei aller Konsequenz, was Vermehrung der nötigen Stückzahlen sowie der Vermarktung anbelangt. Und dies ist ein Unterfangen, wo nur selten ein Optimum erreicht wird.

Die etwas andere Gärtnerei

Vor Jahren hatte ich einen Wirtschafts- und Unternehmensberater konsultiert, der unsere Gärtnerei von der Zahlenseite her analysieren sollte. Er machte sich natürlich auch ein Bild vom innerbetrieblichen Ablauf sowie vom Sortiment und vom äußeren Gesamteindruck. Bei der Schlussbesprechung sagte er mir, wenn er zu uns in die Gärtnerei komme, wisse er gar nicht, wo er sich befindet: ob in einem botanischen Garten, in einem öffentlichen Schaugarten oder etwa doch in einer Gärtnerei? Es

Mit Funkien können selbst kleinste Stellen im Schattengarten kontrastreich belebt werden.

fehlten ihm außerdem die gewohnten Verkaufseinrichtungen. Ich erklärte ihm, dass aber genau dieses Agieren abseits der Norm der springende Punkt sei, warum die Kunden von so weit her kämen. Schaugärten bereiten neben den jährlichen Vermehrungsarbeiten und dem Verkauf zusätzlichen Mehraufwand, das war mir von Anbeginn klar. Und dies gilt vor allem für einen gut gepflegten Staudengarten, ich meine hier keinen sterilen geschleckten Schaugarten, der vor Rindenmulch nur so strotzt. Es dauert aber einige Jahre, bis sich ein Schaugarten eingewachsen präsentiert. Rom wurde schließlich auch nicht an einem Tag erbaut. Ich bin froh, auch hier diesen langen Atem besessen zu haben, denn ich hielt noch nie etwas von Schnellschüssen, die zeitgleich mit viel Marketinglärm erfolgen. Dies gilt übrigens nicht nur für das Sortiment, sondern besonders auch für die Schauanlagen. Als ein gutes Beispiel hierfür sehe ich den *Hosta*-Garten, der sehr lange brauchte, bis er eingewachsen war – aber dafür hält er sich nun über lange Jahre geradezu perfekt.

Ein Tagliliensämling von Franz Erbler, dahinter der legendäre *Phlox paniculata* 'Wennschondennschon' von Karl Foerster.

Schaugärten zum Experimentieren

Meine Schaubeete habe ich nie am Schreibtisch bis ins Detail geplant. Viele Ideen kamen mir während der Arbeit, Zeit zur Umsetzung war meist erst im Spätherbst vorhanden. Ich kann hier auch gar nicht oft genug den Vorteil einer Herbstpflanzung betonen: Man sieht seine Stauden in den Töpfen vor sich und kann wunderbar die Farben und Texturen miteinander verknüpfen, viel besser als bei einer Frühjahrspflanzung, wo man gerade mal ein wenig Leben erkennen kann. Und ein Staudengärtner kann nahezu aus dem Vollen schöpfen, das Sortiment verleitet geradezu zum verschwenderischen Umgang mit der Materie! Für mich war daher eher eine maßvolle Zurückhaltung das Gebot der Stunde.

Die gestalteten Flächen sollten über die ganze Gärtnerei verteilt sein – nicht hier die Produktion, dort der Verkauf und vielleicht erst am hintersten Winkel der Gärtnerei ein wenig die Seele baumeln lassen. So entstand mit der Zeit von der Einfahrt bis an das südwestliche Ende des Geländes ein Schaubeet nach dem anderen, quer über die gesamte Gärtnerei verteilt.

Was kann man an Ideen transportieren, was wollen die Kunden – also Sie – sehen, was können Sie als Anregungen mit nach Hause in Ihren Garten nehmen? Ich war schon immer ein Freund des Experimentierens und probiere am liebsten neue und für manchen Gartenliebhaber auf den ersten Blick vielleicht etwas ungewöhnliche Staudenkombinationen aus. Und wir lassen in unseren Beeten auch stets ein wenig Eigendynamik zu, in dem allen sich selbst aussäenden Stauden ein gewisser Freiraum zugestanden wird.

Eine Gartenszene entwickelt sich

Anfang der 1990er-Jahre wurde es Mode, Gartenreisen nach England zu unternehmen. Mit Bildern von traumhaften Gärten im Kopf kehrten viele Gartenbesitzer heim und hatten den Wunsch, die dort besichtigten üppigen „Mixed Borders" in ihren eigenen Gärten zu verwirklichen. Zeitschriften berichteten parallel von Great Dixter, Sissinghurst und vielen anderen Gartenhighlights. Außerdem sehnte man sich nach natürlicheren Gärten, die eine größere Artenvielfalt aufwiesen. Gartentage verbreiteten sich nach und nach auch auf dem „Kontinent" – die Gelegenheit war also günstig wie nie zuvor, sich in der Szene mit seinem Sortiment bekannt zu machen.

Als ich mich 1995 selbständig machte, war auch in Österreich bei vielen Stauden- und Gartenliebhabern generell eine Art Aufbruchstimmung zu spüren. Es begann sich eine Gartenszene zu entwickeln und nach langen Jahren einer gewissen Gartenthemen-Gleichgültigkeit rutschten die Pflanzen wieder in den Vordergrund – obgleich uns das Unwort „pflegeleichter Garten" aus den 1970er-Jahren bis in jene Tage begleitete.

In Österreich gab es eine alte Pflanzensammeltradition, die teilweise bis in die k.u.k.-Zeit zurückreichte. Leider aber war es auch üblich, für sich selbst zu gartlen und sich dabei nur wenig in die Karten schauen zu lassen. Ich kannte gleich mehrere hochgeschätzte Fachleute, die teilweise ganz dicht beieinander wohnten und sich noch nie besucht hatten. Zum Glück änderte sich dies in jenen Jahren. Man interessierte sich endlich füreinander, besuchte fremde Gärten und Parks, tauschte seine Meinung, seine Ideen und seine Pflanzen aus und suchte nach neuen Ufern.

Und heute?

Das Staudensortiment wächst nahezu ins Uferlose, neue Stauden kommen und gehen neben den altbekannten Staudensorten. Der detaillierte Kenntnisstand und das Wissen über die verschiedenen Staudenarten ist heute wesentlich größer als noch vor Jahrzehnten. Man ist als Fachmann überrascht über die weitreichenden Fachkenntnisse einzelner privater Spezialisten, die mit wesentlich detaillierterem Wissen aufwarten als so mancher ältere Staudengärtner. Wir haben Fachleute, die sich mit Lilien, Funkien, Phlox, Farnen, Steinbrech, Schneeglöckchen oder ausschließlich Steingartenpflanzen auseinandersetzen und hier bis ins Detail informiert sind.

Im deutschsprachigen Raum stieg der Pro-Kopf-Verbrauch für Garten und Pflanzen zu einem der höchsten weltweit. Das heißt aber leider nicht, dass analog dazu auch bei jedem Verständnis für die entsprechenden Naturzusammenhänge vorhanden ist. Viele Gartenmenschen der westlichen Welt setzen sich mit der Natur, dem Wetter sowie mit den Faktoren wie Licht, Luft, Wasser und Erde kaum mehr auseinander. Das ist geradezu fatal und sehr schade, denn ohne diesen Bezug zur Natur wird Garten auf Dauer nur schwer funktionieren. In diesem Zusammenhang möchte ich auch auf die sogenannten Kiesgärten hinweisen, wie sie heute leider auf dem Vormarsch sind – und die man getrost mit Thujenhecken, Verbundsteinpflaster und *Cotoneaster*-Abstandsgrün gleichsetzen kann. Positiv zu vermerken ist, dass es heute vielerorts schöne Gärten gibt. Die 1970er-Jahre sind passé und zugleich omnipräsent. In der Gartengestaltung und Pflanzenverwendung hat sich vieles zum Positiven verändert. In den Gärten ist wieder mehr „laissez faire" angesagt, die Natur ist sozusagen auf dem Vormarsch. Doch wirklich überall? Und muss die Natur auch im Garten auf dem Vormarsch sein, wo doch der „*Hortus*" ein von Menschen gemachtes, ureigenes Fleckchen Erde ist? Ich finde, Garten sollte Garten sein und eben keine Kopie der Natur.

Ein Wunsch sei mir erlaubt

Irgendwer behauptete einmal, dass jede größere Stadt und jede Region ihre traditionell geführte Staudengärtnerei besitzen sollte. Ist dies eine zu idealistische Vorstellung? Mir tut es allerdings schon ein wenig in der Seele weh, wenn sich der Verkauf von Stauden lediglich auf Gartencenter und Baumärkte beschränkt, auch wenn sich diese Entwicklung nicht aufhalten lässt. Als ich in den 1980er-Jahren die ersten Male nach England fuhr, erschien die Welt jenseits des Kanales noch in Ordnung. Es gab eine Menge kleiner Gärtnereien mit vielen Spezialisten und Enthusiasten und nur wenige große Gartencenter. Doch auch in England verlagerte sich der Markt und auch dort sind die Gartencenter auf dem Vormarsch. Die Anzahl der Staudengärtnereien mit ihren Spezialsortimenten verringerte sich, obgleich viele nach wie vor existieren. Außerhalb Englands hat sich der Kuchen bereits aufgeteilt und es gibt ein Sowohl-als-auch – allein schon deswegen, weil der Kundenkreis in all seinen Bedürfnissen und Interessen unterschiedlicher nicht sein kann.

Und wirklich: Warum sollte eine Staudengärtnerei mit reinem Privatverkauf nicht auch neben anderen Absatzformen existieren können? Seit einigen Jahren macht der Begriff Gärtnereierlebnis die Runde. Für mich wichtiger ist es aber, dass wir Staudengärtner Begeisterung ausstrahlen und vor allem Kompetenz vermitteln. Karl Foerster sprach von der „Begärtnerung der Menschenseele" als eine unserer Kernaufgaben. Und daran hat sich bis zum heutigen Tage nichts geändert!

Vom Jahr des Staudengärtners

Wer glaubt, dass in einer Sortimentsgärtnerei jahraus, jahrein dieselben Arbeiten anstehen und sich ohnehin nur alles wiederholt, der irrt gewaltig. Sicher, viele gärtnerische Handgriffe sind stets dieselben. Es schadet trotzdem nicht, Ihnen als Außenstehenden ein paar Einblicke zu geben.

Einige Worte vorab

Vor allem will unterschieden werden, um welche Art Staudenbetrieb es sich handelt. Viel klarer sind die jährlichen Arbeiten in einem Großbetrieb, der ausschließlich für den Wiederverkauf produziert und ein eher eingeschränktes Sortiment führt. Oder auch in Spezialgärtnereien, die ausschließlich Bodendecker oder Wasserpflanzen kultivieren. Einerseits habe ich solche Gärtnereien oft beneidet, da sich dort vieles wesentlich besser planen und kalkulieren lässt. Die Vermehrung und deren Arbeitsabfolge ist den wenigen Kulturen ziemlich angepasst und lässt sich logistisch besser bewältigen. Nichts ist jedoch spannender und erfüllender als ein großes Sortiment selbst zu vermehren, es zu erhalten oder gar auszubauen, zu verändern und einer wechselnden Dynamik zu unterwerfen.

Die Kunden geben einem ein Stück weit vor, welche Pflanzen man produzieren sollte. Aber man kann durchaus auch als kleiner Staudengärtner seinen Markt ein Stück weit bereichern, indem man mit Besonderheiten aufwartet. Neueinführungen aus aller Welt, Neuzüchtungen oder aber historische Staudensorten zu kultivieren – das alles macht Laune und bringt Abwechslung ins Geschehen. Und außerdem hebt man sich mit einem ungewöhnlichen Sortiment erfrischend von Baumärkten und Gartencentern ab.

Die Worte „Produkt" und „Ware" missfallen mir übrigens: Wir haben es doch mit Pflanzen zu tun, mit lebenden Objekten! Und ein Sortimentsstaudengärtner, der seine Pflanzen zum größten Teil selbst vermehrt, darf auch nicht einfach als Händler bezeichnet werden. Ein Händler ist jemand, der alles zukauft und dann verkauft. Ich finde, dass man das immer wieder betonen sollte. Es darf auch niemals vergessen werden, dass der Gärtner ähnlich dem Landwirt zu den sogenannten Urproduzenten zählt. Und auch wenn sich heute vieles zwar steuern und verbessern lässt, viele Arbeitsgänge vereinfachen und perfektionieren – die Vermehrung von Pflanzen unterliegt der Natur und ist den Witterungseinflüssen ausgesetzt, was unter Umständen mit Verlusten verbunden ist.

Die Ruhe vor dem Sturm: Januar

Auch das Jahr des Staudengärtners beginnt mit dem kalten Januar. Nun könnte ich es mir leicht machen und aus dem Buch „Das Jahr des Gärtners" von Karel Čapek zitieren. Aber die Zeiten haben sich doch gewaltig geändert, wenn auch einige grundlegende Dinge gleich geblieben sind. Im Januar sollten eigentlich alle Staudensamen und die fehlenden Freilandpflanzen bestellt oder sogar schon ausgesät sein. Sollte das noch nicht geschehen sein, so kann man es jetzt noch nachholen.

Der Januar bietet sich wie kein anderer Monat an, Seminare und Kurse zu besuchen und sich als Staudengärtner weiterzubilden. Für unseren deutschsprachigen Raum liegt das Mekka des „Bildungs-Staudengärtners" in Grünberg in Hessen oder auch im österreichischen Langenlois.

Gräser, wie die reichblühenden Sorten des Chinaschilfes, sind zu jeder Jahreszeit attraktiv und tonangebend.

Hier wie dort finden jährlich nahezu zeitgleich die Staudentage statt, ebenso in der Schweiz in regelmäßigen Abständen an der Hochschule Wädenswil. Grünberg gilt mir als meine geistige Heimat, was Weiterbildung für Stauden anbelangt. Schon seit Beginn der 1980er-Jahre fühle ich mich dort sehr wohl – und im Prinzip lässt sich dort nahezu jeder Staudengärtner treffen, der in der deutschsprachigen Welt Rang und Namen hat. Ohne Berührungsängste sitzt man neben bekannten Staudengärtnerpersönlichkeiten und Koryphäen am selben Tisch; Leute, die man vielleicht sonst nicht so schnell persönlich kennengelernt hätte. Sie alle geben den ganzen Tag und die halbe Nacht, ein ganzes Wochenende lang bereitwillig ihr Wissen preis, ganz abgesehen von den vielen hochkarätigen Vorträgen. Diese Flut an Gedanken und neuen Erkenntnissen nimmt man mit nach Hause und zehrt wohl das ganze kommende Jahr davon. Die Begegnung mit Gleichgesinnten, viel gutes Essen und Trinken sind angenehme Begleiterscheinungen. Und auf dem Nachhauseweg sinniert man über neue Ideen und wie man diese in Zukunft wohl verwirklichen kann.

Im idyllisch schön gelegenen Langenlois in Niederösterreich wurden auf meine Initiative die Langenloiser Staudentage initiiert, die ich 20 Jahre lang auch organisierte und moderierte. Diese Veranstaltung wurde in Österreich zu einer Institution. Und wenn seit Jahren nahezu 200 zahlende Gäste von nah und fern in den großen Festsaal nach Langenlois reisen, denke ich, dass damit durchaus etwas bewirkt wurde.

Im tiefsten Winter hat man außerdem Zeit, die neueste Fachliteratur zu studieren. Für mich haben Bücher einen hohen Stellenwert, neben Neuerscheinungen auch antiquarische Gartenbücher. Und ein Fachmann wird den einen oder anderen Artikel über unbekannte Stauden für eine Fachzeitschrift schreiben können. Oder man vergnügt sich mit Vorträgen – als Zuhörer oder aber – wie ich selbst – als Redner. Mein Publikum besteht aus interessierten Fachleuten wie kenntnisreichen Laien, aus Staudenkennern wie blutigen Anfängern, aus Junggärtnern wie auch Senioren. Und bekanntermaßen existieren gerade unter den Hobbygärtnern größte Koryphäen und Kenner – das darf an dieser Stelle ruhig einmal Erwähnung finden.

Schönheit im Detail: *Galanthus* 'Jacquenetta'.

Zu Beginn meiner Selbständigkeit fuhr ich zu Vorträgen von einem Obst- und Gartenbauverein zum nächsten, in der kalten Jahreszeit sogar meist einmal pro Woche. Sicher war dies wichtig, um auf diese Weise erst einmal bekannt zu werden. In den ersten Jahren standen aber die Stauden und deren Verwendung in Österreich leider nicht gerade auf Platz Eins der Beliebtheitsskala, zu sehr dominierten hier Obst und Gemüse. Aber gerade an einem völlig unbeleckten Publikum lässt sich am besten der Erfolg bemessen, wie Vortragsinhalte ankamen. Naturgemäß wesentlich besser sah es da schon bei den Regionalgruppen der Gesellschaft der Staudenfreunde e.V (GdS) aus. Begegnung und Gedankenaustausch nehmen hier einen wichtigen Stellenwert ein und das Interesse an Stauden und deren Verwendung steht dabei sehr im Vordergrund.

Langsam geht's los: Februar

Im Februar juckt es den Staudengärtner dann naturgemäß gewaltig in den Fingern. Ob dies in der Gärtnernatur und dem unterbewussten Wissen begründet liegt, dass mit den steigenden Tageslängen und dem Verlangen nach Blüten auch das Arbeitspensum wächst? In früheren Jahren war gar nicht daran zu denken, dass im Februar in der Gärtnerei irgendetwas Sinnvolles gemacht werden könnte, denn es dominierte Väterchen Frost. Als ich im Februar 1985 ins Innviertel kam, zeigte das Thermometer morgens jeden Tag −20 °C an, und der Winter ließ sich bis März nicht vergraulen. Diese tiefen Temperaturen haben sich durch die Klimaveränderung drastisch nach oben verschoben.

Winter bei uns heißt inzwischen, dass auch im Innviertel ein Küstenmammutbaum (*Sequoia sempervirens*) über die Runden kommt, zumindest solange, bis wir wieder durch einen „normalen" Winter eines Besseren belehrt werden.

Durch diese für unsere Gegend inzwischen viel milderen Winter können wir unsere Schneeglöckchen-Sammlung oft schon Anfang oder Mitte Februar vermehren. Vor etlichen Jahren fuhr ich zweimal nach Nettetal an die holländische Grenze zu Günther Waldorfs Schneeglöckchentagen. Leider nur zweimal, denn normalerweise war bei uns der Winter bis Anfang März omnipräsent und weit und breit blühte kein Schneeglöckchen. Da hatten wir gegenüber den Kollegen aus Norddeutschland und Holland schlechte Karten. Doch inzwischen kommen die Schneeglöckchenkunden auch zu uns und man braucht eigentlich nicht mehr bis an den Niederrhein zu fahren.

Der Februar ist für den Staudengärtner ein idealer Monat, um die inzwischen eingegangenen Bestellungen zu sortieren, sowie die im Herbst gerodeten Mutterpflanzen zu teilen und zu verarbeiten. Es ist eine sehr schöne Zeit, welche auch einmal Gespräche mit den Mitarbeitern zulässt und in der gemeinsam viele Pläne für die bevorstehende Saison geschmiedet werden.

Wichtige Mutterpflanzen

Für einen traditionell arbeitenden Staudenbetrieb sind Mutterpflanzenbestände zur zwingenden Notwendigkeit geworden. Man pflanzt sie entweder selbst oder kauft sie von seriösen Betrieben zu – natürlich mit der Gewissheit, dass sie dort auch sortenecht vermehrt wurden. Man pflegt seine Mutterpflanzenbestände, weil man so seine Sorten Jahr für Jahr auf Echtheit überprüfen kann: Hat sich versehentlich eine falsche Sorte eingeschlichen oder haben sich in der Zwischenzeit unerwünschte Sämlinge breitgemacht?.

Und natürlich braucht der Staudengärtner seine Mutterpflanzen, um gesunde Stecklinge zur Vermehrung zu schneiden und ausreichend viele Pflanzen für den Verkauf zu ziehen.

Kälte & fleißiges Topfen: März

Wenn auch der Februar wesentlich milder als sein Ruf sein kann, im März wird es meist immer noch empfindlich kalt und Rückschläge durch Eis und Schnee liegen durchaus im Bereich des Normalen. Empfindliche Kulturen wurden über den Winter entweder mit Glas oder mit einem dünnen Vlies abgedeckt. An sonnigen Märztagen sollten diese Abdeckungen möglichst bald entfernt werden, aber tunlichst bei frostfreiem, bedecktem Wetter, damit die unter der Abdeckung verweichlichten Pflanzen sich langsam an die normalen Gegebenheiten gewöhnen können. Vor Jahren deckte ich sofort Anfang März unsere Scharbockskraut-Sorten aus England ab, damit Licht und Luft sie abhärten konnten und sie dadurch schön kompakt blieben. So kam es, dass nach ein paar kalten Nächten mit Frost unter −5°C nahezu der gesamte Bestand vernichtet wurde, weil die Pflanzen diesen plötzlich tieferen Temperaturen nicht gewachsen waren. Sie erfroren und faulten an der Basis ab.

Auch scheinbar so banale Scharbockskräuter verlangen zu gewissen Zeiten eben doch eine etwas schonendere Behandlung.

März ist neben Februar einer der Hauptmonate, in dem gerodete Freilandpflanzen – unsere Mutterpflanzen – verarbeitet werden. Diese werden getopft und nach und nach auf den noch freien Stellflächen direkt ausgestellt.

Je nach Witterungsverlauf beginnt die Frühjahrssaison oft schon Anfang März, wenn sich auch die Laufkundschaft bei kühler Witterung noch sehr zurückhält. Wir befinden uns eben nicht in Norddeutschland, Holland oder in England – hier im Süden beginnt man mit Gartenarbeit erst dann, wenn milde Tage ins Land ziehen. Gleichzeitig sind leer aussehende Töpfe nicht jedermanns Sache, für die meisten ist es wichtig, dass man schon etwas von den gekauften Pflanzen sieht. Außerdem macht sich der Staudengärtner im März überhaupt erst ein Bild von etwaigen Winterschäden und entdeckt, was die Mäusebande in den Frühbeetkästen übrig gelassen hat.

Die Schneeglöckchen-Sammelleidenschaft kann zur großen Sucht ausarten. Viele Sorten wachsen nur sehr langsam und sind gesuchte Raritäten.

Die Saison hat uns im Griff: April

Der April zählt mit Abstand zur arbeitsintensivsten Zeit einer Sortimentsstaudengärtnerei. Nun stürzt alles geballt auf einen ein: Die Kunden kommen in die Gärtnerei, der Versand läuft längst auf Hochtouren und einige wichtige Termine auf Pflanzenmärkten wollen ebenfalls bewältigt werden. Fazit – die Menschen wollen alle gleichzeitig ihre Pflanzen haben. Und zu allem Überfluss sollten Ende April bereits die ersten frühen, weichen Stecklinge geschnitten werden. Übersieht man dies beispielsweise bei *Aster amellus*- oder *Aster × frikartii*-Sorten und verschiebt die Aktion auf den Juni, wächst nur ein Bruchteil davon an. Außerdem ist Anfang April die beste Zeit, dem Hohen Stauden-Phlox (*Phlox paniculata*) die ersten Stecklinge abzuschneiden, denn durch diese sehr frühe Art und Weise erreicht man eine nahezu 100-prozentige Anwachsquote. Der Tag hat zwar bekanntlich nur 24 Stunden, aber irgendwie schafft man die vielen Anforderungen dann doch immer.

Stecklinge schneiden

Frühjahrsstecklinge im April bis Juni sollten sehr weich geschnitten werden, möglichst nur die oberste Spitze! Denn es ist ein großer Unterschied, ob die Stecklinge weich oder schon halbweich, also etwas zu spät geschnitten wurden. Es ist ebenfalls ein riesiger Unterschied, ob wir es mit einem trüben, regnerischen Frühjahr zu tun haben oder ob im Mai und Juni schon sonnige Temperaturen wie am Mittelmeer herrschen. Bei kühlen Temperaturen mit hoher Luftfeuchtigkeit wächst jeder weiche Steckling, während unter Hitzestress Ausfälle meist vorprogrammiert sind. Und doch ist nicht jedes Jahr gleich.
Das „Stecklingsauge" sei also wachsam!

Viel zu tun in Mai und Juni

Mai und Juni können dem Betriebsleiter ebenfalls enorme Arbeitsspitzen abverlangen. Diese Monate dienen nicht nur der intensiven Stecklingsvermehrung, sondern vor allem auch dem Verkauf. Dem Staudengärtner wurde früher nachgesagt, dass er viel lieber vermehrt, anstatt verkauft, und dass er sich durch Kunden in seiner ureigensten Tätigkeit eher gestört fühlt. Daran ist wohl ein Fünkchen Wahrheit – aber der Spruch stammt aus Zeiten, in denen Staudengärtnereien hauptsächlich für Großkunden produzierten und Privatkunden als Minderheit galten. Jetzt warnt dort meist ein Schild: kein Detailverkauf!
Zu meiner Schweizer Zeit um 1980 endete der Staudenverkauf spätestens Mitte Juni. Hier hat es eine deutliche Entwicklung gegeben und heute werden blühende Stauden in Töpfen praktisch den ganzen Sommer hindurch angeboten und gepflanzt. Viele Kunden kaufen sogar sehr gerne im Sommer, da man zu dieser Jahreszeit am meisten von seinen Pflanzen sieht und sie so nach ihren Farben und Texturen entsprechend optimal kombinieren kann. Und egal, wie heiß es auch immer ist, es wird gegartelt und gepflanzt, sofern es nicht regnet. Die Herbstpflanzung mit allen ihren Vorzügen hat dagegen in den letzten Jahren kontinuierlich

Das Verpacken von Stauden erfordert Umsicht und Sorgfalt.

mehr an Einbußen zu erleiden. Das ist schade, aber leider kaum zu ändern.

In den Monaten Mai und Juni sollten tunlichst alle Mutterpflanzen für das kommende Jahr gepflanzt werden, damit diese im restlichen Jahr noch ausreichend Zuwachs bringen. Seit es Gartentage und Raritätenbörsen gibt, werden diese auch von Staudengärtnern regelmäßig angefahren.

Mutterpflanzen-Know-how

Manche Mutterpflanzen stehen nur eine Saison auf dem Beet, also von April/Mai bis Oktober oder bis zum darauffolgenden Frühjahr. Andere Stauden wie beispielsweise Taglilien stehen bis zu zwei Jahre, Pfingstrosen durchaus auch noch länger. Beim Pflanzen sollte man dies beachten, um den Acker später möglichst wieder in einem Stück freizubekommen. Einen Mutterpflanzenbestand aufzubauen und zu pflegen bedeutet verantwortungsvoll und umsichtig zu agieren, denn es bleibt ja nicht nur beim alleinigen Aufpflanzen. Die Stauden müssen gepflegt werden, ihre Samenstände sollte man rechtzeitig zurückschneiden, um so eine unerwünschte Selbstaussaat zu verhindern.

Stecklinge, ein wichtiges Kapitel der Staudenvermehrung.

Hierzu benötigt man Fingerfertigkeit. Die Routine folgt mit der Zeit, Sorgfalt kommt vor Geschwindigkeit.

Sommer: Arbeit ist für alle da

Ende Juni beginnen die meisten Betriebe mit dem Topfen der Stecklings- und Sämlingsjungpflanzen. In großen Betrieben wird dies gewöhnlich mit Topfmaschinen bewältigt. Die Maschine gibt die Geschwindigkeit vor, diese kann aber von Hand geregelt werden. Die allermeisten Sortimentsbetriebe mit einem großen Sortiment und eher kleinen Einheiten von 50 Stück bis wenigen 100 Stück topfen nach wie vor mit der Hand. Dabei sollte nach Möglichkeit exakt und gleichmäßig getopft werden. Wenn diese Aktion gut vororganisiert und durchgeführt wird, kann an einem Tag enorm viel bewältigt werden. Zwei Personen topfen, eine Person karrt die Pflanzen weg und sorgt für Erd- und Pflanzennachschub. Früher zu meiner Lehrzeit lief dies nach einer regelrechten Rang- und Hackordnung ab. Gehilfen und Meister topften ausschließlich, die Lehrlinge mussten dafür sorgen, dass immer genügend Erde und Töpfe da waren. Fehlte einmal ein Gehilfe, so rutschte der Lehrling im 3. Lehrjahr zum Topfen nach. Heute wird jeder für jede Arbeit herangezogen, denn schließlich bringt erst Abwechslung in der Arbeit viel Motivation und gute Leistungen!

Selbst die Beetränder wollen frei von Unkraut sein.

Ohne Gießen kein Unkraut?

Das Sommerleben eines Staudengärtners besteht neben Topf- und Vermehrungsarbeiten vor allem aus Gießen, wenn der Sommer ausnahmsweise einmal nicht verregnet ist. Gießen bedeutet als Gärtner, mit großer Umsicht und Verantwortung zu agieren, hier ist sehr viel Fingerspitzengefühl gefordert. Die Bewässerungsanlage im Freiland über den Stellflächen besteht meist aus Kreisregnern oder Gießsträngen. Kulturen in den Gewächshäusern werden meist noch von Hand mit dem Schlauch gegossen. Und hier ist ein Zuviel meist viel schädlicher als ein Zuwenig, ähnlich wie bei den Zimmer- und Kübelpflanzen. Nichts ist fataler, als wenn frisch getopfte Stauden regelrecht eingeschlämmt und so „vergossen" werden. Das Wurzelsystem bekommt keine Luft mehr und beginnt zu faulen, was zur Wachstumsstagnation führt. Sie müssen wissen: Wenn eine Pflanze wegen Trockenheit einmal hängt, steht sie sofort wieder auf, wenn ihr Wasser gegeben wird. Dies ist nichts Schlimmes, sieht aber für viele Menschen sehr deprimierend aus. Wenn eine Pflanze aber hängt, weil ihre „Füße" vernässt sind, ist der Schaden insgesamt um ein Vielfaches höher und das Ergebnis ist meist noch viel trauriger.

Unkraut ist immer wieder ein großes Thema – und es zu bekämpfen, wird auch in Zukunft in jeder Staudengärtnerei eine der wichtigsten Beschäftigungen bleiben. Zu Recht werden umweltbelastende Herbizide stark eingeschränkt. Abflammgeräte oder Alternativen wie der Einsatz von Essigessenz helfen, Wege und Kulturflächen unkrautfrei zu halten. Jedenfalls erfolgt das Unkrautmanagement meist in den warmen Sommermonaten, da sich im Frühjahr bereits viele Unkräuter aussäten und niemand dazu kam, sie sofort zu eliminieren.

Zu Beginn des Sommers werden die Quartiere geräumt, gesäubert und danach wieder mit frisch getopften Stauden vollgestellt. Wie schön kann doch eine Staudengärtnerei Ende des Sommers aussehen, wenn die Herbstsaison beginnt und das meiste wieder verfügbar ist. Ich liebe diese Zeit, weil sich die Topfstauden von ihrer schönsten Seite präsentieren.

Das Gießen ist eine verantwortungsvolle Tätigkeit, die Fingerspitzengefühl erfordert. Zu viel oder zu wenig Wasser kann große Auswirkungen haben.

Bloß nicht hacken

Über Jahrzehnte war es hierzulande üblich, alle frisch bepflanzten Beete durchzuhacken wie ein Gemüsebeet. Sinnvoll ist dies aber nur, wenn sich schon Teppiche kleiner Sämlinge aus Vogelmiere und anderen Unkräutern breitgemacht haben. Ich plädiere für ein rechtzeitiges Auszupfen. Ausdauernde Unkräuter wie Löwenzahn sticht man am besten aus. Das komplette Durchhacken bewirkt zwar einerseits ein Aufbrechen der obersten Bodenkrume und vermindert somit die Kapillarwirkung sowie die Verdunstung der Feuchtigkeit aus dem Boden – es bewirkt leider jedoch auch das Aufkommen neuer Unkräuter, deren Samen in der obersten Erdschicht schlummern. Laut einer Universitätsstudie kam man vor Jahren zu dem Ergebnis, dass eine Bodenbearbeitung ohne eine darauffolgende Unkrautkeimung nur bei stockfinsterer Nacht und Neumond erfolgreich sein kann, denn ansonsten garantieren Licht, Luft und Feuchtigkeit den Unkräutern frohes Gedeihen.

'Wunder von Stäfa' läutet den Herbst schon im Sommer ein.

Des Staudengärtners zweiter Frühling

Früher mochte ich den Herbst überhaupt nicht. Heute genieße ich die letzten warmen Tage, die Farben und die tiefer stehende Sonne in vollen Zügen. In der Staudengärtnerei gibt es immer noch viel zu tun, für einen Außenstehenden meist kaum nachvollziehbar. Herbst bedeutet zwar nicht Frühling, doch der September ist für einen Staudengärtner wie ein zweiter Frühling, denn es können noch ungeahnt viele Stauden vermehrt werden. Der Herbstverkauf ist zwar längst nicht mehr das, was er einmal war – trotz verstärkter Werbemaßnahmen und schönen Bildern im monatlichen Rundbrief und in den neuen Medien. Astern und Chrysanthemen blühen nacheinander um die Wette. Gerade jetzt könnte ein Gartenbesitzer seine Beete mit neuen Stauden aufpeppen: Die meisten Stauden präsentieren sich jetzt ganz wundervoll und das Kombinieren nach Farben und Formen wäre ein wesentlich leichteres Unterfangen als im Frühjahr. Auch für Neuanlagen eignet sich der Herbst hervorragend, der Boden ist warm und alles wurzelt hervorragend ein. All diese positiven Aspekte verteidigt der Staudengärtner mit Händen und Füßen, aber die Realität spricht leider heute eine andere Sprache. Die meisten Gartenbesitzer schließen spätestens Mitte Oktober mit dem Garten geistig ab.

Im Spätherbst können noch Wintersteckline von heiklen und empfindlichen Stauden geschnitten werden, die bis zum zeitigen Frühjahr bewurzeln. Parallel zu den Kulturarbeiten bekommt auch der Schaugarten seinen letzten Schliff, denn im Frühjahr fand meist niemand die Zeit dazu. Eine der letzten Arbeiten im Jahr ist der Rückschnitt der Stauden in den Topfquartieren und das saubere Zusammenrücken der Töpfe.

Vorbereitung auf Frost und Winter

Sobald Dauerfrost und Schneefall angesagt sind, werden die Überwinterungskästen mit Frühbeetfenstern abgedeckt. Auch wenn diese Überwinterungskästen heutzutage in den Augen von manchen Kollegen als umständlich und nicht mehr zeitgemäß gelten, sehe ich sie immer noch als eine sinnvolle Alternative, nässeempfindliche und hochalpine Kulturen im Winter zu schützen.
Ganz zum Schluss erfolgt dann die Abdeckung der Stellflächen mit Vlies. Dieses leichte Vlies beugt lediglich dem Auswintern (Zurückfrieren) gewisser Stauden in den Töpfen vor – es ist kein Frostschutz. Die meisten Stauden würden keinerlei Abdeckung benötigen, aber in einem schneelosen Winter mit tiefen Temperaturen schützt das Vlies und die Staudenqualität ist im Frühjahr eine ganz andere. Würde jeden Winter eine ordentliche Portion Schnee fallen, dann würde sich jegliche Vliesabdeckung erübrigen.
Ganz fatal hat sich beispielsweise der Katastrophenwinter 2012/2013 ausgewirkt. An ihn erinnere ich mich noch mit Schrecken. Damals hatten wir es mit einem sehr milden Dezember und Januar zu tun. Anfang Februar schien es dann so, als wäre der Winter nun endgültig vorbei und vieles trieb bereits an, über und unter der Erde. Dann kam dieser berüchtigte Kaltlufteinbruch direkt aus Sibirien, quasi ohne Vorwarnung und ohne jeglichen Schnee. Binnen weniger Tage rasselten die Temperaturen von zarten Plusgraden in den zweistelligen Minusbereich. Das hielten viele noch so robuste Stauden nicht aus. Im Berliner Raum erfroren sogar Tulpen und Narzissen. Wir kamen mit einem blauen Auge davon, aber verloren trotzdem einige wertvolle Stauden. Manche Kollegen mussten bis zu 35 Prozent Ausfall in ihren Topfkulturen verzeichnen. Und alles, was damals schon

im November mit Vlies und Fenstern abgedeckt wurde, trug Schäden davon. Für die Zukunft hieß dies, umgekehrt zu denken – denn alles nicht Abgedeckte kam über die Runden, weil es abgehärtet war und nicht wegen einer Abdeckung vorzeitig antrieb.

Ein Fazit

Sie sehen also: Das Gärtnern mit Stauden ist eine durch und durch abwechslungsreiche und nicht immer berechenbare Tätigkeit. Viele meinen, so höre ich es immer wieder, dass wir Staudengärtner einen überaus gesunden Beruf ausüben. Dies ist nun ein großes Diskussionsthema. Gesund ja – und doch wieder nicht. Man muss für diesen Beruf schon eine gewisse Rossnatur aufbringen. Manche Gärtner vertragen Hitze schlecht, dafür sind sie gegenüber Wintertemperaturen weniger anfällig. Bei mir verhält es sich genau andersherum. Aber noch viel schlimmer ist die Tatsache, dass der ständige Wechsel des schwülen Gewächshausklimas mit schwankender, zugiger Außentemperatur gewöhnungsbedürftig ist, abgesehen von den immer ruppigeren Wetterkapriolen, die auch nicht jeder Organismus ohne Weiteres wegsteckt. Bandscheiben- und Kreuzprobleme scheinen des Gärtners Leiden Nr. 1 zu sein, vom In-Kalte-Erde-Greifen kann Gicht entstehen, von Rheuma und andere Beschwerden im Alter ganz zu schweigen. Gesund ist also relativ. Für Ausgleichssport darf also gesorgt werden, auch wenn es nur Laufen, Schwimmen oder Radfahren ist.

Heute stehen dem Gärtner aber eine Menge an Arbeitserleichterungen zur Verfügung und wir müssen längst nicht mehr so schwer arbeiten wie noch vor fünfzig Jahren. Trotzdem plädiere ich für ein Kräfteeinteilen. Denn unser Beruf ist zu schön – und es wäre doch jammerschade, wenn wir ihn der Gesundheit wegen schon frühzeitig an den Nagel hängen müssten!

Filigrane Gräsergestalten wie das Liebesgras (*Eragrostis curvula*) kommen an Beeträndern besonders gut zur Geltung.

Über das Züchten und Selektieren

Einem Staudengärtner bleibt heute nur wenig Zeit zur professionellen Züchtung. Die intensive Beschäftigung mit einzelnen Gattungen liegt in den Händen von engagierten Privatpersonen, die detailliertere Kenntnisse aufweisen als Gärtner, die sich nahezu ausschließlich mit der Produktion und Vermarktung beschäftigen müssen.

Zufallssämlinge genau im Blick

Allerdings reichen ein waches Auge und etwas Erfahrung, um zu erkennen, ob dieser oder jener Zufallssämling besser als einige schon bestehende Sorten sein könnte. Viele unserer Staudenzüchtungen sind auf diese Weise entstanden, sieht man einmal von den Gattungen *Heuchera*, *Echinacea*, *Iris*, *Paeonia* und *Hemerocallis* ab, wo wesentlich zielgerichteter und intensiver selektiert wird. Wie gut dann eine neue Sorte wirklich ist und ob sich diese auf dem Markt etabliert, entscheidet einzig und allein der Endkunde und somit der Gartenliebhaber – also Sie. Das Züchten bestimmter Staudensorten ist nämlich sehr stark gewissen Modeströmungen unterlegen. Nach Jahren des Höhenflugs kann eine Staude von einem Jahr zum nächsten unmodern werden. Auch kommt es sehr darauf an, für welchen Bestimmungs- oder Verwendungszweck eine Sorte geschaffen wurde. So sind Dauerhaftigkeit und Wachstumseigenschaften wie Standfestigkeit für Gartenstauden oftmals sehr wichtige Kriterien, die sich auf die „inneren" Werte einer Staudensorte beziehen, während bei Stauden, die dem Impulskauf vor allem im Baumarkt oder Gartencenter dienen, vordergründig ausgefallene Blütenformen zählen und nicht mehr die Dauerhaftigkeit im Garten.
Für mich verdeutlichen die zwei folgenden markanten Beispiele die Selektionsarbeit von Staudengärtnern. Überdies sind es sehr schöne Erlebnisse, die man als Staudengärtner nie mehr vergisst.

Eine Glockenblume wie keine andere zuvor

Es war im Sommer 1990, als ich eines Tages im Garten meiner Eltern eine tief dunkelviolette, leicht metallisch glänzende Glockenblume fand, die mir sofort ins Auge stach. Der Garten meiner Eltern war sehr groß und eher als ein gepflegter Wildgarten zu bezeichnen. Daher dachte sich niemand etwas dabei, wenn hier und da einzelne Sämlinge von Stauden aufgingen – sie durften das. Mir fielen die extrem großen Blüten dieses Glockenblumensämlings auf, die innen bewimpert waren und deren Spitzen nicht nach außen gedreht. Ich dachte sofort an eine blaue *Campanula punctata*, eine solche kannte ich allerdings noch nicht und sie war auch in keiner Literatur zu finden. Die aufgefundene Pflanze wuchs eingezwängt zwischen anderen Stauden in einem Beet neben dem Teich und hatte erst einen einzigen Blütenstängel mit zwei aufgeblühten Blüten und ein paar Knospen. Ich holte den Spaten, grub die Glockenblume aus und nahm sie mit nach Österreich. Damals war ich noch nicht selbständig und so pflanzte ich sie auf ein frisch hergerichtetes Mutterpflanzenbeet, wo sie ein geradezu unnatürliches Wachstum an den Tag legte. Im darauffolgenden Frühjahr grub ich das Exemplar aus und vermehrte es intensiv, indem die kurzen Ausläufer abgetrennt und getopft wurden. Zwei Monate später blühte der gesamte Bestand herrlich. Es waren rund 50 Topfstauden, die ich bald danach wieder auf den Acker auspflanzte, um möglichst rasch zu einem weit größeren Bestand zu gelangen.

Erhabene, geradezu mystischen Erscheinung: *Campanula* 'Sarastro' dominiert zur Blütezeit jede Pflanzung.

Sarastro: der gute Geist erwacht

In der Zwischenzeit überlegte ich mir, welchen Namen ich dieser wunderbaren Glockenblume wohl geben sollte. Dass es sich um eine Hybride aus zwei Wildarten handelte, konnte ich bald herausfinden, denn im Garten meiner Eltern wuchsen damals nur *Campanula trachelium*, die Nesselblättrige Glockenblume, und ein Neuzugang, nämlich die aus einer japanischen Samenprobe entstandene *Campanula punctata* var. *hondoense*. Meine Neuheit konnte also nur aus diesen beiden Wildarten spontan entstanden sein. Die Nesselblättrige Glockenblume sät sich allgemein stark aus und überall machen sich unerwünschte Sämlinge breit, wenn nicht ihre Samenstände rechtzeitig abgeschnitten werden. Und ihr anderer Elternteil wuchert ziemlich in die Breite – also beides ungezähmte Geister! Als frischgebackener Wahlösterreicher hörte ich damals mit Begeisterung „*Die Zauberflöte*" von Wolfgang Amadeus Mozart. Darin kamen die unterschiedlichsten Freigeister vor, beispielsweise eine Pamina, deren Namen ein bekannter, deutscher Staudengärtner, Dr. Hans Simon, für seine Anemonen-Neuheit bereits vergeben hatte. Daraufhin dachte ich, dass „Sarastro" ein sehr passender Name wäre, denn dieser Hohepriester wird zunächst als ein böser Herrscher angesehen, der sich im Laufe der Oper zu einem guten Geist entwickelt. Treffender ging es gar nicht, denn die dunkle Farbe passte, und die Vorzüge dieser Neuheit ebenfalls: Sie sät sich nicht aus, sie wuchert nicht, sie besitzt wesentlich größere Blüten als ihre beiden Eltern und vor allem ist sie durch ihre lang anhaltende, üppige Blüte omnipräsent.

Wenig später verließ ich die Staudengärtnerei Feldweber, um mich selbständig zu machen. Damals war es noch nicht üblich, Staudensorten zu schützen. Und heute bin ich etwas unglücklich darüber, dass jegliche Neuheit sofort geschützt wird, bevor man überhaupt erkennt, ob sie auch alltagstauglich, sprich gartenwürdig ist. Aber hätte ich damals die Gelegenheit gehabt, die Glockenblume 'Sarastro' patentieren zu lassen, wäre ich um manche Geldsorge leichter. Aber damals war dies auf dem Staudensektor noch nicht üblich. Jeder Staudengärtner gab einige Exemplare seiner Neuheiten den engsten Freunden und Kollegen weiter, bei denen er wusste, dass sie diese nicht umtaufen und sich die Sorte auf die eigenen Fahnen schreiben würden. So wurde damals auf Gutglauben so manche Neuheit verbreitet, parallel hierzu schickte man sie in den Staudensichtungsgarten, um sie registrieren zu lassen.

Hier hat sich in wenigen Jahren sehr viel verändert. Aber 'Sarastro' hat ihren Weg gemacht, sie wurde mit den Jahren weltweit verbreitet. Man kürte sie in Chicago sogar als die beste Beet-Glockenblume und inzwischen steht sie in unzähligen Gärten, wenn sie nicht von den Schnecken vorzeitig dezimiert wurde.

Vital, gesund – und unverwechselbar

Ebenso gern erinnere ich mich auch an die Entstehungsgeschichte von *Sedum* 'Matrona', der von der Internationalen Staudenunion (ISU) gekürten Staude des Jahres 2000, die unbestritten aus dem ganzen Staudensortiment hervorstach. In den letzten Jahren hat sich auf dem Sektor der Hohen Sedum (*Hylotelephium*) fast schon zu viel getan, nicht so vor rund 25 Jahren. Ewald Hügin hat diese stolze Sorte bereits vor 1990 ausgelesen – und sie gab den Auftakt zur eben begonnenen Neuheitenflut der Hohen Fetthennen. Die Eltern dieser Sorte waren *Hylotelephium atropurpureum* und *Hylotelephium spectabile*, wobei ich hier bewusst den alten Gattungsnamen *Sedum* beibehalten möchte.
Sedum 'Matrona' – dieser Name steht untrennbar verbunden mit Ewald Hügin, dem Besitzer einer Staudengärtnerei inmitten von Freiburg im Breisgau. Wir sind Kollegen, ja beste Freunde und kennen uns seit vielen Jahren. Und ich kann mich noch an jenen Sonntagmorgen erinnern, als er mir nach dem Frühstück im elterlichen Garten ein Herbst-*Sedum* zeigte und mich sehr bescheiden in seiner Art und beinahe etwas verstohlen fragte: „Was meinst du, ist dies hier etwas Gutes?"
Vor mir stand ein stattlicher Horst eines Herbst-*Sedums*, durchaus keine gewöhnliche Staude. Nein, dieser Horst hatte etwas Archaisches, war in seiner Ausstrahlung bestimmend und dominant unter allen anderen ihn umgebenden Pflanzen. Eine Pflanze, die vor Vitalität geradezu strotzte, äußerst stämmig und stramm.
„Du musst sie unbedingt vermehren und in den Handel bringen!", war meine begeisterte Antwort.
„Meinst du wirklich, ist sie wirklich gut genug?"
Wenn wir gewusst hätten, welche Bewegung uns in der *Sedum*-Selektion noch bevorstand, wäre Ewald sicher nicht so kritisch gewesen, denn 'Matrona' nimmt es in ihren Qualitäten auch heute noch locker mit manch neuer Fetthenne auf.

Beim *Sedum* (*Hylotelephium*) 'Matrona' ist der Kontrast zwischen den wesentlich dunkleren Blättern und den aparten, dichten rosa Blütentellern ganz auffällig.

Eine Fetthenne namens 'Matrona'

Wenn Staudengärtner züchterisch tätig werden und dann vor ihren „Produkten" stehen, ist es mit der Namensgebung so eine Sache. Die Resultate zeigen sich mitunter eher dürftig und manchmal doch sehr fantasielos und pragmatisch – bestenfalls kommt die Blütenfarbe im Namen zum Ausdruck, nicht aber der Charakter der jeweiligen Pflanze. Anders bei 'Matrona'!
Sonntagmorgen war es – ein sonniger Spätsommersonntag. Bienen umschwärmten die Blütenschirme jener Fetthenne, deren Stängel mehr als einen halben Meter in den blauen, südbadischen Himmel ragten. Darum herum standen etliche niedrige Stauden, die sich ihr gegenüber geradezu bescheiden ausmachten. Da bemerkte Ewald spontan: „Was sagst du zu 'Matrona'?" Ich fand auch, sie hatte tatsächlich etwas Matronenhaftes an sich und antwortete „sie steht da wie eine Matrone". Und so fand sich damals der Name dieser Sorte.
Sedum 'Matrona' ist seit jener Zeit in viele Hände gelangt, zunächst zu bekannten und befreundeten Staudengärtnern. Sie stellt in jeglicher Hinsicht eine Bereicherung nicht nur aller *Sedum*, sondern des gesamten Staudensortimentes dar. Ihre Blütenschirme übertrafen alle bisher dagewesenen Fetthennen. Im Jahr nach der Pflanzung erreichen sie günstigenfalls einen Durchmesser von bis zu 25 cm, ohne durch ihre Schwere umzuknicken, da die Blütenteller auf dunkelroten, dicken und daher sehr standfesten Stängeln sitzen. Die dunkelgrauroten Blätter sind makellos und gesund. Wirklich neu und außergewöhnlich war nicht nur das gesamte Erscheinungsbild, sondern auch ihre sanfte, rosa Blütenfarbe mit ihren dunkelrosa Staubgefäßen.
Sedum 'Matrona' wurde in vielen Ländern verbreitet und zu riesigen Stückzahlen vermehrt. Man bekommt sie nicht nur als Jungpflanze, sondern auch in Großcontainern im nächsten Gartencenter, aber vor allem ist sie fixer Bestand in nahezu jeder Staudengärtnerei. Seit jener Zeit kamen ungezählte *Sedum*-Neuheiten auf den Markt, jede einzelne wurde als noch röter, als noch besser angepriesen, viele davon waren geschützt und der Nachbau verboten. Bewähren konnten sich davon trotzdem nicht viele. Sie kamen und verschwanden wieder, 'Matrona' aber blieb. Vor allem aber zeigt sie ihre Qualitäten als ein echter „Ordnungsheld" in jedem eingewachsenen Staudenbeet.

Jede Staude hat ihre Geschichte

Und solche Staudengeschichten ließen sich etliche erzählen. Bei den ungezählten Besuchen bei Kollegen in Staudengärtnereien lernte ich mit den Jahren viele teilweise betagte Gärtner kennen, die beinahe zu jeder Staude eine Geschichte wussten, nicht allein über Neuzüchtungen. Ob dies Max Frei, Jakob Eschmann, Eberhard und Barbara Fluche, Walter Schimana, der Kreis der Nachfolgegärtner um Karl Foerster (die Bornimer Gärtner) waren oder natürlich alle meine ehemaligen Chefleute wie Franz und Erika Feldweber, Luite van Delft oder Domenico Tommasini. Ein sehr lebendiges Beispiel ist auch Eugen Schleipfer in Neusäß bei Augsburg. Er hat im Laufe der Jahre eine Menge eigenständiger Züchtungen hervorgebracht. Zu jeder seiner Selektionen weiß er eine Geschichte zu erzählen: über den Hintergrund, die Elternteile, deren Herkunft und vieles mehr.
In Großbritannien hatte man schon immer einen anderen Umgang mit Pflanzen. Die dortigen „Plantsmen" hatten immer Geschichten auf Lager, sie waren unumgänglich zu hören, geradezu essenziell notwendig – und so wurde jede der Reisen nach England für mich zu einem nachhaltigen Erlebnis. All die Namen der Gärtner hier aufzuzählen würde aber viel zu weit führen.
Geschichten rund um Pflanzen offenbaren ein ganz anderes Sendungsbewusstsein, der pragmatische Umgang mit ihnen rückt dabei etwas in den Hintergrund. Ich wünsche mir inständig, dass diese Tradition der Pflanzen mit Geschichten auch weiterhin aufrechterhalten wird!

Stauden in freier Natur entdecken

Eines seiner bekanntesten Bücher ist „Reise doch – bleibe doch". Karl Foerster hat bereits früh erkannt, dass der Horizont durch das Daheimsitzen nicht größer wird, aber ausschließlich durch Reisen auch kein großer Kulturgewinn zu erzielen ist. Erst das Zusammenspiel beider Erfahrungen bringt uns zum gewünschten Verständnis tieferer Zusammenhänge.

Busch-Windröschen erblühen normalerweise mit einfachen Blüten, es existieren jedoch auch die absonderlichsten Formen, wie bei *Anemone nemorosa* 'Green Dream'.

Hinaus in fremde Länder

Staudenverwendung hat in unterschiedlichen Ländern auch unterschiedliche Traditionen – wie auch Gartenkultur überall anders bewertet wird. Dies zu erleben und zu begreifen, ist genauso erfüllend wie das Botanisieren in der freien Natur. Oft denke ich an die Botaniker oder Abteilungsleiter botanischer Gärten, die in aller Welt herumreisen, um an entlegensten Orten die seltensten Stauden zu erleben. Ich werde sie immer um ihre Aufgabe beneiden! Und doch habe ich mich entschieden, einem breiteren Gartenpublikum mit meiner Gärtnerei einen Teil der Staudenwelt zu eröffnen und anzubieten. Auch dies hat zweifelsfrei seinen Reiz, zumal dabei immer auch der Aspekt der Staudenverwendung im Vordergrund steht.

Der überwiegende Teil unserer Gartenstauden entstammt bekanntlich der gemäßigten Zone der Nordhalbkugel, ein wesentlich kleinerer Teil stammt von der Südhalbkugel der Erde, also aus den kälteren Regionen Südafrikas und Südamerikas sowie den Gebirgen Australiens und Neuseelands. Es ist kaum zu glauben, wie erfüllend das Auffinden und Entdecken der mannigfaltigsten Stauden in der Natur sein kann. Vollkommen unabhängig davon, ob es sich hierbei um Mitteleuropa, den Balkan, Nordamerika oder Fernost handelt. Die Reiseziele sind so vielfältig und zahlreich, dass unser Leben dafür zu kurz sein dürfte! Es ist auch nebensächlich, irgendwelche Prioritäten setzen zu wollen – mache ich doch einfach den Anfang, um in Ihnen die Freude an fremder Gartenkultur und dem Entdecken pflanzlicher Schönheiten zu wecken.

Vorab: das Gute liegt so nah

Wie so oft liegt das Gute doch so nahe, meist direkt vor der Haustüre. Unser Innviertel hier zu Hause ist eine ausgeräumte, von der Landwirtschaft geprägte Kulturlandschaft, es existieren nur noch ganz wenige ursprüngliche, naturbelassene Flächen. Diese befinden sich entlang des Inns und seiner Seitenarme, ebenso auch an einigen unzugänglichen Böschungen und in Auwäldern. Wer Glück hat, kann selbst hier einige botanische Höhepunkte erleben. Im zeitigen Frühjahr erblühen in lichten Auwäldern und auf naturbelassenen Wiesen die Märzenbecher (*Leucojum vernum*) in riesiger Anzahl. Wenig später erscheinen die Windröschen in beiderlei Gestalt (*Anemone nemorosa* mit weißen Blüten, *Anemone ranunculoides* mit goldgelben Blüten), selbst Hybriden sind nicht selten anzutreffen. An den Hängen des Aichberges blühen die Frühlings-Platterbse (*Lathyrus vernus*) und der Seidelbast (*Daphne mezereum*). Später dann im Mai finden wir den Braunen Storchschnabel (*Geranium phaeum*) in unzähligen Exemplaren links und rechts des Weges. Hier könnte man theoretisch eine Menge an Auslesen kreieren – aber so denkt wohl nur der Staudengärtner. Und an den Innhängen wächst nicht nur das Leberblümchen (*Hepatica nobilis*) mit vielen Farbvarianten, die Naturschutzgebiete der Innauen beherbergen so manche botanische Kostbarkeit: Ich sah noch nirgends so viele Exemplare des Stattlichen Knabenkrautes (*Orchis mascula*). Weiter innaufwärts existieren riesige Schneeglöckchen-Vorkommen (*Galanthus nivalis*) und entlang der Bäche und Flüsse des Sauwaldes findet man neben anderen Highlights auch ausgedehnte Bestände des Straußfarnes (*Matteuccia struthiopteris*). Und das sind nur wenige Beispiele. Und welche Stauden wachsen bei Ihnen draußen vor der eigenen Haustür?

Der Braune Storchschnabel (*Geranium phaeum*) blüht früh und gleichzeitig sehr lange. Die Sortenvielfalt ist auch bei ihm sehr groß.

Mit der Staudenunion unterwegs

Die ersten botanischen Exkursionen in entferntere Regionen unternahm ich über die Internationale Staudenunion (ISU), dieser Dachorganisation, der 17 Länder in Europa und Nordamerika angehören. Ziele waren unter anderem die Dauphiné in Südfrankreich, die Pyrenäen, Südtirol, Oberitalien, das Tote Gebirge in den Ostalpen und Nordgriechenland. Die Gruppen waren unterschiedlich groß, meist zwischen 15 und 35 Personen, Staudengärtnerkollegen und Fachleute aus den unterschiedlichsten Ländern. Meist reiste ein Botaniker mit, der seine Dissertation über das jeweilige Gebiet schrieb und sich mit der dortigen Flora gut auskannte. Der Ablauf war stets derselbe. Wir stiegen in einen Bus, der uns auf einen bestimmten Pass fuhr. Von dort war eine Wanderroute festgelegt, meist Tagestouren. Der jeweilige Führer der Exkursionen besprach mit uns meist schon vorher, was da und dort an Pflanzen zu finden war. Wer sich ein wenig vorbereitet hatte, der hatte naturgemäß die besseren Karten. Hochmotiviert liefen wir zu Berg, die jüngeren Gipfelstürmer entdeckten meist als erste die gesuchten Seltenheiten. Es wurde fotografiert und die Pflanzen nach Möglichkeit genau bestimmt.

Die Holunder-Fingerwurz (*Dactylorhiza sambucina*) existiert auch in einer rotblühenden Form.

Bestimmungsglück muss man haben

Ich kann mich noch an meine allererste Exkursion in die Dauphiné erinnern. Wir standen vor einer Gruppe von gelben und roten Knabenkräutern, die niemand auf Anhieb kannte. Sofort wurden mitgenommene Bestimmungsbücher gewälzt und hin und her diskutiert, um welche Orchidee es sich wohl handelte. Damals war ich in dieser Runde noch ein Neuling und solcherart Leute werden bekanntlich schräg beäugt, vor allem, wenn alte Hasen und gute Pflanzenkenner dabei sind. Ich meinte ganz spontan, dass diese Orchidee das Holunder-Fingerwurz (*Dactylorhiza sambucina*) sei. Eine jüngere Teilnehmerin, die gerade in ihrem Bestimmungsbuch nachforschte, bemerkte fast etwas schnippisch, dass man dies nicht so einfach behaupten könne, dies müsste man anhand von Bestimmungsschlüsseln nachbestimmen. Da stieß ein allseits bekannter und geschätzter Staudenkenner zu uns, den man kurzerhand fragte. Er sagte daraufhin dasselbe wie ich. Die jüngere Exkursionsteilnehmerin fragte mich später ganz erstaunt, woher ich dies denn so bestimmt wüsste. Nun, das war ein Glückstreffer: Entweder kennt man eine Pflanze und spricht sie daher auch sicher an, weil man sie früher oft gesehen hat, oder man stellt vage Vermutungen an. Und diese Spekulationen sind bekanntlich gefährlich. Ich stellte dies später noch oft fest, besonders in fernen Ländern, wo uns viele der Pflanzen unbekannt sind.

Die jeweilige Pflanzenfamilie erkennt ein routinierter Staudengärtner meist, wenn er sich nicht gerade in tropischen Gefilden aufhält, dazu braucht er nicht Botanik studiert zu haben. Es sei denn, es handelt sich um eine eher ungewöhnliche Familie. Bei der Art oder Unterart wird es meist schwierig und hier sollten zu Hause Nachbestimmungen erfolgen oder lokale Fachleute befragt werden. Hilfreich ist natürlich das Arbeiten mit einem Bestimmungsschlüssel. Aber auch dazu braucht man Übung, die wir Staudengärtner nur in den seltensten Fällen haben. Spezielle Literatur für bestimmte Gegenden ist nur in den seltensten Fällen ausreichend vorhanden – denn man schleppt ja nicht umfangreiche Werke der Botanik mit sich herum.

Ein botanisch lohnendes Reiseziel mit imposanter Pflanzenvielfalt ist das Gebiet um den Damavand, den höchsten Berg des Iran.

Verantwortung für die Natur tragen

Bei den Exkursionen entdeckt man immer wieder Stauden, die später in irgendeiner Form für die Gartenkultur Verwendung finden könnten. Nun wachsen diese Pflanzen teilweise in Unmengen, aber oft auch nur in wenigen Exemplaren. Hat man Glück, so befinden sich Samenkapseln vom Vorjahr daran, in denen sich meist noch keimfähiges Saatgut befindet. Ansonsten können auch Stecklinge oder Pflanzenteile in Form von Risslingen entnommen werden. Risslinge sind dünne Seitentriebe, die einfach von der Mutterpflanze abgerissen – also nicht geschnitten – werden. Allerdings wehre ich mich gegen Plünderungen jeglicher Art, wie sie leider immer wieder vorkommen. Auch bei Erdorchideen oder sehr seltenen, streng geschützten Pflanzen ist dies ein großer Frevel, zumal die Anwachsquote bei vielen heiklen Stauden sehr niedrig ist, wenn diese aus ihrem Habitat entrissen wurden.

Ganz ohne Pflanzenteile mitzunehmen, geht es aber sicher auch nicht, wenn wir Stauden einführen wollen, die in der Gartenkultur noch unbekannt sind. Schließlich benötigt man sie ja, um sie zu vermehren. Panaschierte oder andersfarbige Pflanzen, auch Varianten mit gefüllten Blüten überleben in der Natur auf Dauer meist nicht, für die Gartenkultur hingegen sind sie unter Umständen sehr wertvoll. Es wird hier immer Situationen und Grenzfälle geben, wo jeder selbst verantwortungsvoll entscheiden sollte. Diese Stecklinge oder Pflanzenteile werden in feuchte Servietten oder Taschentücher gewickelt und kommen dann in ein Plastiksäckchen, wo sie hoffentlich bis zu Hause überleben.

Alpen-Primeln kommen auf Kalk und Silikat gleichermaßen vor.

Solche botanische Exkursionen sind wertvoll und erkenntnisreich, darüber hinaus lernt man sich näher kennen. Damals dachte ich daran, derartige Bergtouren auch für jüngere Leute erschwinglich zu machen. So gründeten wir in Grünberg zu fortgerückter Stunde jene „Staudengärtnerfamilie", die sich jeweils an einem verlängerten Wochenende im Sommer an irgendeinem interessanten Ort in Deutschland, Österreich und der Schweiz trifft. Im Laufe der Jahre kamen dann auch die Kinder mit. Spannend und interessant sind stets Rucksacktouren in Gegenden, aus der viele unserer gängigen Staudenarten herkommen. Man erkennt bald, dass manche Stauden in der Natur eine wesentlich größere Toleranzbreite aufweisen, was den Standort anbelangt, andere hingegen sind auf enge Bereiche spezialisiert. Diese Erkenntnis kann man sich als Pflanzenverwender zunutze machen. Alles wird nie auf den Garten übertragbar sein, aber man bekommt einen Blick für Kombinationen und probiert in Folge wesentlich mehr aus.

Viel zu entdecken in den Bergregionen

Naturgemäß liegen die Alpen uns am nächsten, und man kann dort wochenlang pflanzenreiche Touren unternehmen. Was gibt es beispielsweise Schöneres, als den Locus classicus von *Primula* × *pubescens* am Brenner aufzusuchen? Oder die ganze Palette der unterschiedlichsten Alpen-Primeln, Enziane, Ranunkeln, Alpenglöckchen in ihrer natürlichen Umgebung zu entdecken? Für Staudengärtner sind solche botanischen Wanderungen leider meist nur in den Sommermonaten zu realisieren, wenn die Arbeit es zulässt. Aber zum Glück blühen viele unserer Alpenpflanzen auch noch in den Sommermonaten und in den meisten Höhenlagen können dann noch genügend blühende Pflanzen aller Art angetroffen werden.
Die Alpen setzen sich in westlicher Richtung quasi in den Pyrenäen fort, führen in südöstlicher Richtung über die Dinarischen Alpen, also die Berge Bosniens und Kroatiens, und das Balkangebirge bis nach Albanien und hinunter nach Griechenland. Wer in den Pyrenäen einmal das Glück hatte, die prachtvollen Exemplare von *Saxifraga longifolia* zu sehen, wird dies nie mehr vergessen: Tellergroße Rosetten sitzen in Felsspalten und auf Felsbändern. In Kultur werden sie normalerweise niemals so groß, da sie meist schon vorher blühen und dann absterben. Die Erkenntnis für den Garten lautet also: Der Pyrenäen-Steinbrech sollte nur in ein total mageres Substrat zwischen schrägen Steinen ostseitig gepflanzt werden, denn nur so wächst er viel langsamer zu jenen wundervollen Rosetten heran.
Besonders leicht können in den Dinarischen Alpen der Velebit, das Kapela- und das Biokovo-Gebirge erreicht werden. Über einige schmale Straßen, die diese Gebirge überqueren, erreichen wir relativ problemlos die Hauptgebirgskämme. Von dort aus muss man dann allerdings zu Fuß auf die Bergspitzen und in die Wälder und Schluchten. Dort oben fand ich herrliche uralte Exemplare des Alpen-Seidelbastes (*Daphne alpina*) sowie Spaliersträucher wie Kriechende Kugelblumen (*Globularia repens*), Moltkie (*Moltkia petraea*) und viele andere Schätze. Die spannende und farblich ansprechende Kombination aus Zwerg-Alant (*Inula ensifolia*), Zwergformen der Wegwarte (*Cychorium intybus*) und den stahlblauen Balkan-Mannstreu (*Eryngium amethystinum*) spornte zum Nachpflanzen an.
Ein spannendes Erlebnis war für mich auch das Auffinden des Dalmatinischen Storchschnabels (*Geranium dalmaticum*). Um diesen Storchschnabel zu sehen, muss man einen anstrengenden Fußmarsch von Meeresspiegelhöhe auf fast 1000 Höhenmeter bewältigen und dies teilweise ohne jeglichen Weg. Er wächst zwischen Kalkschotter

und Kalkfelsen auf dem sonnendurchglühten Gipfel der Halbinsel Pelješac. Ich lernte auch aus diesem Beispiel, dass viele Stauden bei uns im Garten viel zu üppig stehen – und aus diesem Grund dort viel kurzlebiger sein müssen.

Auf dem Sveti Jure hat man im Herbst eine grandiose Fernsicht. Wenn man Glück hat, sieht man sogar bis zum Monte Gargano in Apulien. Dieser höchste Berg des Biokovo-Gebirges beherbergt einige gesuchte Schätze, unter anderem die beiden Büschelglocken, *Edraianthus pumilio* und *Edraianthus serpyllifolius*.

Endemiten und andere rare Funde

Der Thessalische Olymp in Nordgriechenland ist der höchste Berg Griechenlands und bekannt für seine außerordentlich große Pflanzenvielfalt. Er bildet eine natürliche Barriere zwischen dem mediterranen Süden und dem Balkan im Norden, weist aber auch Florenelemente aus dem östlich gelegenen, pontischen Bereich der nördlichen Türkei auf. Ihn zu besteigen ist relativ einfach, er gilt für mich fast schon als „Einstiegsdroge" für weitere Pflanzenabenteuer. Ihn bestieg ich viermal und hatte zumindest einmal das Glück, die Gipfelregion nicht in Wolken zu erleben. Auch hier wandert man von etwa 800 m bis knapp unter 3000 m Höhe. Am Olymp wachsen einige Endemiten, also Pflanzen, die ausschließlich dort vorkommen, sowie eine Unzahl anderer bekannter und unbekannter Highlights. Meine Begeisterung kannte keine Grenzen, als ich in den oberen Regionen Staudenjuwelen entdeckte, die mir entweder aus Büchern, von einigen Alpenpflanzengärtnern oder aus privaten Alpengärten bekannt waren. Egal, um welche Region des Olymps es sich handelte, es war schon ein Erlebnis zu sehen, wie Gelbdolden (*Smyrnium perfoliatum*), Balkan-Storchschnabel (*Geranium macrorrhizum*), eine seltene, hohe Wolfsmilch (*Euphorbia heldreichii*) oder Ölbaumähnlicher Seidelbast (*Daphne oleoides*) in der Natur wachsen. Besonders der Balkan-Storchschnabel beeindruckte mich nachhaltig, da er an trockensten Hängen in purem Schotter wuchs, in den Sommermonaten lediglich durch sehr hohe Luftfeuchtigkeit mit Wasser versorgt.

Der Alpen-Aurikel (*Primula auricula*) gedeiht auch im Tiefland ohne Probleme.

Die Blüten der Stechnelke (*Acantholimon*) erinnern an Staticen.

Der Höhepunkt allerdings war natürlich die Entdeckung von *Jancaea heldreichii*, diesem raren und nur dort vorkommenden Schatz, einem rosettenartig wachsendem, behaarten Gesneriengewächs, welches als Tertiärrelikt an unzugänglichen Stellen in den Felsspalten der Schluchten wächst. Oder auch der Fund von *Viola delphinantha*, einem kleinen, rosa blühenden Veilchen, das ich ebenfalls an schroffen Felsen der oberen Baumregion entdeckte. Die orangerote Blüte der dort vorkommenden Türkenbund-Lilie (*Lilium chalcedonicum*) springt jedem ins Auge, der sie an trockenen Hängen in der unteren Buschzone entdeckt.

Königskerzen – oder bizarre Disteln

Der Vordere und Mittlere Orient ist ganz besonders durch seine Vielfalt an Frühlingsgeophyten bekannt, viele Liebhaber reisen allein deswegen dorthin. Wer jedoch die Länder wie die Türkei und den Iran im Spätfrühling oder Herbst bereist, kann dort eine ungeahnte, wunderschöne Staudenflora vielfältigster Art vorfinden – und dies in einer grandiosen Landschaft. Für die Türkei empfinde ich viel Sympathie, es ist sicher eines der besten Reiseländer dieser Welt, welches gleichzeitig größte landschaftliche und botanische Vielfalt aufweist, gekoppelt mit immenser Gastfreundschaft der Leute. Und umso trauriger stimmen mich die politische Spannungen wie auch die terroristischen Anschläge der jüngeren Zeit. Zwei Pflanzengattungen bleiben nach einer Türkeireise in Erinnerung, nebst unzähliger Detailerlebnisse: die allerorts wachsenden Königskerzen (*Verbascum*) sowie die Igelpolster (*Acantholimon*), beide in einer unglaublichen Artenvielfalt zu finden.

Im Iran prägen ganz andere Pflanzen das Bild, obgleich sich die Landschaft teilweise nicht wesentlich von der der Türkei unterscheidet. Auch hier sind wüstenhafte Hochebenen, hohe Gebirge sowie regenreiche Urwälder vorhanden. In diesem riesigen Land finden wir bizarre Disteln in allen Varianten sowie Doldenblütler (*Apiaceae*), die in manchen Gebirgstälern sogar landschaftsprägenden Charakter haben. Große Höhepunkte sind blühende Vertreter der *Oncocyclus*-Iris und Steppenkerzen (*Eremurus*). Aber auch eine Menge anderer Pflanzen lassen das Herz höher schlagen – man müsste zu verschiedenen Jahreszeiten hierher. Die grandiosen, sehr harten Polster des Teppich-Schleierkrautes (*Gypsophila aretioides*) sorgen für einen nachhaltigen Eindruck.

Fußmarsch durch die Berge Nepals

Unvergessen wird mir auch der fast dreiwöchige Fußmarsch durch das Kali-Gandaki-Tal und die Anapurna-Region Nepals sein. Im gebirgigen Nepal gibt es eigentlich nur zwei Möglichkeiten, sich von der Stelle zu bewegen: entweder zu Fuß oder mit dem Flugzeug. Straßen sind nur in der Ebene und zwischen den größeren Städten vorhanden. Man durchwandert zunächst die subtropische Monsunzone und kommt so nach und nach durch sämtliche Bergregionen bis hinauf zum tibetischen Hochland. Dementsprechend vielfältig und reich ist auch die Flora dieses Landes. Während für uns besonders die oberen Regionen von Interesse sind, beeindruckten doch vor allem auch die riesigen Rhododendrenwälder. Hier wachsen der Kletternde Enzian (*Crawfurdia speciosa*) oder die Riesenlilie (*Cardiocrinum giganteum*). Auf freien Matten und Bergwiesen entdeckte ich den Blauen und Gelben Scheinmohn (*Meconopsis*) sowie viele unbekannte Primelarten. Weiter oben überraschten Schotterhänge, die von Meerträubel (*Ephedra*) durchzogen waren, dazwischen wuchsen Freilandgloxinien (*Incarvillea arguta*).

Die ferne Südhalbkugel

Die Pflanzenwelt der Südhalbkugel unterscheidet sich erheblich von der Nordhalbkugel, und dies in jeder Hinsicht. Abgesehen von der fantastischen Pflanzenvielfalt hat Neuseeland allein schon durch seine unglaublich abwechslungsreiche Landschaft viel zu bieten, von tropischen Gefilden ganz im Norden bis zu subantarktischen Gegenden auf den südlichsten Inseln. Für uns ist natürlich die Vegetation der Südinsel von großem Interesse – und hier besonders die Pflanzenwelt der Neuseeländischen Alpen. Nicht nur die vollkommen fremdartigen Pflanzen waren es, die mich faszinierten, sondern mir fiel auch auf, dass in Neuseeland die Blütenfarben Weiß und Gelb dominieren. Und wer sich für Farne aller Art interessiert, findet in Neuseeland sein Eldorado. Mir hatten es aber auch die seltenen *Celmisia*-Arten angetan, eine typisch neuseeländische Staudengattung der Gebirge. Auch die großen Polster der Schafsteppiche (*Raoulia*) verbinde ich stets mit den Neuseeländischen Alpen.

Es kommt gar nicht auf das Ziel an, der Weg ist das alleinige Ziel! Reisen, die Menschen in ihrer Umgebung und natürlich die Pflanzen gehören für mich stets zusammen — und all das erleben zu dürfen bereichert ungemein!

Eine trockene Gegend kann äußerst bizarre Pracht offenbaren wie diese Distelschönheit vor altpersischen Grabmälern.

PRAKTISCHES STAUDEN-WISSEN

Ohne Grundlagen geht es nicht – da macht die Verwendung von Stauden keine Ausnahme von der Regel. Gute Pflanzenkenntnisse sind lediglich die Basis, um zu einem schönen Beet zu kommen. Es gehört eben doch noch einiges anderes dazu – sei es das Wissen um die Herkunft der Stauden, das Ihnen wichtige Rückschlüsse auf den passenden Standort im eigenen Garten ermöglicht, oder aber genaue Kenntnisse über die existentiellen Bedürfnisse wie Boden, Licht und Feuchtigkeit. Und nicht zuletzt die Kenntnisse um die bevorzugten Beetpartner der Stauden, im Fachjargon Vergesellschaftung genannt.

Einmaleins der Staudenverwendung

Wenn Sie gewisse Grundregeln beachten, wird Ihnen das Pflanzen von Stauden leicht von der Hand gehen. Das Wichtigste ist, neben einem geeigneten Standort auch auf die Faktoren wie Licht und Luft, Nährstoffe und Wasser Rücksicht zu nehmen sowie auf die vorhandenen Bodenverhältnisse zu achten.

Verwendung nach Lebensbereichen

Ganz wichtig ist es, sich an den Lebensbereichen der Stauden zu orientieren. Der Begriff Lebensbereich erschließt sich aber vielleicht nicht jedermann sofort, und darum gefällt mir der Ausdruck Gartenbereich eigentlich besser. Ausschlaggebend ist dabei: Woher kommen unsere Stauden, wo wachsen sie in der Natur und wo im Garten am besten? Eine Verwendung der Stauden nach Lebensbereichen bedeutet eigentlich nichts anderes als eine standortgerechte Pflanzung. Nur sie führt letztlich zum dauerhaften Erfolg. Erst in weiterer Folge und mit ein bisschen mehr Erfahrung werden Sie mit Ihren Stauden auch einmal experimentieren können und vom üblichen Schema abweichen. In England ist diese Form der Pflanzenverwendung ja seit Langem üblich. Aber das ist eine ganz andere Geschichte!

Die Verwendung der Stauden nach Lebensbereichen wurde von Prof. Dr. Richard Hansen begründet, einem der Schüler Karl Foersters. Um das ständig wachsende Staudensortiment transparenter zu machen, kam er in den 1960er-Jahren auf die Idee, die Stauden in unterschiedliche Lebensbereiche zu trennen und diese mit Standortkennzahlen zu versehen. Das ermöglichte den Staudenverwendern, die richtigen Stauden des jeweiligen Lebensbereiches sinnvoll miteinander zu kombinieren. Gleichzeitig wurden die Stauden in unterschiedliche Geselligkeitsstufen klassifiziert sowie in Leitstauden (Gerüststauden), Begleitstauden und bodendeckende Stauden eingeteilt. Eine Staudenpflanzung kommt so letztlich einer natürlichen Gemeinschaft nahe: Stauden aus unterschiedlichsten Regionen der Erde werden miteinander gepflanzt und verwoben, alle stammen jedoch aus ein und demselben Lebensbereich. Damit entsteht eine lebendige Arten- und Sortenvielfalt, die auf einer natürlichen Gemeinschaft basiert. Nach Hansen wird grob zwischen den Lebensbereichen „Gehölz", „Gehölzrand", „Freifläche" (trocken und feucht), „Beet", „Steinanlagen und Alpinum", „Wasserrand" und „Wasser" unterschieden. Aber soll man nun die Verwendung der Stauden nach Lebensbereichen deswegen gleich als Dogma ansehen, alternativlos? Ja und nein, lautet meine Antwort – die sich durch einige Beispiele sicher schnell verdeutlichen lässt.

Einteilung nach Strategietypen

Manche Pflanzenverwender sehen heute in der Einteilung in Strategietypen nach der Theorie von J. P. Grime eine Möglichkeit, das System transparenter zu machen. Die Methode entstammt ursprünglich der Pflanzensoziologie. Ich finde diesen Ansatz allerdings abstrakt und nicht sehr praxisnah, zumal er für eine Anwendung auf die meisten Stauden noch unausgereift ist. Außerdem erweisen sich viele Staudensorten durch fortlaufende Züchtung als viel toleranter gegenüber den noch reinen Arten.

Starke Vorlieben schränken ein

Ein Farn ist bekanntlich ein Kind des Waldes oder schattiger Felsen. Er ist eine urwüchsige Pflanze, die meist in Verbund mit Gehölzen wächst. Er benötigt daher auch im Garten einen schattigen Platz mit wenig Licht und feuchter Luft, dessen mullartiger Boden noch dazu mildfeucht und humos sein sollte, um auf Dauer gut zu gedeihen. Es existieren zwar durchaus auch Farne, die in der prallen Sonne in Trockenmauern gedeihen, aber dies sind Sonderfälle.

Für den idealen Standort eines Wurmfarnes (*Dryopteris*) im Garten sollten Sie beachten, dass dieser nur bedingt Sonne verträgt. Da die Natur aber niemals als statisch angesehen werden darf und der Wurmfarn durchaus auch noch im Gehölzrandbereich gut gedeiht, kann man gewisse Kompromisse eingehen. Zum Beispiel dort, wo der Schatten zu Halbschatten wird und für einige Stunden sogar vollsonnige Verhältnisse herrschen. Trotzdem ist für die meisten Farne als ihr eigentlicher Lebensbereich das Gehölz anzusehen. Und je mehr der Wurmfarn in Richtung Sonne gepflanzt wird, desto weniger wird es ihm auf Dauer behagen: Seine frischgrünen Wedel werden in der vollen Sonne eintrocknen und er wird irgendwann eingehen. Der Wurmfarn ist hier nur ein Beispiel des relativ eingeschränkten Lebensbereiches „Gehölz".

Grenzgänger mit vielen Möglichkeiten

Einige der teppichartig wachsenden Fetthennen-Arten sind dagegen gute Beispiele für eine geradezu enorme Verwendungsbreite, allem voran *Sedum floriferum* aus Zentralasien. Diese Art wächst an trockenen Stellen in leichten Böden in voller Sonne und ist daher beliebt als Bodendecker auf Dächern und Verkehrsinseln. In der Natur gedeiht dieses Teppichsedum aber auch an halbschattigen und sogar vollschattigen Stellen, ja sogar am Wasserrand bildet es dichte Matten. Bei einer solch enormen Anpassung spricht man von einer sehr breiten Standortamplitude. Im Garten wird man dieses Teppichsedum jedoch trotzdem mehr oder weniger in der vollen Sonne verwenden, da es hier am schönsten die charakteristisch dichten Matten bildet. *Sedum floriferum* ist somit als ein Extrembeispiel einer lebensbereichsübergreifenden Verwendungsmöglichkeit anzusehen.

Was ist eine Standortamplitude?

Der optimale Lebensbereich, d.h. die Toleranzschwelle einer Staude kann sich innerhalb eines Lebensbereiches bewegen, sie geht bei vielen Stauden aber auch weit darüber hinaus. Dieses Spektrum wird unter Fachleuten als Standortamplitude bezeichnet.

Die Sibirische Schwertlilie (*Iris sibirica*) wächst in der Natur auf nährstoffreichen Böden in voller Sonne, wobei ihr Standort im Frühjahr sogar kurzzeitig überflutet werden kann. Dies wird man im Garten kaum nachahmen können – es ist auch gar nicht notwendig! Bei ausreichend frischem, gutem Gartenboden bilden die Sorten der Sibirischen Iris bald sehr breite Horste und danken dies mit einer üppigen Blüte. Ähnlich verhält es sich auch mit der Sumpf-Wolfsmilch (*Euphorbia palustris*). Sie kann selbstverständlich am Teichrand in feuchte Böden gepflanzt werden, wie ihr Naturstandort es uns aufzeigt. Trotzdem wächst sie auch in normalem,

Die Wiesen-Iris (*Iris sibirica*) und ihre vielen Sorten kommen besonders gut zwischen Gräsern zur Geltung.

Die Sumpf-Wolfsmilch (*Euphorbia palustris*) wächst auch auf trockenen Böden zu eindrucksvollen Exemplaren heran.

tiefgründigem Gartenboden zu ansehnlichen Exemplaren heran. Und solche Beispiele gibt es jede Menge.

Stimmen die Bodenverhältnisse?

Das silbrig graue Perlkörbchen (*Anaphalis*) sah ich früher immer als ein Kind trocken-heißer Stellen im Garten an, vielleicht auch wegen seiner stark behaarten Blätter. Wenn allerdings einmal eine längere Trockenperiode ins Land zieht, merkt man sehr schnell, dass es mit der Trockenheitsresistenz dieser hübschen Staude nicht sehr weit her ist. Die Silberimmortelle, wie sie auch genannt wird, macht sogar relativ schnell schlapp und lässt ihre Blätter hängen, erholt sich andererseits aber auch rasch wieder. Zu sandiger, trockener Boden ist daher nicht optimal, sondern ein lehmig-humoser Boden sollte es schon sein. Perlkörbchen sind bestens als Rosenbegleitstauden geeignet, weil die meisten Rosen ähnliche Bodenansprüche haben. Am Naturstandort in Nepal sah ich das Große Perlkörbchen (*Anaphalis margaritacea*) allerdings auch unter hohen Tannen im schattigen, trockenen Wurzelbereich wachsen, in einer Art und Weise, wie wir sie bei uns niemals verwenden würden. Sie sehen also, es kommt auch sehr auf die jeweiligen Bodenverhältnisse an, wenn wir eine Staudenpflanzung planen. Nicht jeder besitzt einen Garten, in dessen Boden von Beginn an optimale, lehmig-humose Verhältnisse vorherrschen. In vielen Regionen findet man Gleyböden (also schwere Lehmböden, die zur Vernässung neigen) oder man kann vor lauter Sand fast schon von einer Streusandbüchse sprechen. Durch Baumaßnahmen verdichtete Böden stellen die mit Abstand schlechteste Ausgangssituation dar, da hierin nur wenige Stauden zufriedenstellend gedeihen. Verdichtete Oberböden gehen meist mit Staunässe einher, die zusätzliche Probleme schafft.

Böden verbessern

Zu uns kommen öfter Kunden, die meinen, einen äußerst schlechten Boden im Garten zu haben. Fragt man nach, um welchen Boden es sich handelt, lautet die Antwort meist: Lehm. Dabei ist der Lehm die allerbeste Ausgangssituation und eine ausgezeichnete Basis. Man muss sich diesen Lehmboden nur gefügig und bearbeitbar machen. Schwerer, im Sommer rissiger, toniger Lehm nützt natürlich niemandem, am allerwenigsten unseren Stauden! Doch durch Zugabe von Sand gewinnt er rasch an Qualität. Aber erst durch jährliche Kompostgaben erreicht man den viel gepriesenen Ton-Humus-Komplex, der geradezu ein Segen für die meisten Stauden ist. Dieser Ton-Humus-Komplex verschafft dem Boden eine Krümelstruktur und bietet den Stauden auch in trockenen Zeiten genügend Wasserhaltekraft.

Das Durchwurzeln dieser Böden durch die Stauden erfolgt problemlos, zudem sind die Nährstoffe fixiert und jederzeit pflanzenverfügbar.

Nicht zu viel wollen

Bei etlichen Stauden erreicht man allerdings mit zu guten Böden das Gegenteil. Dies gilt vor allem für die meisten Steingarten- oder Steppenpflanzen. Hier gilt es, stets den mineralischen Anteil des Bodens im Auge zu haben und ggf. nach oben zu korrigieren. Auch ist ein Blick hinter die Naturkulisse von großem Vorteil, selbst wenn die natürlichen Verhältnisse nicht immer so ohne Weiteres auf Ihren Garten und seine Pflanzen übertragbar sind.

Hoher Bärenklau (*Acanthus spinosus*) zusammen mit dem wärmeliebenden Lampenputzergras (*Pennisetum macrourum*).

Sonderfall Steingarten

Der Dalmatinische Storchschnabel (*Geranium dalmaticum*) wächst an seinem Naturstandort auf der Halbinsel Pelješac in Kalkschotter und Felsritzen auf sonnendurchglühten Bergrücken. Ganz ähnlich *Geranium cinereum*, der Aschgraue Storchschnabel, der im Geröll der Zentralen Pyrenäen in der baumlosen Zone in den unterschiedlichsten Farbspielen gedeiht. Solche Naturbilder wird man schwerlich in unseren Tieflandgärten vorfinden, geschweige denn nachahmen – es sei denn, Sie bauen einen möglichst naturnahen Steingarten aus solchem Kalkstein, wie er am Naturstandort vorkommt. Steingärten können unterschiedlichsten Charakter haben und dürfen dies auch! Sie können flach gehalten werden, man kann sie aber auch in eine Böschung integrieren oder aber langweilige Häuserwände damit verschönern. Für welchen Fall auch immer, Sie sollten für diese Pflanzen stets genügend Sandanteil oder Kies unter den vorhandenen Gartenboden mischen. Wer dies nicht macht, läuft Gefahr, dass viele seiner Steingartenstauden zunächst sehr üppig „ins Kraut schießen", um wenig später durch einen Bodenpilz zugrunde zu gehen. In mineralischem Substrat wachsen die meisten an Stein gebundenen Stauden zwar langsamer, aber dafür wesentlich gesünder und robuster heran. Dadurch sind sie wesentlich dauerhafter.

Ein erstes Fazit

Kann ich nach diesen Erkenntnissen nun meine Stauden ganz nach Gutdünken verwenden und nach Herzenslust miteinander kombinieren? Nein, denn es zählen neben Boden und Standortfaktoren noch weitere Dinge dazu, die eine gelungene Staudenpflanzung maßgeblich beeinflussen – und sie letztlich erst zu einer solchen machen. Die sehr persönliche Ästhetik und der unterschiedliche Geschmack, vor allem aber auch die notwendigen Pflegemaßnahmen über die kommenden Jahre sind entscheidend. Je ausgeklügelter die Stauden miteinander verknüpft, je stärker dabei auf ihr Wuchsverhalten Rücksicht genommen wurde, umso geringer wird mit den Jahren die Arbeit!

Viele Arten des Gamanders (hier *Teucrium ackermannii*) sind steingebunden und brauchen mineralischen Boden.

Und trotzdem möchte ich demjenigen, der gerne mit Stauden experimentiert, an dieser Stelle Mut zusprechen. Gehen Sie mit Ihren Stauden ruhig spielerisch um und probieren Sie auch einmal Neues. Warum? Die schönsten Kombinationen entstehen oft durch puren Zufall!

Staudenbeete richtig anlegen

Ein neues Staudenbeet werden Sie sicher nicht alle Tage in Angriff nehmen, denn dazu bedarf es doch einiger grundsätzlicher Überlegungen. Ihr zukünftiges Staudenbeet soll ja auf jeden Fall zu einem Blickfang werden.

Wie viel Platz muss sein?

Platzbedarf und Pflanzdichte sind dehnbare Begriffe. Sie richten sich zunächst einmal nach dem natürlichen Wuchsverhalten der Stauden selbst, zum anderen nach dem Zeitrahmen, wann die Bepflanzung fertig aussehen soll, also einen geschlossen aussehenden Bewuchs aufweist. Denn fertig ist ein Garten ja nie! Und letztlich richtet sich der Platzbedarf auch nach dem Geldbeutel dessen, der die Stauden erwirbt. Als Motto gilt hier: Je kleiner der Geldbeutel, desto größer der zur Verfügung stehende Platz einer Staude.

Der Regelfall geht von sieben Stauden pro Quadratmeter aus, wobei es sich hier meist um Begleit- oder Füllstauden wie Storchschnabel (*Geranium*), Salbei (*Salvia*) oder Mädchenauge (*Coreopsis*) handelt. Bei Rittersporn (*Delphinium*) und Co. rechnet man mit weit weniger, in der Regel zwischen drei und fünf Stück. Es kann aber durchaus sein, dass Sie einer Leitstaude einen ganzen Quadratmeter oder mehr zugestehen müssen. Einige Beispiele dafür sind sicher Meerkohl (*Crambe cordifolia*), Bergknöterich (*Aconogonon polymorphum* 'Johanniswolke') oder einige starkwachsende Sorten des Chinaschilfs (*Miscanthus sinensis*). Sie alle nehmen relativ schnell den ihnen zugewiesenen Platz in Beschlag.

Zu dichtes und enges Pflanzen hat sich in der heutigen Praxis nicht mehr bewährt. Stauden wollen zwar erst einmal ihren Pflanzplatz „erobern" und ausfüllen, aber nicht schon nach einer Saison. Ihr typischer Habitus und Wuchscharakter offenbart sich erst, wenn sie eine Zeitlang wachsen und sich entwickeln können. In früheren Katalogen aus den 1970er- und 1980er-Jahren finden wir teilweise wesentlich dichter gehaltene Angaben. Dies liegt aber auch an den kleineren Qualitätsgrößen, denn damals wurden neben bodendeckenden Stauden sogar Beetstauden in 8 × 8-cm-Töpfen kultiviert. Heute ist der 9 × 9-cm-Topf die gängige Basisgröße, und viele Stauden werden sogar in 11-cm- oder 13-cm-Vierecktöpfen gezogen – von den Stauden in Töpfen mit Sondergrößen ganz zu schweigen.

Eine unserer Staudeninseln: die Pflanzen wurden bereits ausgelegt. Jetzt kann gepflanzt werden.

Größe und Form der Beete

Für den generellen Platzbedarf eines Staudenbeetes gibt es nach oben naturgemäß keine Grenze, aber nach unten dürfen Sie ruhig kleinräumiger denken. Und wenn sich bei Ihnen nach Gartenreisen, dem Besuch von Gartenschauen oder nach Vorträgen die vielen Bilder opulenter Staudenflächen neidvoll im Kopf festgesetzt haben und das Will-haben-Gefühl immer größer wird, sollten Sie sich ruhig auch mit kleineren und für Ihren Garten realistischen Größen auseinandersetzen. Auf wenigen Quadratmetern mit Stauden gestalterisch perfekt anmutende und harmonische Akzente setzen, ist eine Kunst, die erlernt werden kann. Und meist wirkt dies viel attraktiver als zu große, womöglich ungepflegte Staudenbeete.

Ein Staudenbeet sollte sich außerdem der Größe des Gartens anpassen. Es hat keinen Sinn, wenn Sie die Beetgröße zu klein wählen und Rasen und Gehölze einen Großteil des Gartens in Beschlag nehmen. Ein kleines Staudeninselchen würde hier nur untergehen.

Auch über die Form lässt sich diskutieren. Sehr praktisch und formschön finde ich jene ovalen oder runden Inselbeete im Rasen oder in einer Wiese, wie sie der Staudengärtner Alan Bloom in Großbritannien populär machte. Auch schlangenförmige, sehr schmale, langgezogene Beete können den Betrachter in den Bann ziehen. Ebenso lässt sich parallel zueinander stehenden, schmalen, länglichen Beeten einiges abgewinnen – vor allem, wenn sie ins Gesamtkonzept passen und wenn sie von allen Seiten her begangen und bearbeitet werden können.

Eine ideale Größe

Für mich wäre eine gute Aufteilung, wenn Sie je ein Drittel des Gartens dem Gehölzgürtel, ein Drittel der Rasenfläche und ein Drittel den Staudenbeeten zugestehen würden, wobei die Staudenflächen sich naturgemäß auch unter die Gehölze ausdehnen. Natürlich bleibt es letztlich Ihnen als Gartenbesitzer überlassen, wie üppig Ihre Staudenbeete ausfallen sollen.

Herbst-Astern und andere Beetstauden eignen sich hervorragend für die Randbepflanzung eines Teiches.

Aus negativen Beispielen lernen

Die meisten Staudenflächen werden aber nach ganz anderen Grundsätzen geplant. So wird eine Gehölzkulisse im Hintergrund oft ganz pragmatisch mit Staudenbodendeckern unterpflanzt. Durchaus nachvollziehbar – wobei ich bei Halbschatten zwischen Sträuchern und Bäumen noch tausend andere Ideen der unterschiedlichsten Kombinationen und Verwendungsmöglichkeiten sehe. Auch direkt am Haus entlang sieht man immer noch zu oft dieselben Situationen – die 1970er-Jahre lassen grüßen! Ein Haussockel, damit ja die Hauswand nicht verdreckt wird, daneben an der Wand entlang aufeinander geschichtete Kieselsteine, dann ein schnurgerader Plattenweg.

Wenn ein Liebhaber von Freilandkakteen und Sukkulenten einen geeigneten Standort für seine Lieblinge im Garten sucht, an einer solchen Hauswand findet er ihn, wie er besser nicht sein kann. Und vielen mediterranen Küchenkräutern kann es gar nicht heiß und trocken genug sein, daher ist ein solcher Standort zwischen Freilandsukkulenten ideal. Hier bilden Thymian, Salbei, Ysop und viele andere Kräuter die intensivsten, ätherischen Öle aus. Eine Kräuterschnecke würde bald aus allen Nähten platzen, an der Hauswand aber können sich die Kräuter standortgerecht entfalten.

Um den Teich herum ließe sich ein Eldorado für Stauden bilden, die hervorragend zum Gewässer harmonieren würden. Was aber sieht man? Einen gleichmäßigen Kiesstreifen rund um den ovalen Teich, Schwimmteich oder Bachlauf, als befänden wir uns an einem Gletschersee im Hochgebirge. Steriler geht es nicht mehr! Besser wäre es, Sie würden ein echtes Biotop schaffen: Verschiedenste Taglilien (*Hemerocallis*), Sibirische Schwertlilien (*Iris sibirica*), Greiskräuter (*Ligularia*) und Weideriche (*Lythrum*) hätten hier ihren Idealstandort in frischem Gartenboden. Und was gibt es Schöneres als ein blühendes Staudenbeet entlang eines Gewässers im eigenen Garten?

An der Grundstücksgrenze entlang, vor einer Hecke oder an einem Zaun zum Nachbarn werden Stauden dagegen häufig in ungeahnter Fülle gepflanzt. Dabei ist dies meist alles andere als praktisch: Die Hecke will unterm Jahr mindestens einmal geschnitten werden – und von oben aus der Luft ist dies schwer zu bewerkstelligen.
Auch der Zaun sollte einigermaßen frei stehen und nicht bis zum Herbst durch Stauden eingewachsen sein. Mir ist klar, diese Standorte bieten sich für Stauden geradezu an, wirklich praktisch sind sie allerdings nicht immer.

Wichtige Fragen

Der wichtigste Aspekt für einen ästhetisch schönen Anblick scheint in meinen Augen vor allem im Blickwinkel des Betrachters zu liegen. Von wo sollen sich die Stauden am schönsten präsentieren? Links und rechts einer Hofeinfahrt oder vor der Nord- oder Ostseite eines Hauses? Gerade Neueinsteiger sollten sich diesen Fragen stellen – und sie vor der Planung beantworten.

Auch das Klima ist entscheidend

Beliebte Beetstauden wie Phlox (*Phlox*) und Rittersporn (*Delphinium*) wachsen in jedem guten Boden bei liebevoller Pflege binnen weniger Jahre zu eindrucksvollen Horsten heran. Gedeihen sie aber tatsächlich in jedem lokalen Klima? Auch in Mitteleuropa können wir nicht immer von einer gemäßigten Klimazone ausgehen, denken wir nur an den Südwesten Deutschlands, wo teilweise submediterrane Verhältnisse herrschen. Auch im trocken-pannonischen Wiener Becken und Teilen des Burgenlandes versagen manche Stauden, die in Norddeutschland oder Bayern hervorragend gedeihen. Auch lässt sich ein Xerophytengarten mit trockenheitsliebenden Wüstenpflanzen und winterharten Kakteen im feucht-humiden Bergklima des Schwarzwaldes ohne Nässeschutz nur mit Mühe realisieren. Und eine mediterran anmutende Pflanzengemeinschaft wird sich im kalten Fichtelgebirge Oberfrankens kaum auf Dauer halten können. Dazu kommt, dass der Klimawandel sich nicht mehr wegdiskutieren lässt, das Wetter bietet uns in manchen Landesteilen regelrechte Kapriolen.

Mediterran anmutende Stauden und Halbsträucher harmonieren mit alten Ziegeln und Trockenmauern.

Der Scheinmohn gedeiht nur in kühlem Kleinklima dauerhaft.

Es ist schwierig, hier allgemeingültige Ratschläge zu geben. Getreu nach den Lebensbereichen zu planen, ist wohl die beste Voraussetzung: jede Staude an ihren richtigen Ort. Aber natürlich ist das noch lange keine Patentlösung, besonders dann nicht, wenn sich ein Gartenbesitzer im Osten Österreichs oder am Kaiserstuhl ein „Mixed Border", also eine gemischte Rabatte nach englischer Tradition, wünscht. Hier ist Aufklärung und gute Beratung unbedingt erforderlich, denn sonst ist die Enttäuschung bereits vorprogrammiert. In diesem Fall könnten auch die teuersten Bewässerungssysteme nicht viel helfen.

Eigene Möglichkeiten akzeptieren

Ich glaube, man muss akzeptieren lernen, sich in der Auswahl der Stauden nach der Decke zu strecken und die Grenze seiner klimatischen und örtlichen Möglichkeiten auszuloten. Dies gilt nicht nur für Sie als Gartenbesitzer und Staudenverwender, sondern selbstverständlich auch für den Staudenproduzenten.

Ein markantes Beispiel fällt mir hierzu immer wieder ein. Denn jedes Jahr fragen Kunden händeringend nach dem Scheinmohn (*Meconopsis betonicifolia*) – fast, als handele es sich hierbei um eine gewöhnliche Margerite. Seine blauen Blüten üben auf die meisten Staudenliebhaber einen unwiderstehlichen Zauber aus. Die Aufzucht ist für uns jedoch extrem aufwändig und stets mit vielen Ausfällen verbunden. In den letzten Jahren hatten wir endlich wieder Verkaufspflanzen, da die Sommer davor verregnet waren und die Jungpflanzen ganz passabel wuchsen. Im bei uns sehr heißen Jahrhundertsommer 2015 ging trotz täglichen Überbrausens und kühlschattigem Standplatz unser gesamter Bestand an Scheinmohn noch während des Sommers ein – auch im Schaugarten! Die Pflanzen trockneten regelrecht ein, denn wir hatten gegen den aggressiven, trockenheißen Ostwind keine Chance. Im kühleren Norden Deutschlands, in England und in Skandinavien wächst dieses Kind der Berge des Himalayas dagegen wie von selbst, die Anzucht ist kinderleicht, die Kultur im Garten ebenfalls. Auch im Schwarzwald oder dem Zentralalpenraum macht der Scheinmohn keinerlei Probleme – wenn auch die Schnecken ein ganz anderes Thema sind. Unser Fazit ist: Wir geben die betriebseigene Vermehrung auf und kaufen für die Kunden Fertigware von Kollegen zu, bei denen der Scheinmohn gut wächst.

Gut zu merken

Die Zauberformel heißt also: standortgerechtes Pflanzen der Stauden. Und hierbei bezieht sich der Standort nicht nur auf die Lebensbereiche, sondern auch auf die klimatischen Bedingungen am Standort und die Bodenverhältnisse.

In Gegenden mit weniger Niederschlägen bieten sich beispielsweise Pflanzen aus den Prärien Nordamerikas an, die sich wunderbar mit dem vorhandenen, bewährten Staudengrundstock mischen lassen. Reine Präriegärten sind zwar momentan sehr im Gespräch, allerdings nur im öffentlichen Grün, in sehr großen Gärten und Parks auch wirklich auf Dauer realisierbar. Denn wer hat schon eine derart große Fläche in seinem Garten zur Verfügung, sodass sich eine geschlossene Präriepflanzung wirkungsvoll präsentiert? Wir können aber alle diese Präriestauden ganz problemlos in jedem Garten unterbringen, wenn der Boden auch von minderer Qualität ist oder der Garten in ungünstigen Klimazonen liegt.

Üppig blühende Gräser- und Staudenhorste erinnern an weite Prärien, die es in der Natur kaum mehr gibt.

Von der Planung zur Blütenorgie

Eine Staudenpflanzung kann nicht bis ins letzte Detail geplant werden – und sie sollte es auch nicht. Was wir aber tun können, sind Voraussetzungen in Form einer soliden Basisarbeit zu schaffen, damit die Jahre danach auch zur Freude werden und nicht in Enttäuschung enden.

Bedürfnisse ausloten

Vor Beginn der Arbeit sollten Sie sich über Ihre Bedürfnisse klar sein – auch was Ihre Bereitschaft angeht, sich später mit dem Garten und dem neu entstandenen Beet zu beschäftigen. Es ist nämlich vergebene Liebesmühe, aufwendig das schönste Staudenbeet zu schaffen, wenn Ihre Prioritäten eigentlich woanders liegen. Und zu oft habe ich selbst erlebt, dass zwar der Wille vorhanden war, aber es dann doch am praktischen Durchsetzungsvermögen und der Ausdauer mangelte. Andererseits sind Staudenflächen nicht automatisch mit ausufernder Arbeit gleichzusetzen – und man muss keinesfalls zum Knecht des eigenen Gartens werden. Doch bekanntlich ist ein Garten das Abbild der Persönlichkeit, die dahinter steckt.

Ein gepflegter Garten hat aber ja nichts mit einem sterilen Garten zu tun. Ich habe manchmal das Gefühl, dass beim Thema Garten und seiner Pflege zwei Welten auseinanderdriften. Die einen verstehen unter Garten eine Art erweiterte Wohnfläche, piekfein und steril, wo jedes kleinste Unkraut im Rasen, jedes fallende Blatt und jede Laus unliebsame Fremdkörper darstellen. Solche Gärten werden hoffentlich weniger, doch zeitgleich nehmen die „Vorhaus-Pseudokiesgärten" in erschreckendem Maße zu. Also Gärten, die ebenfalls die genannten Eigenschaften beinhalten. Die anderen meinen zu Recht, mit ihrem Garten ein Stück Natur besitzen zu müssen, überlassen der Natur aber auf eine Weise die Vorherrschaft, die mit Gartenkultur nicht mehr viel zu tun hat. Das Resultat ist ein vollkommen verwilderter Garten, wo kaum noch Konturen erkennbar sind.

Dynamik zulassen

Was bedeutet dies aber konkret? Sind Staudenbeete eine zu berechnende Größe, deren Inhalt und äußerer Eindruck über die Jahre hinweg erhalten werden kann? Zwei Antworten habe ich: ja, bei sogenannter architektonischer Verwendung mancher Stauden, besonders bei einigen Gräsern. Bei der Staudenverwendung nach Lebensbereichen ein klares Nein. Vielleicht wundern Sie sich darüber – aber dieser Punkt kann nicht oft genug angesprochen werden. Mit Stauden gestalten im Sinne Foersters und Hansens heißt ja automatisch, Veränderungen zuzulassen. Man spricht hier zu Recht von einer Dynamik. Der Gärtner greift über die Jahre nur ordnend und korrigierend ein. Lesen Sie auch auf Seite 144–147.

Staudenorchester mit Zwiebelblumen

Wir sind daher bestrebt, für unser neues Staudenbeet einen Grundstock mit langlebigen und weniger langlebigen Stauden zu schaffen. Dieser sollte über das Jahr Blütenhöhepunkte bilden. Ich habe mich immer gegen die Auffassung gewehrt, es sollte in einer Pflanzung ständig und immer etwas blühen. Ganz abgesehen vom Winter, wo Fruchtschmuck und Vergehen im Vordergrund stehen, sind auch blütenlose Zeiten wichtig, in denen die Texturen der Stauden zur Wirkung gelangen. In diesem Zusammenhang fällt mir immer wieder der Satz von Karl Foerster ein, dass nur mittels Harfe und Pauke ein komplettes Orchester zustande käme. Zarte Gräser und breitwuchtige Pflanzengestalten ergänzen sich gegenseitig und sorgen für Abwechslung und Spannung, auch in nicht blühendem Zustand.

Harmonie entsteht durch ein gelungenes Zusammenspiel zwischen Einjährigen, Stauden und Gräsern sowie Gehölzen in unterschiedlicher, sehr arttypischer Struktur und Textur.

Planen Sie ebenfalls immer allerlei Zwiebelpflanzen, sogenannte Frühlingsgeophyten, mit in Ihre Beete ein. In Präriesituationen, wo der Blütenschwerpunkt in der zweiten Jahreshälfte liegt, kann ein Blütenrausch der Prärielilie (*Camassia*) im April und Mai von kolossaler Wirkung sein. Bei mir im Privatgarten stehen in einem Beet etliche Tulpen der älteren Sorte *Tulipa* 'White Triumphator', die mit ihrer lockeren Eleganz und Erhabenheit für einen Start ins Blütenjahr sorgen, bevor Pfingstrosen und später blühende Stauden das Jahr im Staudenbeet bestimmen. Die Auswahl der Zwiebelstauden hängt in erster Linie vom Lebensbereich und der jeweiligen Situation ab. Man wird jene 'White Triumphator' beispielsweise kaum in einen Präriegarten oder in eine trockene Freifläche wie einen Kiesgarten pflanzen, ihr Charakter ist ein völlig anderer. Auch passen botanische Tulpen nicht unbedingt zu Funkien in den Halbschatten. Eine bunte Narzissen-Sammlung unterschiedlichster Sorten wird dagegen besonders entlang dunkler Gehölze Wirkung zeigen, möglichst dort, wo der Boden tiefgründig und nährstoffreich ist. Und sobald ihre Blätter vergilben, beginnen bereits andere Stauden den Taktstock zu übernehmen. Eine Staudenfläche des Lebensbereiches „Beet" in der vollen Sonne beinhaltet neben Zwiebelpflanzen natürlich ein Gerüst aus Leitstauden und Begleitstauden sowie Gräsern. Wer diese Grundregeln beachtet, erzielt Abwechslung mit dauerhaftem Erfolg. Wer im Umgang mit Stauden bereits geübter ist, kann sich eine Detailsituation im Geiste vorstellen – auch wenn es in der Praxis immer wieder Überraschungen gibt.

Ton in Ton gehaltener Auftakt der Zwiebelstauden im Staudensichtungsgarten Weihenstephan.

Einige Grundregeln der Staudenverwendung

- Zwiebel- und Knollenstauden für den Vorfrühling
- Ausgewogenes Gerüst, bestehend aus Leitstauden, Begleitstauden und Gräsern
- Blütenreiche Abwechslung durch unterschiedliche Formen und Texturen der Blütenstände: kugelige wie Kugeldistel (*Echinops*), kerzenförmige wie der Rittersporn (*Delphinium*), etagenförmige wie das Brandkraut (*Phlomis*), tellerförmige wie der Wasserdost (*Eupatorium*)
- Wuchtige Pflanzengestalten neben Filigranem: Bergenien (*Bergenia*) neben zarten Gräsern
- Wintergrüne neben über den Winter einziehende Stauden und Gräser
- Herbstblüher, auch im Zwiebelpflanzensektor: z. B. Herbst-Zeitlose (*Colchicum*)
- Blütenhöhepunkte beachten und Prioritäten setzen

Inspiration versus eigene Ideen

Haben Sie die zu bepflanzende Fläche festgelegt, geht es darum, eine Auswahl zu treffen. Und hier beginnt die Qual der Wahl. Vor lauter Möglichkeiten weiß man sich nicht zu beschränken, die riesige Auswahl lässt einen kapitulieren. Am einfachsten wäre es, in eine Staudengärtnerei zu gehen und sich einen Bepflanzungsvorschlag machen zu lassen. Vergessen Sie aber nicht, dort Ihre Wünsche und Bedürfnisse zu äußern – die eingekaufte Kompetenz führt nämlich nur zu guten Resultaten, wenn man miteinander spricht und der Standort klar definiert wurde.

Wenn ich in unserem Schaugarten ein neues Beet anlege, überlege ich mir, um welches Thema es geht, um welchen Lebensbereich es sich handelt, und fertige dann eine Pflanzenliste an. Meist wird diese ohnehin viel zu lang und ich muss Abstriche machen. Einen Pflanzplan habe ich in meinem Falle nie gezeichnet, da man bei der Pflanzaktion stets die Pflanzen vor sich hat und dann in der Realität spontan meist bessere Kombinationen und Ideen entstehen, ohne dass von der eigentlichen Auswahl der Stauden und des Pflanzkonzeptes großartig abgewichen wird. Planzeichnen mit Kringeln, Strichlinien und anderen fantasiereichen Symbolen empfand ich immer als eine Art Fleißaufgabe. Während meiner Ausbildung und auch später in der Praxis musste ich für Privatkunden viele Pflanzpläne anfertigen, doch irgendwie entsprachen sie in Detailfragen letztlich nie der Realität. Durch die Dynamik verändert sich mit den Jahren ohnehin enorm viel. Allerdings empfehle ich einem ungeübten Pflanzenverwender, sich unbedingt über das Grundgerüst, die Blühfolge und über die Anordnung seiner Stauden einige Gedanken zu machen, in welcher Form auch immer. Eine Pflanzenliste anzufertigen ist ohnehin erforderlich.

Hilfreich sind Beispielpflanzungen in der nahen Umgebung sowie gute Bücher, die Lieblingspflanzen und gelungene Pflanzbeispiele abbilden. Davon gibt es ja inzwischen eine ganze Menge. Auch geben Musterpflanzungen auf Gartenschauen Anregungen, wenn sie sich in einem einigermaßen eingewachsenen Zustand präsentieren. Leider ist dies nicht immer der Fall, da dort aus den verschiedensten Gründen meist zu spät gepflanzt wird. Allerdings möchte ich Sie ausdrücklich davor warnen, eine Pflanzung fantasielos zu kopieren – auch wenn Sie zunächst damit Erfolg haben. Leider erwarten sich viele Gartengestalter und Kunden ohne viel Überlegung eine Art Patentrezept vom Fachmann, was aber in den seltensten Fällen gelingt. Bedenken Sie: Jeder Gartenbesitzer ist in seinen Bedürfnissen unterschiedlich gestrickt und hat andere Interessen. Zudem liegen unterschiedlichste Bodenverhältnisse vor, in einer verschiedenartigen Umgebung – ganz abgesehen von der Bereitschaft des Einzelnen, sich mit einer kopierten Staudenpflanzung überhaupt zu identifizieren.

Herbst-Eisenhut 'Arendsii' mit Silberkerzen: Ein trautes Halbschatten-Ensemble, das über viele Jahre nicht enttäuscht.

Grundlagen der Beetgestaltung

Zunächst gilt es, sozusagen den Leitfaden, also die Leitstauden zu formulieren und festzulegen. Das sind jene Stauden, die der Pflanzung ihren Charakter verleihen, also die dominanten, bestimmenden Stauden. Rittersporn (*Delphinium*), Eisenhut (*Aconitum*), Phlox (*Phlox*), je nachdem auch Schwertlilien (*Iris*) oder Taglilien (*Hemerocallis*), im Halbschatten Silberkerzen (*Actaea*, früher *Cimicifuga*). Leitstauden dürfen aber auch niedriger ausfallen, wenn die sie umgebenden Begleitstauden einen noch niedrigeren Wuchs aufweisen. Wenn auf einer trockenen Freifläche Thymian und Oregano als Begleitstauden fungieren, können Mädchenaugen (*Coreopsis*), Hohe Fetthenne (*Sedum*, *Hylotelephium*) oder Nachtkerzen (*Oenothera*) durchaus als die Leitstauden angesehen werden, weil sie den Charakter der Pflanzung prägen, die anderen Stauden überragen und sozusagen das Gerüst bilden, trotz ihres relativ niederen Wuchses. Je nach Größe des Beetes können Leitstauden einzeln oder in kleinen Gruppen ausgewählt werden, farblich auf die umgebenden Stauden abgestimmt. Es hat sich hier auch der Begriff Aspektbildner durchgesetzt, dies meint Stauden, die die Pflanzung zur jeweiligen Jahreszeit prägen.

Als Zwischenpflanzung wählen wir die sehr notwendigen Begleit- oder Füllstauden aus. Sie verleihen der Pflanzung sozusagen die Stütze. Manche Autoren unterscheiden noch einmal zwischen Begleitstauden und bodendeckenden Stauden. Da aber viele Begleitstauden ohnehin einen deckenden Wuchs aufweisen, spare ich mir hier diese Differenzierung. Über Jahre hinweg stabile Staudenbeete erreichen wir durch eine Gruppierung unterschiedlichster Begleitstauden in einer mehr oder weniger hohen Geselligkeitsstufe, die artspezifisch unterschiedlich definiert wird.

Stauden können je nach Art und Wuchscharakter demnach einzeln oder in unterschiedlich großen Gruppen, also gesellig miteinander kombiniert werden. Von den bekannten Begleitstauden mit Beetcharakter wie dem Storchschnabel *Geranium himalayense* 'Irish Blue' oder der Katzenminze *Nepeta racemosa* 'Walker's Low' können zwischen drei und 15 Stück auf einen Fleck gepflanzt werden.

Ein Streitpunkt in der Praxis bezieht sich auf die Art und Weise der Pflanzung, ob Stauden differenzierter (natürlicher) oder mehr „fleckchenweise", sozusagen plakativer zu pflanzen sind. In naturnahen Gartenteilen wie dem Gehölzbereich erübrigt sich dies meist, anders verhält es sich jedoch in Staudenpflanzungen mit Beetcharakter. Letztlich bleibt dies zwar dem Ausführenden überlassen, doch in den meisten Fällen hat es sich bewährt, im Lebensbereich „Beet" eher en bloc zu pflanzen, während man bei den Lebensbereichen „Freifläche trocken" und „Freifläche feucht" die Stauden nach dem Mischverfahren in einer eher natürlichen Art und Weise ausbringt. Mein Wunsch ist es, hier der Dynamik viel stärker freien Lauf zu lassen. Allerdings erfordert dies wesentlich mehr Gefühl und Erfahrung, um eine solche Pflanzung über Jahre zu erhalten.

Wunschkonzert mit Lieblingsstauden

Beziehen Sie Ihre Lieblingsstauden oder Ihre neuesten Sammlerstücke in die Pflanzung ein. Ich finde das sehr wichtig und sinnvoll, außerdem macht es enorm viel Spaß und fordert alle Beteiligten heraus. Bei einer Neuanlage gestaltet sich dies natürlich sehr viel leichter, als wenn bestehende Stauden wieder in eine Planung neu einzubeziehen sind. Schwierig wird es erst dann, wenn ein Planer seine vielleicht einseitig formulierten Vorstellungen durchsetzen möchte und die Lieblingsstauden des Gartenbesitzers überhaupt nicht in sein Konzept passen. Die Namen von Pflanzplanern wie Piet Oudolf, Petra Pelz, Cassian Schmidt und andere werden heutzutage als leuchtende Beispiele an vorderster Stelle genannt. Ihre Art Pflanzen zu verwenden, ihr Schema und Konzept lässt sich aber bei einer durchschnittlichen Vorstadt-Hausgartengröße meist nur ansatzweise und sehr kleinstrukturiert umsetzen. Ich finde, das Leben besteht aus Kompromissen, es passen auch nicht immer Phlox und Rittersporn in entsprechend gewünschten Farbnuancen ins Konzept des jeweiligen Planers. Hier ist Fingerspitzengefühl gefordert, denn es ist eine große Kunst, die Wünsche der Gartenbesitzer und tatsächlich Machbares miteinander zu verbinden.

Eine hübsche Kombination ist der zweijährige Sonnenhut (*Rudbeckia triloba*) und die spätblühende, graublaue Aster × *amethystinus* 'Freiburg'.

Oft ist die umgebende Kulisse entscheidend, wie sich ein Beet in Szene setzt.

Bei einer Kundin im Salzkammergut wurden einige langgehegte Pflanzenwünsche notiert, die sie während eines Gärtnereibesuches bei uns geäußert hatte. Die überwiegende Auswahl der umfangreichen Staudenpflanzung überließ sie uns. Ihr Garten liegt direkt am Traunseeufer – mit geradezu klassisch-malerischer Kulisse.

Vom Eingang des Hauses sowie vom Garten schweifen die Blicke über den Traunsee auf die gegenüberliegenden Berge. Der alles dominierende, sehr wuchtige Traunstein prägt das Hintergrundbild. Das Staudenbeet befindet sich zwischen Haus und Traunseeufer, ohne dass durch seine Größe und Dominanz der schöne Blick in irgendeiner Weise beeinträchtigt wurde. Die Pflanzenauswahl beschränkte sich auf Sonnenbraut (*Helenium*), Amsonien (*Amsonia*), lang blühenden Knöterich (*Persicaria*), Rote Scheinsonnenhüte (*Echinacea*) und einigen anderen, eher filigrane Blütenstauden. Das grandiose Umfeld wollte ich nicht durch Knallfarben und zu viel an üppigen, großblumigen Hochzuchtsorten beeinträchtigen. Das etwas verspielte und beschwingte, sich in der Pflanzung rhythmisch Wiederholende gibt der Offenheit der Landschaft Vorschub. Trotzdem integrierten sich die wenigen Staudenwünsche der Kundin – es waren einige Taglilien (*Hemerocallis*) und wenige Rittersporngsorten – auf irgendeine Weise, ohne das Gesamtkonzept in irgendeiner Form zu stören.

In einem anderen Fall offenbarte sich eine ganz ähnliche Kulisse, ebenfalls ein See in der Ferne, jedoch links und rechts des Weges bestehende „Mixed Border". Der Wille der Besitzer war, die Sträucher weitgehend zu belassen, da diese den Charakter dieses Gartenteiles prägten. Nur sollten die dazugehörigen Stauden bis auf wenige Arten und Sorten ausgewechselt werden. Die Beete bekamen sozusagen einen neuen, pflanzlichen „Anstrich" verpasst. Einige Lieblingsstauden der Besitzerin sollten aber unbedingt erhalten bleiben. Es handelte sich um einige Lupinen und um Brennende Liebe, beide zählten allerdings überhaupt nicht zu meinen Lieblingsstauden! So machte ich aus der Not eine Tugend und kombinierte die Brennende Liebe (*Silene chalcedonica*) inmitten von Großblättrigem Kaukasusvergissmeinnicht (*Brunnera macrophylla*), wo sie sehr prägnant zur Geltung kam. Die Lupinen versetzte ich vereint zu einer größeren Gruppe in den Hintergrund zwischen zwei Hemlocktannen, dort waren sie gut aufgehoben und schafften so den Übergang zu den Stauden im Vordergrund.

> Bei unseren Schaupflanzungen findet der Besucher seine Lieblingsstauden immer und überall. Lieblingspflanzen haben den Vorteil, dass sie tatsächlich auch mit Liebe positioniert und gepflanzt wurden, ob es sich um ein besonderes Schneeglöckchen handelt oder um eine neu ergatterte Tagliliensorte.

Von Dauerhelden und Langspielplatten

Die Begriffe „Dauerheld" und „Langspielplatte" hat Karl Foerster, der große Staudengärtner und Gartenpoet, erfunden. Er meinte damit die Dauerhaftigkeit mancher Stauden sowie eine enorm lange Blütezeit anderer Stauden. Beides sind wichtige Eigenschaften, ohne die eine moderne Staudenverwendung nicht mehr auskommen kann – wenn auch diese beiden Begriffe für manche Menschen einen verstaubten und eher nostalgischen Anstrich zu haben scheinen. Karl Foerster verstand es jedoch wie kaum ein anderer, die Dinge treffend beim Namen zu nennen. Viele Zitate von ihm sprechen mir nach wie vor aus der Seele, weil man sie einfach nicht besser formulieren kann. Allerdings wünschte ich mir manchmal, solche Foerster-Zitate in eine heutige Form zu „transkribieren", um den Zeitgeist besser zu treffen – aber wäre dies wirklich ein Ersatz für jenen Inhalt?

Elfenblumen (*Epimedium*) sind zum Beispiel solche wahren Dauerhelden. Im Alpengarten Frohnleiten in der Steiermark könnten Studien über die Dauerhaftigkeit mancher Stauden entwickelt werden – und nicht nur dort! Denn dort stehen *Epimedium* nunmehr seit fast 50 Jahren und lassen sich weder durch Trockenheit, noch durch andere, teilweise aggressiv wachsende Stauden in irgendeiner Weise beeinflussen oder gar verdrängen. Aber es brauchen gar keine solchen Extrembeispiele sein. Von Langlebigkeit spricht man, wenn Stauden älter als 10 Jahre werden. Pfingstrosen (*Paeonia*) gehören dazu, aber auch Taglilien (*Hemerocallis*). Und ich kenne einen riesigen Horst einer *Bergenia* 'Morgenröte' in meiner alten Heimat an der Schweizer Grenze, der nun über 40 Jahre unverändert über eine Mauerkrone wächst, jedes Jahr verlässlich blüht und auch dem supertrockenen Sommer 2015 spielend getrotzt hat. Farne können extrem alt werden, wenn sie am richtigen Standort stehen, und einige Gräser lassen erst in ihrer Vitalität nach, wenn sie die 20-Jahr-Marke überschreiten. Im Botanischen Garten Linz stehen einige nahezu zwei Meter breite Horste des Japangrases (*Hakonechloa macra*). Man erzählte mir, dass diese in den 1960er-Jahren gepflanzt wurden, also sind sie heute schon über 50 Jahre alt! Jetzt erst lassen sie ein wenig nach und werden in der Horstmitte schütterer. Bei guter Pflege erreichen viele bekannte Stauden ein Alter, was man normalerweise nicht erwartet hätte. Auch die in der Staudenverwendung noch recht neuen Amsonien (*Amsonia*) können nach einigen Jahren Anlaufzeit sehr alt werden, wenn sie am richtigen Standort stehen.

Blausterne (*Amsonia*) unter der gelbblättrigen Gleditsie 'Sunburst'. Sie können im eingewachsenen Zustand enorm viel Trockenheit ertragen.

Herausforderung durch Hätschelpflanzen

Das Gegenteil von Dauerhelden sind Hätschelpflanzen. Für die einen sind sie eine echte Herausforderung, für manchen Puristen ein Grund, sie als entbehrlich einzustufen. Eine Hätschelpflanze kann sich aber durchaus auch zu einem echten Dauerheld entwickeln, wenn man der jeweiligen Besonderheit ausreichende Hinwendung schenkt – und zudem Boden und Kleinklima optimal ausgestattet sind. Gerade deswegen bezeichnen manche Pflanzenliebhaber sie so, denn würde sie ohne jegliches Zutun wie von selbst gedeihen, wäre dies für die einen nicht das Maß aller Dinge.

Hätschelpflanzen aus aller Welt existieren in jedem Lebensbereich, vom Beet bis zum Alpinum und dem Alpinenhaus – dort gibt es aber ganz besonders viele von ihnen.

Staudenneuheiten versus alte Sorten?

Ich kenne nicht wenige Pflanzenliebhaber, die scharf auf alles Neue sind, dabei aber ganz die guten, alten Sorten vergessen. Stauden aus Omas Zeiten sind momentan aber trotzdem wieder „in", man denke dabei nur an Hortensien, Astern, Gladiolen oder Gartenchrysanthemen.

Allerdings liegt im Reiz des Neuen natürlich ständig eine große Versuchung, besonders wenn es sich um Sammelobjekte der Begierde handelt. Ob alt oder neu, Sie sollten sich immer die Möglichkeit offen lassen, Ihre Neuzugänge möglichst jederzeit akzentuiert in eine Pflanzung zu integrieren – auch im Nachhinein. Wie das funktioniert, lesen Sie im Kapitel „Praktische Schritte" (siehe Seite 82).

Es ist schon enorm, was jedes Jahr an Staudenneuheiten auf uns zukommt. Dies war vor garnicht

Zurzeit ist der Rote Scheinsonnenhut (*Echinacea purpurea*) und seine Sorten besonders beliebt.

allzu langer Zeit noch ganz anders. Denn vor noch nicht einmal 20 Jahren war es üblich, dass neue Auslesen zwischen einigen Staudengärtnern weitergereicht wurden, um sie auf diese Weise zu verbreiten und sie über die Jahre auszuprobieren. Sicher geschieht dies wohl auch heute noch so, jene freundschaftlichen Vernetzungen können gar nicht hoch genug geschätzt werden. Heute gelangen aber Neuzüchtungen vor allem über Jungpflanzenfirmen in den Handel, viele neue Sorten werden nicht nur von Gärtnern, sondern auch von professionellen Züchtern geschaffen, die sich einer einzigen Staudengattung widmen. Gleich welchen Weg Neuzüchtungen in die Gärten finden, etliche davon werden zwangsläufig zu „Eintagsfliegen" und verschwinden nach einigen Jahren wieder, so schnell wie sie gekommen sind. Nur wenige Neuheiten werden über Jahre zur Erfolgsstory, man denke nur an den Storchschnabel Geranium ROZANNE®, die Fetthenne *Sedum* (*Hylotelephium*) 'Matrona' oder die Glockenblume *Campanula* 'Sarastro'.

Nicht alles, was glänzt ...

Die neuen Sorten der Scheinsonnenhüte (*Echinacea*) wurden mit großem Werbeaufwand unter die Leute gebracht, jedes Jahr kamen neue Selektionen hinzu. Ernüchternd war jedoch, wie wenig dauerhaft sich diese im Garten verhielten. Und hier sollten Sie sich als Staudenliebhaber und Endverbraucher ganz klar entscheiden: Wollen Sie spektakuläre, lang blühende Stauden, die spätestens nach zwei bis drei Jahren das Zeitliche segnen – oder möchten Sie nicht doch lieber Stauden, die von Jahr zu Jahr schöner werden? Wer diese Eigenschaften richtig transportiert, ist auf der ehrlichen Seite, denn in der Vergangenheit wurden die neuen *Echinacea* leider unter dem Vorzeichen „Ausdauernde Stauden" verkauft.
Margeriten (*Leucanthemum*), Färberkamille (*Anthemis*), Leinkraut (*Linaria*) und viele andere Stauden sind ebenfalls kurzlebig, doch säen sie sich derart aus, dass sie sich selbst erhalten und die Nischen zwischen den langlebigen Stauden ausfüllen. Ein wertvoller Aspekt, den man sich zunutze machen kann. Diese Eigenschaft haben tief gefüllte, hoch gezüchtete *Echinacea* niemals, da sie nahezu steril sind und keinerlei Samen produzieren. Abgesehen davon lassen sich einige der neuen, doch sehr knalligen *Echinacea* auch nur schwer in einem Beet integrieren, egal ob es sich hierbei um eine reine Beetsituation handelt oder gar um eine größere Präriefläche.

Unterschiedliche Blütenformen, noch dazu Ton in Ton, sind besonders reizvoll. Die abgeblühten Stängel sorgen später zusätzlich für morbiden Charme.

Neuheiten und kein Ende

Zu den Gattungen mit dem größten Neuheitenzuwachs zählen Schwertlilien (*Iris*), Taglilien (*Hemerocallis*), Funkien (*Hosta*), Purpurglöckchen (*Heuchera*), Lilien (*Lilium*), Roter Scheinsonnenhut (*Echinacea*), neuerdings aber auch Storchschnabel (*Geranium*) oder auch die Flammenblume (*Phlox*). Bei anderen Staudengattungen kommen jedes Jahr mehr oder weniger neue Sorten hinzu, die die älteren nicht verdrängen, sondern das Sortiment eher bereichern. In den letzten Jahren ist es immer üblicher geworden, dass Züchter ihre Neuzugänge schützen lassen. So wird jeglicher kommerzielle Nachbau durch andere Gärtnereien verboten und die Vermehrung darf nur durch autorisierte Betriebe erfolgen. Gegenüber dem Zierpflanzenbau oder gar landwirtschaftlichen Nutzpflanzen steht diese Entwicklung bei Stauden zum Glück erst am Anfang: eine Gärtnerei darf immer noch ihr individuelles, persönliches Sortiment mit überwiegend nicht geschützten Sorten aufbauen.

Zu Neuheiten zählen jedoch nicht nur spektakuläre Neuzüchtungen, sondern selbstverständlich auch neu entdeckte Wildstauden aus aller Welt sowie deren Auslesen, des Weiteren von Hobbygärtnern entdeckte Besonderheiten, die sich von älteren Sorten unterscheiden und daher unter Umständen eine Verbesserung darstellen. Hierbei denke ich auch an die reich- und lange blühende Aster 'Treffpunkt', die Ruth Treff aus Darmstadt in ihrem Garten als puren Zufallssämling entdeckte und der ich ihren Namen gab. Auch die *Chrysanthemum*-Sorten 'Gräfenhausen' und 'Weiterstadt' entsprangen ihrem Auge, beide haben sich inzwischen erfolgreich etabliert.

Neue Kombinationen wagen

Zu einer zeitgemäßen Staudenverwendung gehört das Einbeziehen von ursprünglichen, züchterisch kaum veränderten Staudenarten in Kombination mit herkömmlichen Beetstaudensorten. Für mich wird dies fast schon zur Quintessenz. Dabei ist es völlig unerheblich, um welchen Lebensbereich es

Echinacea purpurea 'Wuschelkopf' und *Thalictrum reniforme* in einer ungewöhnlichen Kombination.

sich hierbei handelt, denn gerade dieser Kontrast macht den Charme und den Reiz des Neuen und Ungewöhnlichen aus. Wie schön wirkt ein silbergrauer Bergfenchel (*Seseli gummiferum*) in Kombination mit roten Taglilien. Der Bergfenchel ist zwar ein Kind der trockenen Felssteppe, aber als zweijährige und kurzlebige Pflanze sind uns hier auch weitere Möglichkeiten der Verwendung gegeben. Oder im Halbschatten steht eine breitblättrige Funkie, zwischen deren Blättern am Rande die winterharte Begonie (*Begonia grandis* subsp. *evansiana*) durchwächst. Per Zufall pflanzten wir auf dem Mutterpflanzenacker der Gärtnerei die noch seltene Chinesische Wiesenraute (*Thalictrum reniforme*), gleich dahinter stand *Echinacea purpurea* 'Wuschelkopf', eine halbgefüllte Auslese von mir. Niemals wäre ich auf die Idee gekommen, diese beiden Stauden miteinander zu kombinieren, der reine Zufall machte es uns vor! Über Wochen harmonierte der Rote Sonnenhut mit der schleierkrautähnlichen, zart lilarosa Wiesenraute auf sehr ungewöhnliche Weise. Ein kräftiger, lehmig-humoser Boden kam beiden Bedürfnissen entgegen.

Der Hohe Goldbaldrian (Patrinia scabiosifolia) lässt sich als wertvoller Dauerblüher einsetzen. Besonders gut kommt er an Gehölzrändern zur Geltung.

> Unendlich viele Möglichkeiten tun sich auf, der Kreativität sind Tür und Tor geöffnet! Filigranes und Beschwingtes darf sich neben »Grobschlächtigerem« in Szene setzen und steigert sich zu einer Blütenorgie auf kleiner Fläche.

Ärgste Drängler im Staudenbeet

Auch wenn sie noch so schön sind, es gibt einige Stauden, die zum Standardsortiment gehören und daher in vielen Gärten dominieren, sich schnell etablieren, problemlos in ihrer Aufzucht sind – und früher oder später alles verdrängen, was ihnen in den Weg kommt.

Mut zum Verzicht

Wenn Sie viel Platz in Ihrem Garten haben, dann können solche Stauden durchaus ihre Berechtigung haben und ihre Wirkung dabei kolossal entfalten. Legen Sie den Wucherern aber nach Möglichkeit das Handwerk und pflanzen Sie sie zumindest dorthin, wo sie keinen Schaden anrichten können und wo Sie vor allem ihre Ungestümtheit ausnutzen können. Nichts gibt es, was uns nicht auch zum Nutzen gereicht!

Ich kann mich noch an Zeiten erinnern, wo der Gilbfelberich (*Lysimachia punctata*) eine gefragte Staude war, die die Staudengärtner zu Tausenden für Privatgärten verkauften. Gartengestalter pflanzten ihn bevorzugt, weil er im Nu geschlossene Bestände bildet. Auch in meinem Garten standen früher einige Horste. Als ich ihn jedoch eliminierte, blieben einige der rosafarbenen Ausläuferstückchen zurück und jedes trieb munter aus, als wäre nichts gewesen! Ihn würde ich nur noch in Randzonen großer Teichanlagen oder als „Pionierstaude" zwischen Gehölzen setzen, wo seiner Wucherei natürliche Grenzen gesetzt sind und ihm nichts in die Quere kommt.

Zwei andere Felbericharten können uns in ähnlicher Weise Ärger bereiten. Da wäre zum einen der dunkelblättrige *Lysimachia ciliata* in seiner Sorte 'Firecracker' zu nennen. Ihn pflanzte ich zu meiner Anfangszeit großflächig in einem Beet in der Einfahrt der Gärtnerei. Einige hellblaue *Iris sibirica* 'Cambridge' wurden mitten hinein gepflanzt, was sogar einige Zeit klappte und zusammen mit dem nahezu schwarzen Austrieb des Felberichs wunderbar harmonierte. Aber schon nach fünf, sechs Jahren kapitulierten die Schwertlilien. Der Felberich eroberte an der einen Seite den Kiesweg, an der anderen Seite wuchs er in eine Ligusterhecke hinein. Ich ließ den Felberich noch eine Zeitlang stehen, bis seine Schönheit nachließ – und zudem ist er ein Leckerbissen für die Raupen.

So schön der Federmohn (*Macleaya cordata*) auch ist, am falschen Standort verwendet kann er fast zur Landplage werden. Er wird gerne als Architektenstaude bezeichnet, da er besonders an modernen Gebäuden hervorragend zur Geltung kommt. Die normale, sehr stark wachsende Art ist zum Glück nur selten in Kultur, wesentlich häufiger hingegen sind die sich wesentlich zahmer verhaltenden und farblich interessanteren *Macleaya × kewensis* 'Spretchley Ruby' und *M. microcarpa* 'Kelway's Coral Plume' zu bekommen. Ist der Boden sehr nährstoffreich und nach allen Seiten offen, dann sind aber auch diese Sorten kaum zu bremsen. Am besten pflanzt man den Federmohn und seine Auslesen in einen Betonring, wo er in seinem Wachstum eingeengt ist. Wer ihm seinen natürlichen Wuchs gönnt, sollte ihn vor dunkle Koniferen pflanzen, wo er nicht nur hervorragend wirkt, sondern sein Ausläuferwachstum zumindest einseitig begrenzt wird. Im Übrigen sind die Ausläufer relativ leicht zu entfernen, man muss nur regelmäßig dranbleiben.

Eine geradezu architektonisch anmutende, wundervolle Solitärstaude ist der Federmohn (Macleaya × kewensis 'Kelway's Coral Plume'). Wenn man nur sein ungebremstes Wachstum besser in den Griff bekäme!

Viele Herbst-Anemonen wuchern. Also pflanzt man sie dorthin, wo sie keinen Schaden anrichten können.

Neophyten genau beobachten

Als ganz besonders gefährlich gelten einige Arten des Flügelknöterichs, die sich aussäen und gleichzeitig auf aggressivste Weise wuchern. Die schlimmsten Arten wie beispielsweise *Fallopia sachalinensis* und *Fallopia japonica* sollten aus diesem Grunde nicht mehr in Gärten gepflanzt werden, da sie als invasive Neophyten eingestuft wurden. An verschiedenen Stellen in Mitteleuropa geriet die einheimische Flora durch sie schon arg in Bedrängnis. Jedoch existieren von einigen dieser Flügelknöteriche panaschierte Sorten, die in ihrem Wuchsverhalten wesentlich verhaltener sind. Trotzdem können auch sie andere Stauden bedrängen und sollten daher ständig unter Beobachtung stehen.

In Naturgärten mag der bodendeckende Zwergbambus (*Pleioblastus pygmaeus*) vielleicht noch seine Berechtigung haben, aber in unseren kleinen Hausgärten wuchert er zu stark und toleriert kaum etwas neben sich. Selbst die Elfenblume *Epimedium × perralchicum* 'Frohnleiten' hat Mühe, sich gegen ihn zu behaupten. Und ich kenne verzweifelte Gartenbesitzer, bei denen dieser hübsch anzusehende Zwergbambus gnadenlos alles zuwucherte. Hier hilft nur ein schwerer Baumschulspaten – und dann Tabula rasa!

Wucherer geschickt ausnutzen

Herbst-Anemonen sind allerorts sehr beliebt, aber wir müssen hier sehr zwischen den Sorten unterscheiden. Während Sorten wie 'Pamina', 'Königin Charlotte', 'Serenade' und 'Whirlwind' zu den unverzichtbaren Herbstblühern gehören, die sich in jedem Beet zivilisiert verhalten, legt die alte, weiß blühende 'Honorine Jobert' dagegen schon ein recht unziemliches Wachstum an den Tag. Aber nichts gegen den Wucherer *Anemone tomentosa* 'Robustissima'! Diese an sich sehr auffällige, rosa blühende Sorte kann ebenfalls alle vorhandenen Flächen ohne Rücksicht auf Partner in Beschlag nehmen.

Wir können uns die Wucherei solcher Anemonen und anderer Pflanzen aber auch zunutze machen. Beispielsweise, falls Ihre Gehölzkulisse Lücken aufweist. Dann würde ich sie mit der Lampionblume (Physalis alkekengii) ergänzen. Auch diese attraktive Staude wuchert ziemlich, sieht aber immer gut aus und belohnt uns mit ihren weithin leuchtenden, Lampion ähnlichen Fruchtständen. Eine größere Fläche davon sticht jedem Betrachter ins Auge und in einer geschickten Kombination mit Herbst-Astern vor einem leuchtend rot verfärbenden Ahorn kann noch ein Höhepunkt der ganz besonderen Art geschaffen werden. Die Lampionblume wird derzeit züchterisch wesentlich verbessert und so stehen uns in Zukunft nicht nur Sorten mit geradezu riesigen, ballonartigen Fruchtständen zur Verfügung, sondern auch reichblühende, niedrig wachsende Sorten.

Mit Vorsicht zu genießen

Manche der wuchernden Staudenarten verschwanden mit der Zeit wieder aus den Sortimenten – eben aus den besagten Gründen. Mir fällt *Miscanthus sacchariflorus* ein, das in Japan ganze Bahndämme in Beschlag nimmt. Zur Blütezeit durchaus attraktiv, im Garten leider wegen seines ungezügeltem Wachstums nahezu unbrauchbar und auch durch die modernen Pagel'schen Züchtungen längst überholt.

Jedoch gibt es derzeit keinen Ersatz für das Goldleistengras (*Spartina pectinata* 'Aureomarginata'). Wir zählen es zu den ornamentalen, dekorativen Solitärgräsern, das aber leider die Neigung hat, zu wuchern. Mit jeglicher Form der Eingrenzung etwa durch eine Wurzelsperre oder dergleichen kann jedoch dieses auffällige, schulterhohe Gras getrost in jeden Garten gepflanzt werden. So kann auch mit dem Strandroggen (*Leymus arenarius*) verfahren werden, der durch seine stahlgraublaue Halmfarbe sehr dekorativ ist. Ich bekam eine Auslese, die von den Falklandinseln stammte und sich farblich besonders intensiv präsentiert.

Nur mit starken Nachbarn pflanzen

Die große Kunst besteht darin, stärker wachsenden Stauden eine Art Kräftevergleich durch einen Nachbarn zu bieten, an dem sie sich messen können. Und der sich trotzdem auf Dauer behaupten kann. Es hat keinen Sinn, zarte, langsam wachsende Stauden neben solche „Eroberer" zu setzen, selbst wenn die eine oder andere Kombination auch noch so verlockend zu sein scheint.

Am richtigen Standort passt auch der attraktive Strandroggen.

Essbares und Giftiges nebeneinander?

Meine Eltern zeigten uns Kindern in der freien Natur, welche Beeren essbar sind und von welchen man besser die Finger lässt. Heute scheinen manche Gartenbesitzer den Weg des geringsten Widerstandes zu wählen – und verbannen alles aus dem Garten, was nur den Anschein hat, giftig zu sein.

Giftiges muss man kennen

Wo mache ich den Anfang? Denn eines sollte Ihnen klar sein: Ein sehr großer Prozentsatz unserer Stauden und Gehölze ist schwach bis stärker giftig, wenige sind sogar tödlich giftig. Ich bin auch heute noch der Meinung, man sollte seinen Kindern die Botschaft weitergeben, das hier darfst du essen und jenes dort auf gar keinen Fall! Wirklich problematisch wird die Sache allerdings bei Kleinkindern. Einbeere (*Paris quadrifolia* und andere Arten) und Seidelbast (*Daphne*-Arten) sind hochgiftig und verlocken geradezu zum Naschen. Von diesen würde ich zumindest vorläufig die Finger lassen und sie erst dann pflanzen, wenn aus Kleinkindern größere Kinder geworden sind.

Der Eisenhut (*Aconitum*) gehört zu den giftigsten Stauden der gemäßigten Zone. Schon drei bis fünf Blätter gelten als ausreichende Menge, um theoretisch einen erwachsenen Menschen ins Jenseits zu befördern. Wir finden Eisenhut allerdings in jedem Bauerngarten, in den Staudengärtnereien gehört er zum Standardsortiment und er ist eine beliebte und geschätzte Schnittstaude. Kein Mensch käme auf die Idee, Eisenhut wegen seiner Giftigkeit nicht mehr anzupflanzen. Doch rate ich Ihnen, beim Umpflanzen von Eisenhut stets gründlich die Hände zu waschen, denn er ist in all seinen Teilen hochgradig giftig.

Eisenhüte zählen mit Abstand zu den giftigsten Stauden, aber auch zu den beliebtesten.

Walderdbeeren und Monatserdbeeren sind uns nicht nur als aromatische Früchte willkommen, sondern sie dienen uns auch als dichte Bodendecker im Gehölzrandbereich. Die Früchte der Trugerdbeere (*Duchesnea indica*) aus Asien ähneln den Walderdbeeren, sie sind allerdings rundlicher und hängen nicht wie bei den Erdbeeren. Geschmacklich sind sie eher fad, aber sie sind zumindest nicht giftig. Hat man die Trugerdbeere allerdings einmal im Garten, wird man sie so schnell nicht mehr los. Sie deckt nicht nur hervorragend den Boden, sondern keimt auch überall dort, wo sie nicht soll. Giftig sind auch sämtliche Arten und Sorten des Salomonssiegels (*Polygonatum*). Niemand käme jedoch auf die Idee, deren Früchte zu essen. Dasselbe gilt auch für Maiglöckchen (*Convallaria*) denn viele Vertreter der Familie der Maiglöckchengewächse (*Convallariaceae*) sind ebenfalls mehr oder minder giftig.

Wo Verwechslungsgefahr besteht

Die Früchte zu verwechseln ist die eine Gefahr, die der Blätter eine noch wesentlich heimtückischere. In den letzten Jahren passierten immer wieder schreckliche Unfälle, weil Blätter der sehr giftigen Herbst-Zeitlosen (*Colchicum autumnale*) mit denen des Bärlauches (*Allium ursinum*) verwechselt wurden. Dabei sollte man meinen, dass der Unterschied leicht erkennbar ist, abgesehen vom knoblauchartigen Geschmack des Bärlauches. In der Natur finden sich die Habitate beider Gattungen zwar selten beieinander, es kann aber sein, dass die normalerweise auf Wiesen wachsende Herbst-Zeitlose zwischen den Beständen des in lichten Auwäldern wachsenden Bärlauches vereinzelt umher vagabundiert.
Im Garten pflanzen wir den Bärlauch möglichst an Stellen, wo er sich ungehindert ausbreiten darf. Hat er sich nämlich einmal etabliert, dann wird er schnell von selbst mehr und mehr, was allein schon durch seine reichliche Samenproduktion geschieht. In unserem Privatgarten wächst der Bärlauch unter einer Bluthasel, zwischen Märzenbechern, Lenzrosen und Scharbockskräutern. Im Frühling werden immer nur die ersten frischen Blätter geerntet: am besten unter normalen Spinat mischen, denn der starke Knoblauchgeruch ist nicht jedermanns Sache!

Zu den Maiglöckchen-Gewächsen zählt auch der formenreiche Salomonssiegel (*Polygonatum*).

Die herrlichen Gartensorten der Herbst-Zeitlosen dagegen stehen an gänzlich anderen Stellen, sodass auch durch unwissende Personen eine Verwechslung von vornherein ausgeschlossen ist. Ihre großen, unförmigen Blätter gelten im Frühjahr als nicht sonderlich attraktiv. Daher pflanzen wir die Herbst-Zeitlosen vor Gehölze oder in Gartenteile, wo es nicht so sehr auf detaillierte Schönheit ankommt. Die Blätter ziehen über den Sommer komplett ein und die Pflanzen können dann problemlos versetzt werden. Ab September erfreuen uns besonders ältere Tuffs mit ihren traumhaften Blüten. Sie läuten den Herbst ein, ich jedenfalls möchte sie nie mehr missen!

Die Beeren des Seidelbastes (*Daphne mezereum*) sind hochgiftig, seine Blüten läuten den Vorfrühling ein, sein Duft ist unbeschreiblich.

Vorbeugend Beeren entfernen

Mir kommen immer die Naturstandorte des Seidelbastes (*Daphne mezereum*) in den Sinn, wenn ich allein schon seinen unbeschreiblich intensiven Duft rieche. Im Schweizer Jura steht er zusammen mit der Nieswurz (*Helleborus foetidus*) und der Frühlings-Platterbse (*Lathyrus vernus*) in Schlehenhecken und Kiefernwäldern. Seine so sehr frühe Blüte im März verlockt geradezu, ihn zu Hause im Garten besitzen zu wollen. Und was gibt es Beglückenderes als einige Quadratmeter aus Vorfrühlings-Alpenveilchen (*Cyclamen coum*), Seidelbast, Zaubernuss (*Hamamelis*) und Schneeglöckchen (*Galanthus*)? Der Seidelbast wächst sehr langsam, es dauert viele Jahre, bis Sie ein großes Exemplar haben. Seine leuchtend roten Beeren reifen im Hochsommer – sie sind wegen ihrer extremen Giftigkeit gefürchtet. Wenn Sie aber nicht gerade die Beeren zur Gewinnung des Samens brauchen, können Sie sie auch vorzeitig abstreifen.

Stauden im Gourmetgarten

Essbares hält sich im Staudengarten in Grenzen, es sei denn, man legt ausdrücklich Wert darauf, solche Pflanzen zu integrieren oder als Beikräuter zuzulassen. Gänseblümchen und Springkraut sind schmackhafte Wildkräuter für Salate. Die Blätter und Triebe der Chinesischen Brennnesseln (*Boehmeria*) werden in ihrer Heimat verspeist, hier bei uns pflanzt man sie als dekorative Blattschmuckstauden, vor allem zwischen Funkien und anderen Halbschattenstauden. Und viel zu unbekannt ist, dass die Zwiebeln von Tiger-Lilien (*Lilium lancifolium* var. *splendens*) sehr schmackhaft sind. Auch die Blüten von Funkien und Taglilien können als sehr dekorative Zierde auf Salaten Verwendung finden, ganz zu schweigen von den frischen Blättern des Giersches. Vielleicht finden Gourmetköche eines schönen Tages Zugang zu den panaschierten Sorten? Unter den Laucharten finden sich etliche, die in der Küche verarbeitet werden können, angefangen beim Schnittlauch mit seinen attraktiven blütenreichen Sorten.

Nachtschattengewächse & Co

In den illyrischen Wäldern zwischen Slowenien und Bosnien-Herzegowina wächst das Krainer Tollkraut (*Scopolia carniolica*). Eine anspruchslose Staude, die im Halbschatten mit frischem Boden problemlos gedeiht und vor allem durch die den Tollkirschen ähnlichen, rotbraunen Blüten auffällt. Diese entfalten sich sofort nach dem Austrieb im Frühjahr. Eine besonders auffällige, dunkelweinrote Form ist 'Zwanenburg', während eine zitronengelbe Variante unter *Scopolia carniolica* var. *hladnickiana* bekannt ist. Auch diese anspruchslose Staude ist giftig, obgleich wohl niemand auf die Idee käme, ihre unscheinbaren Beeren oder irgendwelche Pflanzenteile zu essen.

Tollkraut und Tollkirsche gehören wie auch Tomate und Kartoffel zu der großen Familie der Nachtschattengewächse (*Solanaceae*), die Alkaloide unterschiedlichster Ausprägung enthalten. Ein weiteres giftiges Nachtschattengewächs wurde aus dem Kaukasus eingeführt, der Kaukasische Nachtschatten (*Physoclaina orientalis*). Ich lernte diese immer noch weitgehend unbekannte Pflanze schon während meiner Praktikantenzeit in den Niederlanden kennen. Sie wächst horstig und fällt vor allem durch ihre violetten Blütenköpfe im zeitigen Frühjahr auf. Später im Jahr bildet sie einen unscheinbaren Busch mit 40 cm Höhe.

Die Beschreibung giftiger Stauden ließe sich nahezu unendlich fortsetzen. Ich möchte in erster Linie anhand dieser Beispiele verdeutlichen, dass Giftpflanzen nicht nur schön und attraktiv sind, sondern unsere Gärten immer schon sehr bereichert haben.
Giftpflanzen verlangen aber nach einer Erklärung und durch einen geeigneten Standort mit dem nötigen Abstand zu Kleinkindern rückt man sie ins richtige Licht. Sie aus unseren Gärten zu verbannen, wäre daher äußerst kontraproduktiv.

Die Zwiebeln der Tiger-Lilien sind essbar, aber viel anmutiger sind wohl ihre Blüten im Garten.

Mit Stauden gärtnern bis ins hohe Alter

Selbstverständlich ist das Gärtnern auch noch im hohen Alter möglich – ganz gewiss aber mit eingewachsenen Staudenbeeten, die auch nach Jahren der Dynamik eine gewisse Stabilität bieten und so jedermann über Jahre erfreuen.

Einfache Problemlöser

Die meisten betagten Menschen leiden darunter, sich kaum mehr bücken zu können, oder aber sie haben große Knieprobleme. Ohne Hilfe von außen ist oft die gröbste Arbeit nicht mehr zu bewältigen, wenn man nicht beizeiten für Erleichterung sorgt. Pflegeintensive Staudenbeete können und dürfen selbstverständlich auch rückgebaut werden, indem man sie nach und nach „abräumt" und anschließend mit bodendeckenden Stauden bepflanzt. Beete nach und nach zu eliminieren und wieder in Rasen umzuwandeln halte ich jedoch für keine gute Lösung, denn auch das Rasen mähen stellt im Alter eine nicht zu unterschätzende Belastung dar. Gute Staudenbodendecker wie viele der Storchschnäbel *Geranium macrorrhizum* oder *Geranium × cantabrigiense* tolerieren beispielsweise auch Narzissenhorste und andere Frühlingsgeophyten. Bodendeckende Elfenblumen (*Epimedium*) sorgen im Halbschatten dafür, dass für Jahrzehnte in Sachen Unkraut Ruhe herrscht.

Der Balkan-Storchschnabel (*Geranium macrorrhizum*) zählt zu den starkwachsenden Bodendeckern. Gleichzeitig ist er extrem trockenheitsresistent.

Dynamik gezielt zulassen

Es braucht aber gar nicht immer so drastisch vorgegangen werden. Eingewachsene Schattenbeete, die mit Funkien, Silberkerzen und anderen langlebigen Stauden bepflanzt wurden, können mehr oder minder sich selbst überlassen werden, denn schließlich streben wir diesen stabilen Zustand ja an! In Beeten, wo zunächst pflegeintensive Stauden wie Rittersporne, Phlox und dergleichen stehen, können nach und nach Pfingstrosen und Taglilien

Die Klodeckel-Funkie 'Sum and Substance' deckt mit ihren im Alter bis zu 50 cm langen Blättern locker 1,5 m² ab.

die Szene übernehmen, denn bekanntlich gehören diese zu den langlebigsten Stauden, die wir im Staudenreich besitzen. Ihre Horste schließen den Boden, ohne sich gegenseitig zu bedrängen. Einige Amsonien (Amsonia) und ein paar Pfeifengrashorste (Molinia arundinacea) lockern das Bild zu gegebener Zeit zusätzlich auf. Ich beobachte Pflanzungen, in denen gerade diese beiden Stauden über eine lange Zeit hinweg bestehen und durch ihre Dauerhaftigkeit kaum zu übertreffen sind. Zwar bleibt Ihnen der Rückschnitt dieser Stauden im Frühjahr nicht erspart, dafür gestaltet er sich aber sehr einfach: Alles, was bis dahin aufgeweicht am Boden liegt, braucht meist nur zusammengerafft werden. Und wenn es einmal nicht so „clean" aussieht, verzeihen Ihnen diese Stauden das, denn sie wachsen auch durch liegen gebliebene Blätter und Stängel durch.

Freunde des „Blackbox Gardening" – also des Gärtnerns und Gestaltens mit versamenden Pflanzen – können einen Zustand erreichen, der auf Dauer ebenfalls wesentlich weniger Arbeit bereitet. Durch Selbstaussaat einiger typischer Stauden wie Akelei, Lichtnelke, Margerite und viele andere erreichen wir eine Art „Dynamik der Statik", gleichzeitig einen unglaublich natürlichen, ja fröhlichen Zustand des Gartens. Bestehende Stauden bilden die Säule, während die kurzlebigen Selbstaussäer als Lückenfüller dienen. So entstehen natürliche Pflanzenbilder wie von selbst.

Mein Tipp

Auch im hohen Alter brauchen Sie nicht auf Ihre Lieblingsstauden zu verzichten, wenn diese in einer Pflanzung optimal integriert sind. Versuchen Sie außerdem rechtzeitig eine Hilfe zu finden, die Freude an Ihrem Refugium hat und Ihnen tatkräftig zur Seite steht.

Der Teppich-Thymian (*Thymus serpyllum*) und seine Sorten sind geradezu geschaffen für Tröge und Mauern.

In die Höhe gärtnern

Liebhaber alpiner Stauden haben die exzellente Möglichkeit, sich eine Art Tischalpinum oder einen Trockenmauerwall zu verwirklichen. Ein solches Alpinium baute ich vor Jahren in Niederösterreich aus Kalksintersteinen, die wir uns von einer baufälligen Friedhofsmauer holen durften. Die Gartenbesitzerin war stark gehbehindert und konnte sich kaum noch bücken. Dieses Tischalpinum maß etwa 2 × 3 m und war 120 cm hoch. Die Oberfläche glich einem normalen Steingarten, nur eben erhöht. So konnte die Besitzerin ihre Schätze noch lange bewundern und sich am Wachsen und Blühen in Augenhöhe erfreuen, die Pflege des Tischalpinums gestaltete sich außerdem um einiges leichter. Außerdem hatten wir die Möglichkeit, in die seitlichen Mauerfugen jede Menge zarter Polsterstauden zu pflanzen.

Der Trockenmauerwall hat in England eine lange Tradition, nicht nur bei älteren Semestern! In Liebhabergärten kann man ihn in den unterschiedlichsten Ausführungen finden und wie letzten Endes seine Form werden soll, entscheidet Ihre Fantasie. Sehr harmonisch fügt er sich im Rasen ein, schnurgerade oder in einer Schlangenlinie. Kalkschieferplatten oder Muschelkalk sind die idealen Materialien, denn hier entstehen eine Menge Fugen, die enorm viel Platz für allerlei erlesene Pflanzen bieten.

Aus den gleichen Gründen haben sich in den letzten Jahren auch Gemüsehochbeete etabliert. Sie können sich solche Beete selbst bauen, aber auch fix und fertig kaufen. Diese Hochbeete sollten allerdings in ihr gärtnerisches Umfeld passen, viele der angebotenen Lösungen zeugen nicht gerade von sensiblem Geschmacksempfinden! Außerdem sollte das Material möglichst lange haltbar sein.

Mein Traum vom Generationengarten

Nichts ist erfüllender, als miteinander zu gärtnern, sich gegenseitig zu helfen und voneinander zu profitieren. Dazu ein kleines Beispiel: Wir schreiben den 15. März, die ersten warmen Sonnenstrahlen des Frühlings zeigen sich. Großmutter, Sohn und Enkeltochter freuen sich auf die gemeinsame Gartenarbeit. Vor ihnen liegt ein großes Staudenbeet, das noch nicht auf Vordermann gebracht wurde. Die Oma kann sich kaum mehr bücken, ist aber frohen Mutes und zeigt allen Anwesenden, wo Narzissen, Tulpen schon herausspitzen und bereits austreibende Stauden sich in unmittelbarer Nähe befinden. Ihr Sohn hat sich mit einer Schere bewaffnet und kappt die noch stehen gebliebenen Stängel einiger Stauden vom Vorjahr. Sein Töchterchen hat riesigen Spaß daran, die abgeschnittenen Staudenteile zu einer Schubkarre zu tragen und emsig mit der meist halbleeren Karre zum nahe gelegenen Kompost zu fahren. Ganz nebenbei wird ihr erklärt, weshalb diese Arbeit sinnvoll ist und dass aus toten Pflanzenteilen mit der Zeit wertvolle Erde wird, in der die Stauden wiederum wachsen und gedeihen, wenn man sie ihnen zurückführt. Dies kann man sehr einfach und mit wenigen Worten erklären.

> Und auch, wenn heute nicht mehr mehrere Generationen zusammen wohnen, können Sie doch versuchen, jüngere Leute aus Ihrem Bekanntenkreis oder aus der Nachbarschaft für ein wenig Gartenarbeit zu gewinnen. Ganz einfach, damit Sie nicht hochbetagt alles allein erledigen müssen!

Eine Trockenmauer ist über Generationen ein Refugium für Pflanzen aller Art.

Praktische Schritte für einen dauerhaften Erfolg

Ist für Sie bis hierher alles klar? Vielleicht wollen Sie selber pflanzen oder Sie haben einen Gärtner oder Pflanzplaner beauftragt? Haben Sie alles besprochen, den Standort für das neue Beet festgelegt und eine grobe Pflanzenauswahl getroffen? Dann kann es wirklich losgehen.

Wider die Bodenverdichtung

Eine erfolgreiche Pflanzung steht und fällt mit einer sorgfältigen Bodenvorbereitung. Diesem Punkt wird viel zu wenig Beachtung geschenkt, und er wird leider sogar von Profis oft genug sträflich vernachlässigt oder bagatellisiert. In den meisten neu angelegten Gärten hat man mit dem Problem der Bodenverdichtung zu tun: Hier sollten Sie nach Möglichkeit eine Tiefenlockerung vornehmen, damit keine punktuelle Staunässe entsteht und die Stauden womöglich Wachstumsdepressionen durch Wurzelfäule erfahren. Bodenverdichtungen entstehen in den allermeisten Fällen durch das Befahren mit schweren Baustellenfahrzeugen wie Lastwagen, Bagger und Planierraupen. Sie wirken sich noch nach Jahrzehnten negativ auf sämtliches Wachstum aus, da die Schichten des Bodens keinerlei Wasser und Luft mehr durchlassen und gesundes Wurzelwachstum nicht mehr gegeben ist.

Bodenbearbeitung beginnt mit dem Umgraben. Je humoser der Boden, desto leichter die Arbeit.

Den Boden bearbeiten: manuell oder maschinell

Tiefenlockerung heißt, dass die oberste Schicht mindestens um zweieinhalb Spaten tief umgegraben werden muss, man geht also in eine Tiefe von rund 50 cm. Ich durfte diese Praxis während meiner Zeit in Holland noch in kleinem Rahmen erlernen: Dort spricht man von „deep spitten", im Deutschen nennt man diese Umgrabetechnik auch Rigolen. Dabei wird ein über 50 cm tiefer Graben mit dem Spaten gegraben und anschließend die oberste, verdichtete Erdschicht ganz nach unten befördert und die unterste Schicht nach oben geschaufelt. Früher praktizierte man diese Methode in Holland auf den Blumenzwiebelfeldern, um Krankheiten zu eliminieren, wir machen es hierzulande allerhöchstens bei völlig verdichteten Böden. Das klingt nach echter Knochenarbeit – und das ist es auch! Für Sie ist eine derartige Graberei in Ihrem Garten nur an sehr engen Stellen praktikabel, vor allem dort, wo man mit keinem Schmalspurtraktor hingelangt. Falls genügend Platz vorhanden ist und Ihnen ein solcher Traktor zur Verfügung steht, kann das Beet besser mit einem langen Grubber tiefengelockert und anschließend die obere Erdschicht krümelig gefräst werden.

Auch dieser Fräsvorgang der Oberschicht kann auf kleiner Fläche selbstverständlich von Hand verrichtet werden, dabei ist der Krail sehr hilfreich. Dieses Werkzeug besitzt vier Zinken, die nach unten gebogen sind. Der Krail war während meiner Lehrzeit in Südbaden das Universalinstrument schlechthin. Mit etwas Übung und etwas Gefühl werden Sie Ihr Beet damit hervorragend auflockern und krümelig harken können. Das Ebenmachen erfolgt in einem ziehenden Vorgang von vorne nach hinten, wobei auf diese Weise Steine und gröbere Brocken herausgearbeitet werden. Diesen Vorgang detailgetreu zu beschreiben ist allerdings ein Ding der Unmöglichkeit. Üben Sie am besten im Gemüsegarten auf einem abgeernteten Beet, das Sie zunächst aufhacken und danach ebenziehen. Ein Beet auf diese Weise pflanzfertig herzurichten war übrigens sogar ein wichtiger Teil meiner praktischen Gärtnerprüfung. Wenn die oberste Beetschicht gefräst oder von Hand aufgelockert wurde, können Sie die Fläche auch mit einem breiten Rechen einebnen – falls das Hantieren mit dem Krail zu einem „unprofessionellen" Ergebnis führen sollte.

Das Beet mit dem Krail einzuebnen erfordert viel Übung.

Dabei sollten gleichzeitig Steine, Holz und anderer Unrat herausgeharkt und entsorgt werden.

Wer mit dem Krail keine Routine hat, sollte besser den Rechen zur Hand nehmen.

Die Beete vorbereiten: Unkraut adé

Eine Pflanzfläche pflanzfertig herrichten bedeutet aber auch, sie sorgfältig nach ausdauernden Unkräutern zu durchsuchen – und diese dann peinlich genau herauszulesen. Bei kleineren Flächen lässt sich diese Arbeit mit einer Grabgabel leicht bewerkstelligen. Ist die Fläche allerdings zu groß, muss man eine andere Lösung wählen. Die Wurzeln von Quecke, Giersch und Co. sind zwar relativ leicht zu erkennen, doch wenn eine größere Fläche davon besetzt ist, wird es sehr mühsam sie zu entfernen.

In unserem Privatgarten hatte ich vor einigen Jahren das Vergnügen, unter einer Magnolie ein Beet zu erneuern, das mit den Jahren leider komplett von Giersch durchzogen war. Wertvolle Lenzrosen und etliche seltene Schattenstauden kamen mit der Zeit schwer in Bedrängnis und drohten, vom Giersch regelrecht erstickt zu werden. Damals entschloss ich mich kurzerhand, einen Minibagger kommen zu lassen und den gesamten Oberboden gegen unkrautfreien Humus auszutauschen. Scheuen Sie sich nicht vor solchen Aktionen: Baggern ist heutzutage erschwinglich und das Resultat lässt sich später sehen. Am besten lassen sich solche Maßnahmen im zeitigen Frühjahr oder noch besser im Herbst bewerkstelligen. Und sparen Sie keinesfalls bei der Anschaffung frischer Erde! Leider verstehen einige Zeitgenossen unter dem Begriff „Humus" etwas vollkommen anderes als ein Gartenbesitzer oder gar Staudenliebhaber. Ich habe schon mein blaues Wunder erleben dürfen und ich rate Ihnen sogar dringend dazu, sich vorher die Erde anzusehen. Stammt sie von einem mehrjährig abgelagerten Humusdepot und besteht aus krümelig, lehmig-humosem Wiesengrund, so würde ich sofort zuschlagen. Irgendein von Steinen durchsetzter, schwerer Lehm oder ein Oberboden von einer Baustelle, der von Unkräutern durchzogen ist, frustriert nachhaltig und man verliert später die Lust und den Tatendrang, weil einfach nichts wachsen will.

Es besteht deshalb stets ein großer Unterschied zwischen der Erstellung eines komplett neuen Beetes mit frischer, unverbrauchter Erde oder einer Neugestaltung eines bereits bestehenden Beetes. Die vorhandenen Stauden wollen ja einbezogen werden, daher müssen Sie diese ausgraben und die Wurzelballen zunächst sorgfältig nach ausdauernden Unkräutern durchsuchen. Der Hochsommer ist für solche Aktionen nur bedingt geeignet, da die ausgegrabenen Pflanzen zusätzlich in Stress kommen und durch einen vorläufigen Einschlag gut versorgt werden müssen. Passender dafür ist der Oktober. Nichts ist jedenfalls lästiger, als später flott wachsende und bereits etablierte Stauden wieder auszugraben, nur weil links und rechts des Horstes sich wieder Giersch oder Quecke breitmachen, die in unauffälligen Wurzelstückchen im Ballen schlummerten und übersehen wurden. Solche Unkräuter sind extrem aggressiv und lästig, selbst kleinste Stückchen wachsen in Windeseile an und verdrängen alles, was sich ihnen in den Weg stellt.

Boden mit Nährstoffen versorgen

Eine Pflanzfläche pflanzfertig herrichten heißt aber auch, diese optimal mit Nährstoffen zu versorgen. Steht Ihnen ausreichend verrotteter Kompost zur Verfügung, können Sie ihn noch vor dem Auflockern mit dem Krail und dem anschließenden Abrechen auf die Fläche verteilen. Der wertvolle Kompost vermischt sich mit dem vorhandenen Boden und seine Nährstoffe stehen den Stauden über lange Zeit zur Verfügung. Kompost enthält aber nicht nur wertvolle Inhaltsstoffe, sondern leider meist auch jede Menge Unkrautsamen. Allerdings,
je fachgerechter kompostiert wurde, desto weniger keimt später Unkrautsamen auf der Oberfläche des zukünftigen Beetes. Aber selbst wenn später einjährige Unkräuter auftreten, können Sie diese schon beim Auflaufen mit der flachen Hand eliminieren. Allerdings – wer ist schon zum richtigen Zeitpunkt gerade anwesend? Daher schafft eine nach der Pflanzung aufgetragene Mulchschicht aus Rindendekor einen gewissen Schutz gegen auflaufende Unkräuter aller Art.

Steht Ihnen kein Kompost zur Verfügung, sollten Sie zumindest einen organischen Langzeitdünger einarbeiten. Dieser besteht aus Hornspänen oder Knochenmehl, aber auch aus anderen organischen Bestandteilen. Als Faustregel gilt: rund eine Handvoll für einen Quadratmeter. Mengenmäßig können Sie aber kaum etwas falsch machen, da der Dünger erst von den im Boden lebenden Bakterien in pflanzenverfügbaren Stickstoff umgewandelt werden muss und noch nicht sofort den Pflanzen zur Verfügung steht.

Die richtige Reihenfolge macht's

Selbst auf kleinsten Flächen sollten Sie immer nach diesem Schema und dieser Reihenfolge vorgehen:
- Boden auflockern
- Boden verbessern
- Boden eben machen

Lösung für verunkrautete Beete

Ein total verunkrautetes Beet können Sie ohne Weiteres auflösen, falls Sie sich vom Entfernen des Unkrauts überfordert fühlen. Fassen Sie sich ein Herz, graben Sie Ihre noch vorhandenen Schätze aus und ebnen Sie die Fläche vollkommen ein. Einige Karren guter Gartenerde helfen, etwaige Unebenheiten auszubügeln und anschließend Rasen einzusäen oder es gänzlich der Natur zu überlassen. Ein komplett neu angelegtes Beet an einer anderen Stelle im Garten wird Ihnen wesentlich mehr Freude bereiten.

Selbst wenn Stauden später in Lücken bestehender Beete gepflanzt werden, gibt es gegen diese Vorgangsweise kaum eine Alternative. Denn auch wenn in diesen Lücken scheinbar genug Platz für eine später ausgewachsene Staude sein sollte, ist der Boden doch meist verbraucht oder von den benachbarten Stauden durchwurzelt und bedrängt. Es führt zu nichts, wenn wir hier nur mit einem kleinen Handschäufelchen ein Löchlein gerade von der Größe des Topfballens graben und die neu erworbene Staude dort hineinzwängen. Stauden brauchen Platz – und die zur Verfügung stehende Fläche sollten Sie besser gleich richtig mit dem Spaten umgraben und auflockern.

Stauden gezielt verteilen

Sie haben Ihre Stauden erworben, sie stehen bereits in Kisten vor Ort. Alles sieht gut aus, aber jetzt ist es auf jeden Fall ganz wichtig, die Stauden noch vor dem Pflanzen durchdringend zu gießen, sodass die Wurzelballen genügend Feuchtigkeit aufnehmen.

Wurde das Beet möglichst optimal vorbereitet, kann das Auslegen der Pflanzen beginnen. Sie haben sich im Vorfeld Gedanken gemacht, was Sie pflanzen wollen und es existiert eine Liste. Einen genaueren Pflanzplan brauchen Sie eigentlich nur, wenn Sie eine „English Mixed Border" nach Farbzusammenstellungen realisieren möchten und vorab die jeweiligen Farbkombinationen festgelegt haben. Bei einer differenzierten Staudenmischpflanzung erfolgt die Verteilung eher willkürlich. Aber auch bei größeren Pflanzungen in Gruppen sollten Sie beim Auslegen Ihrer Stauden durchaus nach Gefühl handeln. Ich ertappe mich selbst immer wieder dabei, dass ich schon beim Verteilen umgruppiere. Wenn es Sinn macht – warum nicht! Vermeiden Sie beim Verteilen der Stauden aber tunlichst das Umherlaufen in dem pflanzfertig vorbereiteten Beet. Durch die Tritte wird der Boden wieder punktuell verdichtet. Um möglichst schonend vorzugehen, empfehle ich das Verwenden von Schaltafeln oder langen Brettern. Dadurch verteilen Sie Ihr Eigengewicht besser und vermeiden auf diese Weise Verdichtungen.

Zunächst werden alle Solitärstauden positioniert, auch Rosen oder Ziersträucher legen Sie gleich zu Beginn aus. Auf diese Weise verschaffen Sie sich einen Überblick, auch wenn die Stauden noch in eingezogenem Zustand sein sollten. Und natürlich beachten Sie dabei schon die unterschiedlichen Pflanzabstände. Diese Vorgangsweise – zuerst Solitärstauden, dann Begleitstauden auslegen – erleichtert die Pflanzaktion ganz erheblich. Außerdem realisiert man, welche Art oder Sorte neben der anderen steht, sieht im Geiste deren Textur und schafft sich so von Beginn an jene Abwechslung und Harmonie, die man sich für das Beet wünscht.

Wurden die Stauden alle positioniert und verteilt, sollte man sich einige Meter vom Beet entfernt nochmals einen Überblick verschaffen.

Jetzt ist noch nichts zu spät, und Sie können ohne große Schwierigkeiten umgruppieren. Ist vielleicht jener Blauton des Storchschnabels neben der gleichzeitig blühenden, leuchtendroten Pfingstrose zu schrill oder soll nicht doch lieber eine länger blühende, zart violette Katzenminze den Platz einräumen? Andererseits kann die leuchtend gelbe Herbstfarbe der Geraniumblätter neben der vergehenden, stumpfrötlichgelben *Paeonia* durchaus einen Reiz besitzen, nämlich zu einer Jahreszeit, in der Blüten längst nicht mehr das Thema sind. Also vielleicht doch besser umgruppieren? Sie sehen, es gilt viel zu bedenken und zu berücksichtigen. Aber ganz so kompliziert wie es scheint, ist es dann auch wieder nicht.

Das Beet ist frisch vorbereitet, die Stauden sind ausgelegt, nun kann das Pflanzen beginnen.

Und weichen Sie ruhig einmal mehr von der Methode ab, dass an den Beetrand ausschließlich flache Stauden platziert werden, in der Beetmitte Halbhohes und nur ganz hinten alle hohen Stauden. Diese fast schon dogmatische Vorgehensweise hat sicher ihre praktischen Gründe, wird vor allem aber deswegen so streng gehandhabt, damit alle Stauden zur Geltung kommen und das Beet eine Tiefenwirkung erfährt. Trotzdem darf sich ruhig am Beetrand ein Gräserhorst elegant dem Betrachter zuneigen oder ein Rittersporn in der Mitte seine Spitzenposition beziehen. Denn so erfährt das Staudenbeet eine eher natürliche Auflockerung und die Stauden stehen nicht so streng abgestuft.

Austopfen will gekonnt sein

Vor dem Pflanzen muss aber noch ausgetopft werden. Diese Arbeit könnten Sie auch schon vorher erledigen, wenn alles noch beieinander in den Kisten steht. An einem Tisch geht das nämlich wesentlich schneller vonstatten, man steht nicht gebückt – und außerdem trampelt man nicht zusätzlich im Beet herum. Allerdings setzt dies optimal durchwurzelte Stauden voraus, denen ein zusätzliches Handling nichts anhaben kann und deren Wurzelballen nicht sofort auseinanderfällt. In der Praxis hat sich diese Methode allerdings nicht immer durchgesetzt und meist erfolgt das Austopfen erst direkt beim Pflanzen, was ich etwas umständlich finde. Mein Tipp: Topfen Sie wenigstens einen Großteil Ihrer Stauden hintereinander in einem Arbeitsgang aus, während sämtliche Pflanzen schon an Ort und Stelle stehen. Anfänger, die nicht geübt sind, tun sich beim Austopfen meist etwas schwer. Sie klopfen am Topf herum oder ziehen die Stauden „am Schopf" und reißen dabei Triebe ab. Dabei ist es eigentlich ganz einfach. Sie nehmen den Topf in die linke Hand, drehen die Staude um und schlagen die Kante des Topfes mit etwas Schwung auf Ihren rechten Handballen und ziehen gleichzeitig mit der rechten Hand die Staude aus dem Topf heraus. Bei stark durchwurzelten Stauden müssen meist erst die Wurzeln am äußeren Topfboden abgestreift werden, denn sonst funktioniert das Austopfen nicht oder wesentlich schwerer. Und keine Sorge: Der ganze Vorgang ist wesentlich leichter praktiziert als hier erklärt, man macht nichts kaputt!

Nach dem Austopfen kann das Entfernen der Oberschicht des Wurzelballens notwendig werden, denn in ihr könnten sich Unkräuter befinden. Und auch wenn diese nicht sichtbar sind, sind sie doch vielleicht in Form von Samen oder Unkräutern im Keimstadium vorhanden. Oberirdische, sehr dünne

Vor der Pflanzaktion wird ausgetopft. Jetzt sollte rasch gepflanzt werden, damit die Ballen nicht austrocknen.

– wir sagen gakelige – und lange Triebe sollten unbedingt eingekürzt oder ganz heruntergeschnitten werden, denn dies bewirkt ein wesentlich besseres Anwachsen. Ganz besonders bei Sommerpflanzungen empfiehlt es sich, um die Verdunstung einzuschränken und ein problemloses Anwachsen zu gewährleisten.

Die eigentliche Pflanzaktion kann beginnen

Das Pflanzen selbst erfolgt mit einem kleinen Handspaten oder auch mit der bloßen Hand. Letzteres funktioniert aber nur, wenn im Beet eine tiefgründig locker-krümelige Erde vorherrscht, denn nur dann kann man mit seinen Fingern mühelos ins Erdreich vordringen und dabei die Stauden trotzdem sachgemäß und tief genug einpflanzen. Ich empfinde dies immer als direkten Kontakt zu Mutter Erde, es ist ein wunderbares Gefühl. Allerdings nur, wenn nicht Steine und harter Boden einem dabei die Finger ruinieren. Der richtige Handspaten (auch Setzschaufel genannt) erleichtert die Arbeit bedeutend. Man gräbt damit das Loch, setzt die Staude hinein, schiebt den Topfballen und das Loch mit beiden Händen mit Erde zu, drückt an und ebnet anschließend mit den Händen das umgebende Erdreich ein, ohne auch nur einmal seine Setzschaufel aus den Händen zu legen.
Und pflanzen Sie Ihre Stauden immer tief genug. Das gilt ganz besonders bei Herbstpflanzungen. Hier kann zu flaches Pflanzen bei Kahlfrost das Hochfrieren der Wurzelballen und ein anschließendes Austrocknen der Stauden bewirken. Wenn manche der viel zu flach gepflanzten Stauden auch nicht sofort eingehen, müssen sie doch im Frühling allesamt tiefer gepflanzt werden, was zusätzlich Arbeit schafft. Der Topfballen selbst sollte mit einigen Zentimetern Erde bedeckt sein. Selbst polsterbildende Stauden können tiefer als gewohnt gepflanzt werden, denn erst dann wachsen sie zu formschönen Polstern heran.

Das Pflanzloch sollte groß genug sein, damit die Staudenballen ausreichend Platz finden.

Andrücken nicht vergessen! Die Erde um die Stauden herum wird mit den Händen eingeebnet.

Bei keinem Beet sollten Sie die Frühlingsgeophyten vergessen!

Rindendekor: ja oder nein

Nach dem Pflanzen stellt sich die Frage, ob Sie den Boden abdecken wollen. Ich vertrete stets die Auffassung, man sollte sich nicht unnötig mit Mehrarbeit belasten. Eine dünne Schicht gut abgelagerten Rindendekors dient uns wenigstens so lange, bis sich die Stauden zu einem geschlossenen Bild vereint haben – und in dieser Zeit können keinerlei einjährige Unkräuter aufkommen. Aber Vorsicht: Viele Gartenbesitzer glauben nämlich immer noch, Rindendekor wäre das Wundermittel gegen sämtliche Unkräuter schlechthin. Gegen ausdauernde Wurzelunkräuter hilft Rindendekor aber überhaupt nicht. Ausdauernde Unkräuter verhalten sich ja wie Stauden und durchdringen die Rindenschicht mühelos. Manche meiner Kollegen aus dem Garten-und Landschaftsbau sind erklärte Gegner von Rindendekor und nehmen lieber Rindenhumus als Abdeckung. Dieser ist allerdings bereits vollständig verrottet und besitzt deshalb keinerlei herbizide Wirkung mehr. Und das heißt nichts anderes, als dass Unkräuter, die durch den Wind verbreitet wurden, darauf munter sprießen können. Vor einigen Jahren lernte ich durch Zufall einen Bauern kennen, der geschredderte Holzteile zu Kompost verarbeitete. Dieser Kompost war weit über fünf Jahre alt und bereits gut verrottet, hatte aber noch genügend sichtbare Holzanteile. Uns leistete er sehr gute Dienste auf unseren Schaubeetpflanzungen, besonders in Gehölznähe und in Schattenpartien. Hier kam nur ganz wenig Unkraut auf – und die Nährstoffe des Komposts kamen ideal zum Zuge.

Wässern nicht vergessen

Die allerletzte Arbeit ist sicherlich eine der verantwortungsvollsten Tätigkeiten. Unser Beet muss gründlich angegossen werden. Hier sollten Sie sich vor allem das Wort „gießen" zu Herzen nehmen und auf keinen Fall schwemmen, sodass die oberste Erde samt dem darauf liegenden Rindendekor davonschwimmt. Mehrmaliges, leichtes Überbrausen bewirkt ein langsames Eindringen des Wassers in das lockere Erdreich und schafft eine Verbindung zu den Wurzelballen. Bei größeren Beeten schafft ein Regner Abhilfe, der eine Zeitlang aufgestellt wird, bis sich die oberste Bodenschicht vollgesaugt hat. Bei kleinen Beeten tut es auch ein Schlauch mit einer Brause, mit dem das Beet sanft angegossen wird. Einzelne Nachpflanzungen werden am besten mit einer Gießkanne samt Tülle angegossen. Und nun bleibt uns nur noch die Vorfreude auf das kommende Wachsen und Blühen.

Rindendekor richtig nutzen

Falls Sie Rindendekor als Mulchschicht auftragen, dann bitte lediglich in einer Stärke von 3–5 cm. Der Rindendekor sollte ausreichend abgelagert und von einer braunen Farbe sein sowie nicht mehr nach frisch geraspelter, harziger Rinde riechen. Frische Rinde benötigt zur Verrottung Stickstoff und absorbiert dabei den pflanzenverfügbaren Stickstoff des frisch umgebrochenen Bodens. Die Folge: Ihre Stauden werden gelb und kümmern, obgleich Sie Ihren Boden zuvor optimal mit Vorratsdünger versorgt haben.

Im Mai des darauffolgenden Jahres nimmt unsere Staudeninsel Gestalt an.

Anfang September scheint das Beet so eingewachsen, als sei es schon Jahre alt.

Stauden richtig pflegen

Alles gepflanzt und angegossen – und den Rest besorgt die Natur. Ihre Stauden brauchen nun nur noch zu wachsen. Und nach einer solch optimalen Bodenvorbereitung und dem richtigen Standort tun sie dies in der Regel auch problemlos. Doch einige Dinge sollten Sie auch in Zukunft beachten.

Intelligent, aber ja nicht faul!

Nun bleibt endlich Zeit und Muße, sich an den Neuerrungenschaften zu erfreuen. Aber darf ich nun die Hände in den Schoß legen und alles Weitere der Natur überlassen? Frei nach dem oft gehörten Spruch, viele unserer Stauden seien ja so anspruchslos und pflegeleicht? Ich selbst vermeide absichtlich das Unwort „pflegeleicht". Pflegen muss man Patienten – und Gartenarbeit ist weder leicht noch schwer, sondern sollte eigentlich eine Passion sein und niemals zur größeren Belastung ausarten. Deswegen sollten gewisse Tätigkeiten zur richtigen Zeit absolviert werden, damit aus dieser gelebten Passion kein übermäßiger Stress wird. Und niemand sollte zum Knecht seines eigenen Reiches werden.

Man darf jedoch heute ruhig die Dinge beim Namen nennen und sollte daher auch nichts beschönigen: Gänzlich ohne Arbeit funktioniert selbst ein noch so intelligent angelegter Staudengarten nicht. Das Zitat „ein Staudengarten ist etwas für intelligente Faule" stammt von Karl Foerster, er wusste schon damals, dass man um manche Tätigkeiten im Garten kaum herumkommen wird, jedoch mit einem Staudenbeet gegenüber arbeitsaufwändigen Einjahrespflanzungen wesentlich besser fährt und über viele Jahre sehr viel Freude an einer abwechslungsreichen und stimmungsvollen Blütenvielfalt hat. Es wird heutzutage jedoch vieles über Gebühr beschönigt und als Lifestyle verkauft. Das ist gut und schön, aber auch ein Spitzensportler kommt ohne hartes Training nicht zu seiner Medaille. Und eine fremde Sprache kann ohne viel Dazutun auch kaum erlernt werden. Vielleicht hinken diese Vergleiche, aber ein gelungener und ästhetisch ansprechender Garten entsteht auch nicht ohne ein Mindestmaß an Zutun. Doch es kommt immer darauf an, ob man diese Arbeit gerne verrichtet oder ob sie wie ein Damoklesschwert über einem hängt.

Kein Zurück in die Vergangenheit

Ab den 1970er-Jahren kam der viel gepriesene „pflegeleichte Garten" auf, der sich aber vor allem durch eine immer dürftigere Auswahl an Pflanzen auszeichnete, wo sich Rasenflächen mit Blau-Fichten und *Cotoneaster*-Grün abwechselten. Pflanzen, die den Gartenbesitzern weniger Arbeit suggerierten – allerdings in der Hauptsache bewirkten, dass die Heckenschere im Einsatz war und der Rasenmäher jeden Samstag brummte. Damals hat man alles, was über diese Tätigkeiten hinausging, als einen erschreckend pflegeintensiven Garten mit allen dazugehörenden Horrorvisionen verkauft.

Stauden-Phlox benötigt besondere Aufmerksamkeit und Zuwendung, um zu solch reichblühenden Exemplaren heranzuwachsen.

Basisarbeiten im ersten Jahr

Im ersten Jahr nach der Pflanzung wird sich unsere Pflege zunächst auf das Auszupfen auftretender Unkräuter beschränken. Denn trotz aller bisher aufgezählten Maßnahmen lässt sich kaum vermeiden, dass nicht doch irgendwo ein Beikraut keimt. Das ist nicht weiter schlimm, solange es rechtzeitig entfernt wird. Die verblühten Stängel der Stauden sollten sofort bodeneben abgeschnitten werden, denn dies fördert im Jahr nach der Pflanzung ganz besonders das Wachstum in die Breite. Noch ist es nicht an der Zeit, dass Dolden und Rispen auch im Winter zieren sollen, denn noch sind Ihre Stauden nicht „erwachsen"! Hier kann ich meinen Erfahrungsschatz von der Pflege unserer Mutterpflanzenquartiere weitergeben: je öfter geschnitten wird, desto kompakter und dichter der Wuchs. Ich plädiere deshalb dafür, bis zum Spätherbst sämtliche Stauden bodeneben abzuschneiden und lediglich die Gräser zu belassen. Gräser nehmen beim Rückschnitt eine Sonderstellung ein: Wenn Sie die Pflanzen bereits im Herbst zurückschneiden, laufen Sie Gefahr, dass über Winter das Herz ausfaulen kann. Zu kompliziert? Keine Angst, Ihnen wird die Pflege Ihrer Staudenbeete mit der Zeit in Fleisch und Blut übergehen.

Pflege im Rhythmus der Jahre

Ab dem zweiten Jahr verändern sich Pflege und Rückschnitt, denn nun hält der normale Pflegerhythmus des Gartenjahres Einzug in unser neues Beet. Dem Unkraut schenken Sie auch weiterhin viel Beachtung – das ist leider ein unendliches Thema. Bleiben Sie aber bei der Sache, sparen Sie sich später eine Menge Ärger. Sie müssen sich dabei nur immer vor Augen halten, wie viele Samen ein einziges Kreuzkraut hervorbringen kann. Selbst wenn Sie eine Mulchschicht aus Rindendekor aufgetragen haben, kann sich dieses eine Kreuzkraut mit dem Wind derart ausbreiten, dass der ganze restliche Garten davon befallen wird. Dauerblühende Füllstauden wie *Salvia nemorosa* oder *Nepeta racemosa* sollten nach ihrer ersten Blüte im Juni stets bodeneben zurückgeschnitten werden. Dieser Rückschnitt bewirkt einen sofortigen Neuaustrieb mit einem weiteren Flor, der sich meist bis tief in den Herbst hinein erstreckt. Das gilt übrigens auch für unseren edlen Rittersporn (*Delphinium* Elatum- und Belladonna-Hybriden), nur sollten dort die Stängel zwei Handbreit über der Erde abgeschnitten werden. Die meisten der Foerster-Rittersporne erweisen sich nicht nur als standfest und weitestgehend mehltauresistent,

Schneiden Sie Verblühtes zurück, um eine unerwünschte Aussaat zu verhindern.

Gräser lieber nicht zurückschneiden, sie zieren in der kalten Jahreszeit und geben dem Garten Struktur.

sondern sie gelten in erster Linie vor allem als ausdauernd. Lassen Sie sich daher nicht von den großblütigen Pacific-Hybriden verführen, die sind zwar imposant, bieten aber leider nur ein kurzzeitiges Vergnügen. Sie wurden für Schnittzwecke gezüchtet und sind weniger gartentauglich.
Beim Stauden-Phlox (*Phlox paniculata*), der Sonnenbraut (*Helenium*) und vielen anderen sommerblühenden Stauden werden die verblühten Rispen ausgeschnitten. Später im Herbst können auch hier die gesamten Stängel bodeneben abgeschnitten werden. Herbst-Astern (besonders alle Sorten der *Aster* Dumosus- und der *Aster* Novi-belgii-Gruppe) sollten prinzipiell im Spätherbst bodeneben zurückgeschnitten werden, um so einer unerwünschten Selbstaussaat vorzubeugen. Leider bringen einige Sorten diese negative Eigenschaft mit, andere sind nahezu steril, was bedeutet, dass sie keinen keimfähigen Samen bilden.
Eine Selbstaussaat bewirkt, dass sich Sämlinge zwischen den echten Sorten breitmachen und diese mit der Zeit verdrängen. Dies hängt natürlich auch stark vom Boden sowie vom jeweiligen Jahr ab. In rauen Gegenden verhindert eine späte Blüte das Ausreifen der Samen.
Alles andere im Staudenbeet sollten Sie möglichst stehen lassen, denn all dies ziert im Winterhalbjahr ungemein und bringt Struktur in unseren vergehenden Garten. Besonders Gräsern wird eine große Bedeutung in Sachen Winteraspekt zugesprochen. Leider sieht man aber neuerdings in manchen Gärten, dass ihre Besitzer die Gräserschöpfe derart zusammenbinden, dass sie eher übergroßen Farbpinseln gleichen und nicht mehr ihren artgerechten, beschwingten Charme über den Winter ausleben können.

Blumenzwiebeln setzen

Übrigens können Sie im Herbst des ersten Jahres im Beet noch jede Menge Blumenzwiebeln verteilen und pflanzen. In ein vollsonniges Staudenbeet passen unbedingt Frühlingsblüher wie Tulpen oder Narzissen hinein. Damit ist schon ab März der erste Blütenhöhepunkt da, bevor die restlichen Stauden den Taktstock übernehmen. Gut geeignet ist ein Blumenzwiebelpflanzer, jedoch als wesentlich praktischer erweist sich auch hier der englische Damenspaten. Bei der Auswahl der Zwiebeln sollten Sie sich auf wenige Arten beschränken, da diese in Gruppen gepflanzt wirkungsvolle Akzente im Beet setzen.

Im Frühjahr alles abschneiden

Erst im ausgehenden Winter darf dann alles bodeneben abgeschnitten werden. Dann gilt aber: je früher desto besser. Ein milder Märztag erleichtert uns die Arbeit. Die allermeisten dürren Stängel und abgestorbenen Pflanzenteile können Sie mit den Händen zusammenraffen. Frost und Schnee machen alle organischen Bestandteile weich, sodass Sie sich hier das Abschneiden sparen können. Bei Pfeifengräsern, Rutenhirsen oder dem Chinaschilf empfehle ich die Staudensichel als allerbestes Werkzeug. Streng genommen ist es allerdings keine Sichel, sondern eher eine Art Staudensäge, ein Staudenfuchsschwanz. Mit ihr schneiden Sie mühelos alle dicken Horste ab – dort, wo die Schere das Abschneiden zu einer Sisyphusarbeit machen würde. In größeren Gärten mit umfangreicheren Staudenanpflanzungen kann das Zurückschneiden ganzer Beete auch durch eine Motorsense bewerkstelligt werden. Manche Pflegegärtner fahren mit einem hochgestellten Rasenmäher in die Staudenbeete und erledigen den Rückschnitt auf diese Weise. Ehrlich gesagt bin ich von dieser Methode kein allzu großer Anhänger, da unsere Beete im Nachhinein wochenlang aussehen, als wäre ein Hurrikan darüber weggefegt. Mit mir reden lasse ich bei größeren Flächen aus Elfenblumen und Ähnlichem. Aber auch dabei bevorzuge ich einen Freischneider, zumal danach alles Abgeschnittene mit dem Rechen sauber herausgeputzt wird.

Freie Bahn für Schneeglöckchen

Falls Sie in einem Staudenbeet jede Menge Garten-Schneeglöckchen integrieren wollen, sollten Sie ausnahmsweise alle Stauden im Herbst abschneiden. Denn nichts ist frustrierender als im ausgehenden Winter wie ein Storch zwischen seinen voll erblühten Schneeglöckchen umherzusteigen. Man kann gar nicht genug aufpassen und einige Blüten

Erst über viele Jahre wachsen solche dichten Schneeglöckchenbestände heran.

werden dabei trotzdem daran glauben müssen – und darum machen wir hier eine Ausnahme! Schneeglöckchen sind zurzeit Kultpflanzen, auch verdienen sie eine Sonderstellung im Garten, da sie nach dem Winter unsere ersten wertvollen Blütenstauden im Jahr sind.

Und wenn wir schon über Schneeglöckchen sprechen, möchte ich Sie ermutigen, gleich auch Ihre nach Jahren zu dicht gewachsenen Horste unbedingt zu teilen. Natürlich ließe sich dies auch im Hochsommer im eingezogenen Stadium erledigen. Aber mal ehrlich – möchten Sie in Ihrem voll erblühten Sommerstaudenbeet nach Schneeglöckchenhorsten forschen und diese dabei mit dem Spaten womöglich versehentlich zerhacken? Freilich könnten Sie die Tuffs im Frühling kennzeichnen, dann im Juli im eingezogenen Zustand ausgraben, und anschließend teilen und frisch stecken. Weit problemloser finden sich die passenden Pflanzplätzchen aber im Frühling: Dann ist der Überblick im Garten einfach besser, bevor die anderen Stauden dominieren und Sie Mühe haben, die Zwiebeln überhaupt unterzubringen. Aus diesem Grund sind Schneeglöckchen wesentlich bequemer „in the green" zu verpflanzen. Diese Methode stammt aus Großbritannien – wie sollte es auch anders sein. Die Engländer graben die Schneeglöckchen nicht nur während der Vollblüte aus und topfen sie, sondern sie vermehren sie im Garten je nach Bedarf auch vor oder nach der Blüte und wenn die Blätter bereits am Vergilben sind. Letztere Methode scheint mir die für den Hausgebrauch am sinnvollsten zu sein, da hier das vegetative Wachstum bereits abgeschlossen ist, die Zwiebeln so gut wie ausgereift sind und man trotzdem den Horst mit seinem Blattwerk vor sich hat und ihn auch sieht. Ich praktiziere seit vielen Jahren alle Methoden des „in the green"-Verpflanzens, es funktioniert prima.

„in the green" verpflanzen

Wenn Sie den Eindruck haben, ein Schneeglöckentuff könnte nicht mehr wesentlich größer werden, graben Sie ihn mit dem Damenspaten aus. Mit den Händen zerteilen Sie den Klumpen vorsichtig in mindestens zehn Stücke und pflanzen diese an Stellen, wo vorher noch keine Schneeglöckchen standen. Wichtig bei jeder Neupflanzung ist die Zugabe von Kompost sowie eine Portion Sand. Warum Sand? Dieser wirkt vorbeugend gegen *Botrytis galanthae*, den gefürchteten Schneeglöckchen-Grauschimmel, durch den ich leider schon viele wertvolle Sorten verloren habe. Beim Pflanzen kommt der Kompost in die Pflanzgrube. Falls kein Kompost vorhanden ist, kann der umliegende, aufgegrabene Mutterboden auch mit einem organischen Dünger aufgebessert werden. Schneeglöckchen sind Starkzehrer und wollen gut ernährt werden! Den Sand streuen wir in einer rund 2 cm starken Schicht über die Zwiebelspitzen. Er verhindert ein Verdichten des Oberbodens und lässt Sauerstoff hinein. Angießen niemals vergessen, denn Schneeglöckchenwurzeln sind empfindlich und sollten eine sofortige und gute Verbindung zum Erdreich bekommen.

Verjüngungskur einiger Stauden

Zu stark wachsende Stauden können jederzeit verjüngt werden. Aber lassen Sie erst einmal alles wachsen, denn schließlich gedeiht auch nicht überall alles gleich gut. Nach zwei, drei Jahren werden Sie merken, was Ihrem Boden zugeneigt ist, was gut wächst oder weniger gut gedeiht. Manche Gärtner haben die Angewohnheit, alles und jedes zu zerteilen und nur ja nichts alt werden zu lassen. Bei anderen Gartenliebhabern wiederum vergreisen die Stauden, weil sie keinerlei Verjüngung erfahren. Der Mittelweg ist hier der beste, aber viel wichtiger ist es, darauf zu achten, um was für eine Staude es sich handelt. Zu den eher kurzlebigen Stauden zählen Margeriten (*Leucanthemum vulgare* und *L. superbum*), Lichtnelken (*Silene*-Arten), einige Glockenblumen (*Campanula*) und anderes mehr. Diese Stauden wachsen schnell zu großen Pulks heran und vergreisen nach ein paar Jahren von innen.

Stauden verjüngen

Nehmen Sie einen Spaten oder eine Grabgabel und graben Sie den gesamten Staudenhorst aus, um ihn anschließend in mehrere gleich große Stücke zu zerteilen. Dies bewerkstelligt man am besten mit einem scharfen Messer oder aber gleich mit dem Spaten.

Die innere, meist kahle Horstmitte wandert auf den Kompost. Aus ihr kann sich in der Regel nichts mehr regenerieren.

Stauden können sowohl im Frühjahr als auch im Herbst verjüngt werden, also noch vor dem Austrieb oder wenn das Wachstum bereits abgeschlossen ist.

Stauden können sich auch gegenseitig stützen, wie hier der Hohe Ehrenpreis 'Fascination' und die Trauben-Glockenblume.

Zu den klassischen Beispielen derartiger Verjüngungsaktionen gehört die Bart-Iris (*Iris barbata-elatior*, *Iris barbata-media*, *Iris barbata-nana*), wobei diese Gruppe der Schwertlilien nicht gerade zu den kurzlebigen Stauden zählen. Aber nach vielen Jahren verkahlen trotzdem die Horste von innen und lassen in ihrer Blüte nach. Spätestens dann ist der Zeitpunkt gekommen, diese aufzunehmen und zu verjüngen. Bei den Bart-Iris ist der Hochsommer der richtige Zeitpunkt. Auch hier leistet uns die Grabgabel gute Dienste. Die an den Rändern des Horstes befindlichen Blattfächer bricht man weg und pflanzt sie neu, alles andere wird kompostiert. Die äußeren Fächer werden nach Möglichkeit der Sonne entgegen gepflanzt, in jedem Fall jedoch mit der Wachstumsspitze immer voneinander weg. Das Rhizom darf nur knapp mit Erde bedeckt werden. Wichtig ist das Einkürzen der Wurzeln und Blätter, wobei die Blattfächer auf ein Drittel zurückgeschnitten werden. Übrigens können diese in jedem Sommer zurückgeschnitten werden, sobald die Rhizome ausgereift sind und den Gartenbesitzer die vergilbenden Blätter stören. Diese Staudengattung gehört übrigens neben den Lilien, den Taglilien und Funkien zu den am meisten züchterisch bearbeiteten Gattungen. Man zählt weltweit ungefähr 70 000 registrierte Bart-Iris-Sorten!

Von den Sibirischen Schwertlilien (*Iris sibirica*) existieren ebenfalls eine Menge Sorten, wenngleich bei Weitem nicht so viele wie bei den Bart-Iris. Auch die Sorten der Sibirischen Schwertlilien wachsen mit den Jahren zu eindrucksvollen Horsten heran, und Sie brauchen zunächst überhaupt nichts zu tun, außer im Frühling die vertrockneten Blütenstängel und Blätter zu entfernen und sich an diesen wunderbaren Stauden zu erfreuen. Lässt auch hier einmal das Blühen nach, werden die verkahlenden Horste im September ausgegraben und grob auseinandergeteilt. Um diese Zeit ist das Blattwerk noch grün. Mit einer Gartenschere schneidet man die Blätter auf die Hälfte zurück und kürzt auch die Wurzeln leicht ein.

Bart-Iris lassen sich sehr vielseitig verwenden. Hauptsache, der Standort ist sonnig!

Größere Storchschnabel-Flächen erfreuen uns jahrelang und lassen erst allmählich in der Blüte nach. Dann wird es Zeit, sie zu verjüngen.

Was tun, wenn der Blühreichtum nachlässt?

Storchschnabel sowie die allermeisten Begleitstauden schließen den Boden nachhaltig. Sie zu verjüngen ist erst nach vielen Jahren nötig, wenn der Blühreichtum nachlässt. In einem unserer Schaubeete hatten wir einen größeren Fleck von *Geranium × magnificum* 'Wisley Blue'. Dieser blühte jedes Jahr sehr reich und üppig, bis nach ungefähr 12 Jahren seine Stängel kürzer wurden und die Blüten kleiner. In solchen Fällen lohnt sich die Mühe, die Horste auseinanderzunehmen. Eine andere Möglichkeit wäre, alles auszugraben und zu kompostieren, die kahle Fläche mit frischem Kompost zu versehen und danach neue Stauden aus Töpfen zu pflanzen.

Ich nehme gerne *Origanum vulgare* 'Thumble's Variety' als Einfassungspolster und empfehle diesen auch gerne als sogenannte Effektbegleitstaude. Zugegeben, die hellrosa Blüten sind relativ unscheinbar, doch der leuchtendgelbe Frühlingsaustrieb verleiht jeder Pflanzung eine gewisse Note. Dieser Dost wächst schnell und ist anspruchslos an Boden und Klima. Mit ihm lässt sich nahezu alles machen. Nach der Blüte schneidet man ihn mit einer Heckenschere bodeneben zurück, was einen dichteren Durchtrieb bewirkt. So dient er über Jahre, bis seine Polster vergreisen und zwischen den kahlen Stellen Moos wächst. Dann lohnt es sich nicht, ihn aufzunehmen und zu zerlegen. Viel problemloser und schöner wachsen die neuen Exemplare heran.

Langlebige Stauden pflegen

Zu den wirklich langlebigen Stauden zählen Taglilien, Funkien und vor allem Pfingstrosen. Je länger sie an ihrem Pflanzplatz belassen werden, desto schöner und prächtiger werden sie, besonders wenn sie alle paar Jahre mit einer Portion Kompost versorgt werden. Taglilien sind bekanntlich nicht nur langlebig, sondern auch noch sehr robust. Wenn Sie einen Horst ausgraben, weil sie ihn umpflanzen wollen, ihn dann aber vergessen, dann wird er auch nach Ihrem vierwöchigen Sommerurlaub noch Lebensgeister zeigen! Dasselbe gilt auch für eine Pfingstrose, wenn diese im Herbst ausgegraben wurde, und auch mit Funkien lassen sich ähnliche Experimente durchführen.

Das Verpflanzen und Verjüngen von alten Funkien und Pfingstrosenhorsten grenzt regelrecht an Schwerstarbeit, darum sollte dies nach Möglichkeit so weit wie möglich nach hinten hinaus verschoben werden. Alteingesessene Stauden dieser Gattungen sind sehr eindrucksvoll, es dauert schließlich lange Jahre, bis sie zu solcher Üppigkeit heranwachsen. Erst wenn Ihre Pfingstrose weniger Blüten hervorbringt, die großen, gehämmerten Blätter der *Hosta* 'Blue Angel' kleiner und schwächer ausfallen und die Taglilie verhungert und nicht mehr reichlich blüht, dann ist es höchste Zeit, mit dem Spaten ranzugehen und zu verjüngen. Das kann erfahrungsgemäß zwischen 15 und 25 Jahre dauern. Doch dann macht es Sinn und dann darf es auch sein! Allerdings macht die ganze Umpflanzerei wenig Sinn, wenn Sie den Teilpflanzen anschließend zu wenig Platz zum Wachsen zugestehen. Suchen Sie nach Möglichkeit den optimalen Pflanzplatz, an dem die Stauden auch gut zur Geltung kommen. Überlegen Sie, vielleicht gefällt Ihnen die bisherige Umgebung oder Kombination nicht und in einem anderen Gartenteil tut sich eine viel harmonischere Situation auf?

Alte Funkienhorste wie hier *Hosta* 'Blue Angel' können sehr eindrucksvoll sein.

Pfingstrosen verjüngen

Pfingstrosen zerteilen und verpflanzen geschieht ausschließlich zwischen Ende September und Ende November. Sie schneiden die Stängel Ihrer Pfingstrose bodeneben ab und graben den gesamten Horst aus. Ich möchte ausdrücklich davor warnen, bei Pfingstrosenhorsten direkt einen Teil wegzustechen. Pfingstrosenaugen sind nämlich sehr empfindlich. Sie befinden sich am oberen Wurzelhals und brechen schnell ab. Deswegen ist es sinnvoll, die gesamte Staude auszugraben und mit einem scharfen Wasserstrahl auszuwaschen. So bekommt man einen ersten Überblick über das Wurzelsystem und die Verteilung der Augen. Dann erst kann mit einer Baumschulhippe, einer Baumschulschere oder einem scharfen Messer der Horst in mehrere Teile zerlegt werden. Ich warne hier vor allzu großer Feinchirurgie, die nur zu weiteren Schäden führt. Ein zu schwaches Teilstück braucht wesentlich länger bis zur Blüte als ein etwas stärkeres Teil. Manche Gärtnereien versenden Pfingstrosen in losem, wurzelnacktem Zustand und ausschließlich im Herbst, andere bieten getopfte Ware an.

Päonien nicht zu tief setzen

Bei der Neu- oder Verpflanzung von Pfingstrosen ist das Allerwichtigste, die Teilstücke ja nie zu tief zu setzen. Ihre Augen sollten maximal 3 cm mit Erde überdeckt sein, daher lieber zu flach als zu tief setzen! Eine zu tief gesetzte Päonie braucht viele Jahre, um nach oben zu wachsen: In dieser Zeit blüht sie nicht, da sie all ihre Kraft in ihr Wurzelsystem legen muss, um nach oben zu wachsen.

Die Sensiblen unter den Stauden

Manche Stauden reagieren sehr empfindlich auf jegliches Umpflanzen. Dies gilt vor allem für ältere Exemplare von Stauden, die eine lange Pfahlwurzel ausbilden. Hierzu zählen viele Doldenblütler

Pfingstrosen altern zwar sehr langsam, brauchen aber einige Jahre, um zur vollen Schönheit zu gelangen.

Palmlilien sollte man nur selten verpflanzen. Erst dann erfreuen sie uns mit ungeahnter Blütenfülle.

(Apiaceae). Bei ihnen ist Überlegen angesagt, denn vorschnelles Handeln ist oft kontraproduktiv. Wenn ein Verpflanzen trotzdem unumgänglich erscheint, können Sie beispielsweise einen älteren Haarstrang (*Peucedanum*) mit einem großen Ballen ausstechen und quasi en bloc versetzen. Auch mit Amsonien (*Amsonia*) können Sie auf diese Weise verfahren. Viele der verholzenden, halbstrauchig wachsenden Pflanzen wie Sonnenröschen (*Helianthemum*) und Schleifenblume (*Iberis*) oder etliche Polsterstauden lassen sich im Alter nur schlecht oder überhaupt nicht mehr verpflanzen. Ein starker Rückschnitt erleichtert zumindest ein Anwachsen bei Sorten, die man nicht verlieren möchte. Solche Arten aus den Bergen des Mittelmeerraumes verpflanzt man aber tunlichst lieber im zeitigen Frühjahr als im Herbst. Und viele Polsterstauden pflanzt man am besten mithilfe neu erworbener Exemplare, da ältere, bereits vergreiste Polster sich nur schwer verpflanzen lassen.

Auch ältere Palmlilien (*Yucca*) reagieren verschnupft auf Verpflanzaktionen, wenn man nicht vorsichtig arbeitet und mit dem Spaten kein ausreichend großer Ballen gestochen wird. Eine Palmlilie, die in die Jahre gekommen ist und keine reiche Blüte mehr hervorbringt, sollte besser vorsichtig zerlegt werden. Teilstücke wachsen in diesem speziellen Fall wesentlich leichter an als eine riesige Einzelpflanze. Ganz ideal wäre es, wenn Sie die Teilstücke für die erste Zeit eintopfen. Diese Art Vorkultur bewirkt, dass sich gesundes Wurzelwerk und mit der Zeit ein Wurzelballen bildet – so wächst Ihnen jede Pflanze an! Schattenstauden wie Salomonssiegel (*Polygonatum*), Schattenblume (*Smilacina*) und viele andere Schätze haben die Eigenschaft, zunächst immer größer und schöner zu werden, um dann nach Jahren ihr Optimum erreicht zu haben. Auch einige Orchideenarten wie den Frauenschuh darf man hierzu zählen. Nach langer Zeit bauen die Horste dann ab und wachsen quasi rückwärts, wenn sie nicht rechtzeitig verpflanzt werden. Sehr alte Bestände des Busch-Windröschens lassen ebenfalls mit dem Blühen nach. Ein Zerteilen alter Horste nach vielen Jahren regt stets neues Wachstum und wieder reicheres Blühen an.

Aber alles mit Maß und Ziel und einer Portion Gefühl, denn nichts ist im Garten eindrucksvoller als eine eingewachsene Staudenkombination, die Jahr für Jahr ihren Besitzer erfreut!

Unkraut, tatsächlich kein Problem?

Unkraut darf nicht zum Problem ausarten. Niemals!
Das ist jedoch viel leichter gesagt als getan. Richtige Pflege und
die intelligente Zusammenstellung von Stauden hilft uns dabei,
längerfristig Arbeit einzusparen.

Was verstehen wir unter Unkraut?

Zählt generell alles zu Unkräutern, was für uns unerwünscht das freie Terrain erobert, das wir unseren edlen Gartenpflanzen zugedacht haben? Oder sind nicht doch einige kontrolliert wachsende Exemplare des vermehrungsfreudigen Ruprechtskrauts (*Geranium robertianum*) erwünscht, sodass wir statt Unkraut in diesem Fall auch „zahmes Beikraut" sagen könnten? Welche Grenze setzen wir uns?

Ruprechtskraut kann am richtigen Ort sehr hübsch wirken.

Unterscheiden müssen wir zwischen lästigen, hübschen, aggressiven, lieblichen und vermehrungsfreudigen, einjährigen und ausdauernden Unkräutern. In jedem Fall dienen einige Arten als Zeigerpflanzen, die uns darauf hinweisen, in welchem Zustand sich unser Boden befindet. Verheerend wirken sich Unkräuter in der Regel erst dann aus, wenn die Bodenkrume nicht von anderen Pflanzen bedeckt ist. Dieses Naturgesetz sollten wir uns immer vor Augen halten: In der Natur wird stets jegliche Bodenkrume durch Pflanzenwuchs bedeckt, es sei denn, es handelt sich um unfruchtbaren Wüstensand. Übertragen auf unsere Gartenkultur bedeutet dies, dass wir einen geschlossenen Bewuchs des Bodens durch unsere Gartenpflanzen erreichen sollten – oder aber verbliebene freie Stellen durch eine Mulchschicht bedecken. Letzteres sollte aber die zweitrangige Lösung sein.

Gegen Unkraut vorgehen

Tatsache ist, dass wir einem idealen Pflegezustand im Garten durchaus nahekommen können. Tatsache ist auch, dass einige Unkräuter in der Natur eine Funktion besitzen, sei es für die Tierwelt oder als Pionierpflanze. Leider laufen in der Realität die Dinge oft ganz anders. Es fehlt uns die Zeit und die Muße, denn wer jätet denn schon gerne? Halt – ich kenne durchaus Gartenbesitzer, für die das tägliche Jäten geradezu zu einer meditativen Beschäftigung geworden ist. Ein in der Vorstellung völlig „cleaner" Garten ist ebenfalls unnatürlich und wohl auf Dauer auch gar nicht möglich. Hier gilt es, das richtige Augenmaß zu besitzen und im richtigen Augenblick das Richtige zu tun. Sinnvolles Unkrautmanagement will gelernt sein. Auf eine Bekämpfung mit chemischen Mitteln verzichten wir im eigenen Garten. Also bleiben eigentlich nur zwei Möglichkeiten: das Abflammen durch Hitze und das manuelle Jäten. Das Abflammen, also das Verbrennen der Unkräuter, kann lediglich auf Wegen und Plätzen erfolgen und ist in einer Pflanzung unrealistisch.

Wann wäre aber der ideale Zeitpunkt, alles einjährige Unkraut zu entfernen, das in Rosettenform oberirdisch überwintert? Am besten in der kalten Jahreszeit, wenn kein Schnee liegt, wir gerade keinen Dauerfrost verzeichnen und man an einem schönen Tag Lust und Muße besitzt, sich dieser Arbeit zu widmen. Jetzt werden Sie denken, das darf doch nicht wahr sein, jäten ja, aber wenn schon, dann an einem Sommertag – aber im Oktober oder März? So ist es aber. Denn man hält es gar nicht für möglich, wie viele Unkräuter Überwinterungsformen bilden und uns in der kommenden, warmen Saison lästig werden. In der kühlen Jahreszeit können viele Arten auf diese Weise mühelos eliminiert werden. Denken Sie stets daran: Was Sie an einem sonnigen Märztag schaffen, das bleibt Ihnen später in hundertfacher Weise erspart.

Ein Paradebeispiel dafür sind die einjährigen Weidenröschen, welche sich durch eine Unzahl von Samen in Windeseile in alle Himmelsrichtungen verbreiten, wenn man nicht rechtzeitig dagegenhält. Oder denken Sie an das äußerst lästige Einjährige Rispengras (*Poa annua*), das sich im Nu nicht nur in Beeten, sondern auch in Plattenfugen breitmacht, wenn man es nicht im zeitigen Frühjahr im ruhenden Zustand entfernt.

Das überwinternde, rosettenartig wachsende Schaumkraut (*Cardamine hirsuta*) wird besonders gefürchtet, ist aber halb so schlimm, wenn Sie es im März noch vor der Blüte auszupfen. Ein typisches Unkraut unserer Gärten ist auch das Gewöhnliche Greiskraut (*Senecio vulgaris*). Eine einzige Pflanze kann eine tausendfache Nachkommenschaft entwickeln – Ähnliches finden wir beim Knäuelkraut, der Milchdistel und vielen anderen mehr.

Eingewachsene Polsterstauden lassen selbst in Plattenbelägen kaum Unkraut aufkommen.

Richtig Unkraut jäten

Wie lässt sich richtig jäten? Wichtig ist, dass Sie nicht gleich das ganze Beet mit der Hacke regelrecht umpflügen, sondern dass Sie einjährige Unkräuter auszupfen und ausdauernde Unkräuter wie den Löwenzahn (*Taraxacum officinale*) mit dem Wurzelstecher entfernen oder Giersch (*Aegopodium podagraria*) mit dem Spaten ausgraben. Die Methode des Hackens wenden Sie in Ihrem Gemüsegarten an, im Staudengarten hat die Hacke nach Möglichkeit nichts verloren! Jegliches Stören der Bodenkrume bedeutet nur, dass Licht und Luft an die im Boden verbliebenen Unkrautsamen gelangen und so ein neuer Kreislauf der Vermehrung beginnt. Es sei denn, Sie wollen entsprechende Stauden aus Selbstaussaat in Ihrer Vermehrung zulassen.

Beim Unkraut jäten im Sommer können Sie das ausgerissene Unkraut auf dem Beet belassen, wenn es sich nicht um Unmengen handelt und solange sich noch keine keimfähigen Samen daran befinden. Hier verdorrt es sofort. Wesentlich besser wäre es natürlich, das Unkraut rechtzeitig zu kompostieren. Falls schon reifer Samen an den Unkräutern zu finden ist, müssen Sie diese in der Mitte des Komposthaufens vergraben. Dort ist die Hitzeentwicklung am größten und die Unkrautsamen werden ihrer Keimfähigkeit beraubt. Eine Zeigerpflanze für einen sehr guten, fruchtbaren und krümeligen Humusboden ist die Vogelmiere, in Süddeutschland und Österreich auch Hühnerdarm genannt. Sie ist zwar lästig, aber ihr ist leicht beizukommen, sofern man schnell ist und sie nicht uferlos wachsen lässt. Oft genügt es, kurz nach ihrer Keimphase mit den bloßen Händen die Erdoberfläche aufzureißen, damit die Sämlinge von der Wurzel gerissen und so am Weiterwachsen gehindert werden.

Stärkender Schachtelhalm

Den abgerissenen Schachtelhalm können Sie zusammen mit Beinwellblättern zu einer Brühe ansetzen. Der üble Geruch lässt sich durch Zugabe von Steinmehl erheblich mildern. Anschließend besitzen Sie ein hervorragendes Pflanzenstärkungsmittel, das noch dazu hilft, Pilzkrankheiten vorzubeugen. Besonders im Gemüsegarten ist es ein Hausmittel allererster Güte, was in unregelmäßigen Abständen angewandt werden kann.

Auch die Verkaufs- und Anzuchtsquartiere wollen von aufkommendem Unkraut befreit werden.

Die gefürchtetsten Unkräuter

Zu den gefürchtetsten Unkräutern gehören neuerdings die immer stärker auftretende einjährige Hirse (*Panicum miliaceum* subsp. *ruderale*) sowie die Hühnerhirse (*Echinochloa crus-galli*). Besonders letztere legt in der warmen Jahreszeit ein geradezu unglaublich rasantes Wachstum an den Tag. Sie ist normalerweise ein Ackerunkraut, macht aber vor den Gärten nicht halt. Sofortiges Handeln ist unerlässlich, da Formen existieren, die andere Pflanzen extrem verdrängen können. Außerdem verhindert sofortiges und rechtzeitiges Ausreißen eine weitere Ausbreitung, denn der Samen ist sehr bald keimfähig und fällt oft schon in grünem Zustand aus. Und auch bei der Hirse ist die Vermehrungsrate extrem hoch. Zu ihrer Bekämpfung müssen Sie ein scharfes Messer zur Hand nehmen oder eine stabile Hacke, denn der Hirse ist mit Zupfen nur sehr schwer beizukommen.

Schlimm steht es für die Stellen im Garten, an denen sich der Schachtelhalm breitgemacht hat. Meist handelt es sich um den Acker-Schachtelhalm (*Equisetum arvense*). Er ist eine Zeigerpflanze für verdichteten, meist lehmigen Unterboden. Theoretisch hilft ein saisonales Abdecken der Fläche mit schwarzer Folie, was aber aus verschiedenen Gründen nur selten praktiziert wird. Ich habe gute Erfahrungen mit ständig wiederholtem Abreißen gemacht, sobald der Schachtelhalm wieder ausgetrieben hatte. Irgendwann einmal gibt auch der hartnäckigste Schachtelhalm auf, da er für sein Wachstum assimilieren muss – und wenn ihm dies nicht vergönnt wird, schwächelt er. Manche schwören auf Kalkgaben, was aber nur bedingt hilft. Eines der von mir gefürchteten Unkräuter ist die Ackerwinde. Hier hilft nur konsequentes Ausgraben, nach Möglichkeit schon bald während des Austriebes. Jedes noch so kleine Wurzelstückchen wächst wieder an und windet sich zwischen unseren Rittersporen empor. Nichts ist lästiger, als im Frühsommer unsere geliebten Stauden davon zu befreien! In Kiesbeeten und in Steingärten können sich mit der Zeit auch dann Unkräuter breitmachen, wenn eine Kiesauflage mit Feinanteil aufgebracht wurde. Meist aber lassen sich einjährige Unkräuter relativ problemlos beseitigen. Wenn schon eine Selbstaussaat stattgefunden hat, ist es zu spät – und ein Jätegang wird zur ausgesprochenen Sisyphusarbeit.

Ebenfalls kann sich auf Kalksteinen sowie Kalksintersteinen an beschatteten Stellen Lebermoos ausbreiten. Es hat die Veranlagung, sich wie Farne über Sporen zu vermehren, und kann in ungünstigen Fällen mit seinem Filz viele unserer zarten hochalpinen Schätze ersticken.

Wie schon mehrfach erwähnt, hilft gegen einjährige Unkräuter in den Staudenbeeten eine jährlich konsequent aufgetragene Mulchschicht. Entweder aus angerotteter Rinde, oder Sie verwenden dafür den ständig anfallenden Rasenschnitt. Diesen sollten Sie aber behutsam ausstreuen, denn nur so können ihn die Regenwürmer auch verarbeiten. Zu dick aufgetragener Rasenschnitt stört durch seinen Fäulnisgeruch und verrottet deshalb auch nur schwer, abgesehen von dem mangelnden ästhetischen Bild. Bei zu dick aufgetragener Rinde haben Wühlmäuse paradiesische Zustände. Also alles mit Maß und Ziel, mit viel Gefühl!

Der Schachtelhalm zählt zu den gefürchteten Unkräutern.

Mulchen mit Laub

In den Lebensbereichen *„Gehölz"* und *„Gehölzrand"* empfehle ich Ihnen, das im Herbst anfallende Laub herauszurechen und auf dem Rasen auszubreiten. Anschließend fährt man mit dem Rasenmäher darüber und zerkleinert es auf diese Weise. So kommt man relativ bequem zu billigem Mulchmaterial, das noch dazu mit den Jahren zu wertvollem Dauerhumus wird.

Ein paar Vermehrungskniffe

Stauden vermehren ist Profisache, so könnte man meinen, wenn man sich das riesige Sortiment besieht. Und manch einer kapituliert auch sogleich davor. Stauden zum optimalen Zeitpunkt zu vermehren und dabei nichts unberücksichtigt zu lassen, ist tatsächlich eine große Aufgabe und sollte auch in professionellen Händen bleiben.

Aus einem mach viele

Nichtsdestotrotz können Sie als Hobbygärtner ein kleines Quantum an Stauden für Ihre Nachzucht auch selbst vermehren. Hierbei geht es nicht in erster Linie darum, Geld einzusparen, sondern es reizt die Freude, die man an dieser speziellen Arbeit entwickelt. Manche Kollegen meinen zwar, als Gärtner solle man doch nicht auch noch den letzten Trick preisgeben, dies würde doch gegen das eigene Geschäft laufen. Ich glaube hingegen, der eigene Erfolg macht neugierig und damit Lust auf mehr. Und dann sind wir Staudengärtner wieder gefordert, neue Arten und Sorten auf den Markt zu bringen.

Die Vermehrung unserer Stauden erfolgt durch generative Vermehrung, also die Vermehrung durch Aussaat, oder durch die vegetative Vermehrung, also die Vermehrung durch Pflanzenteile. Letztere teilt sich auf in die Stockteilung, die Vermehrung durch Kopf- und Teilstecklinge oder Rhizom- und Wurzelschnittlinge. Dazu existieren die verschiedensten Tricks und Möglichkeiten einer Sonderbehandlung, oft sehr artspezifisch oder der jeweiligen Gegebenheit der Gärtnerei und ihrer Vermehrungstradition angepasst. Damit werden Sie sich als Hobbygärtner wohl kaum intensiver auseinandersetzen wollen – doch einige praxisübliche Vermehrungskniffe lassen sich gut selbst ausprobieren.

Lenzrosen lassen sich durch Aussaat und durch Stockteilung vermehren.

Ausschließlich über Samen werden die Küchenschellen (*Pulsatilla*) vermehrt.

Durch Samen vermehren

Viele Gartenbesitzer und Hobbygärtner glauben tatsächlich immer noch, die meisten Staudensorten würden aus Samen vermehrt – dies ginge ja so einfach und sei von jedermann zu bewerkstelligen. Stimmt, die Aussaat wäre an und für sich die leichteste Methode, aber zahlreiche Staudensorten dürfen gar nicht durch Aussaat vermehrt werden, da es sich um geklonte Namenssorten handelt, die vegetativ weitervermehrt werden müssen. Bei solchen Sorten würde eine Aussaat zu einem bunten Farbgemisch führen und die Nachkommen hätten mit der Ausgangssorte nichts mehr gemein. Nur durchgezüchtete F1-Samensorten mit einer geringen Variabilitätsbreite können durch Aussaat vermehrt werden, diese sind aber nur in geringem Umfang vertreten. Durch Aussaat werden in allererster Linie reine Arten vermehrt, beispielsweise Pfingstrosen-Wildarten oder Arten der Gattung *Primula*. Allerdings gibt es auch Gartenstauden, die ausschließlich durch Aussaat vermehrt werden können, hierzu zählen die Akeleien (*Aquilegia*) mit ihrem umfangreichen Sortengemisch. Bei anderen Stauden wie bei den Lenzrosen-Hybriden (*Helleborus*) ist die Aussaat die bequemste Methode der Vermehrung, wenn sich auch ein Farbgemisch ergibt, aus dem später die besten Typen herausselektiert werden müssen. Erst nach einigen Generationen entsteht ein einigermaßen homogen erscheinender Strain.

Hybridzüchtungen und samenfeste Sorten

Bei dem mit F1 gekennzeichnetem Samengut handelt es sich um Hybrid-Züchtungen, die nicht samenfest sind. F1 meint die Kreuzung in erster Generation. D.h. man kreuzt zwei Sorten – und bei sortenreinen Eltern erhält man zunächst auch einheitliche Nachkommen. Vermehrt man jedoch diese Pflanzen durch Aussaat weiter, kommt es in der nächsten Generation zur größtmöglichen genetischen Aufspaltung.

Der richtige Zeitpunkt entscheidet

Die Aussaattechnik, der richtige Zeitpunkt, die optimale Samenreife, die Keimtemperatur etc. – all das ist eine eigene Wissenschaft, die viel Erfahrung und Know-how erfordert. Es geht mir hier nicht darum, dies alles bis ins kleinste Detail zu erläutern. Jeder von Ihnen kann mit der Aussaat auch in kleinem Rahmen Erfolg haben. Und da spielt besonders ein Faktor die alles entscheidende Rolle: die Frische des Samens. Hier ist jeder Tag kostbar, denn die beste Methode für eine hundertprozentige Keimung ist eine möglichst baldige Aussaat. Wenn Sie beispielsweise von einer Freundin frisch geernteten Samen vom Winterling (*Eranthis hyemalis*) bekommen, dann säen sie diesen sofort breitwürfig an Ort und Stelle im Halbschatten etwa unter Haselsträuchern aus. Dies ist eine sehr praktikable Möglichkeit, denn ein Vorkultivieren in Gefäßen wäre für einen Hobbygärtner sehr aufwändig und oft vergebliche Liebesmühe. Auch mit Akeleien, mit dem kurzlebigen Klatsch-Mohn (*Papaver rhoeas*) und einigen anderen Stauden können Sie auf diese Weise verfahren und säen direkt in Lücken ins Beet. Für die meisten Stauden, die durch Aussaat vermehrt werden, sollten Sie allerdings Aussaatgefäße wie Schalen, Töpfe oder Kistchen nehmen. Viele Staudenliebhaber sind Mitglied bei der Gesellschaft der Staudenfreunde (GdS) oder einer anderen internationalen Gesellschaft. Hier findet jährlich eine Samentauschaktion statt: Die zugesandten Samenportionen sind meist sehr klein, aber für den Eigengebrauch ausreichend. Auch deswegen bieten sich Töpfe zur Aussaat an. Die Samen der Pflanzenliebhabergesellschaften kommen meist Ende des Jahres oder im Laufe des Winters. Höchste Zeit, dass die Samen unter die Erde kommen! Die selbst geernteten Samen können Sie dagegen schon im Laufe des Herbstes aussäen.

In die Erde bringen

Die Aussaaterde sollte möglichst von magerer, nährstoffarmer Beschaffenheit sein, nehmen Sie also keinen Kompost und keine Topferde. Am besten eignet sich handelsübliche Kakteenerde oder TKS 1, welche zusätzlich mit feinem Sand abgemagert wird. Die Aussaatgefäße können größere Blumentöpfe sein, aber auch Schalen aus Plastik. Die Oberfläche sollte vor der Aussaat mit einem Brettchen ebengeklopft werden. Der eigentliche Vorgang der Aussaat erfordert einiges an Umsicht. Je feiner der Samen, umso sorgfältiger muss bei der Aussaat gearbeitet werden. Am besten faltet man sich ein Blatt Papier, ähnlich wie die Kinder früher einen Flieger falteten, und bringt so den Samen durch langsame Schwingungen auf die Oberfläche aus. Mit einem feinmaschigen Sieb wird dann der ausgesäte Samen mit Erde abgedeckt – aber nur, wenn es sich um Dunkelkeimer handelt. Die Faustregel lautet: So dick, wie der Samen ist, soviel Aussaaterde sollte aufgesiebt werden. Bei staubfeinen Samen erspart man sich das Abdecken. Wir unterscheiden zwischen Kaltkeimern, Dunkelkeimern, Lichtkeimern und Schwerkeimern. Kaltkeimer benötigen nach der Aussaat einige Wochen Kälte, aber nicht unbedingt Frost, um keimhemmende Hormone abzubauen. Wenn die Aussaatgefäße in einem kalten Frühbeetkasten aufgestellt

Winterlinge (*Eranthis hyemalis*) sät man am besten an Ort und Stelle im Garten aus.

Aussaatgefäße können unterschiedlich groß sein, wobei sich viereckige Töpfe platzsparender aufstellen lassen.

werden, erfahren sie automatisch die Kühlphase, die sie benötigen und keimen im Laufe des Frühjahres. Über den Winter werden die Saatgefäße mit Glasfenstern abgedeckt. Diese Methode ist meiner Erfahrung nach wesentlich besser als die Aufzucht in einem viel zu warmen Gewächshaus.
Als Dunkelkeimer werden die meisten unserer Stauden bezeichnet, Lichtkeimer (beispielsweise Glockenblumen) sollten nicht mit Substrat abgedeckt werden. Zu Schwerkeimern zählen solche Stauden, die nicht alle auf einmal keimen, sondern erst nach und nach. Das hat die Natur so vorgesehen, um bei einer Art auf längere Sicht den Bestand zu erhalten. Daher sollten Sie bei Pfingstrosen oder einigen Hahnenfußgewächsen niemals die Aussaatgefäße nach einer Keimung ausleeren, sondern besser auch die kommenden Jahre beobachten. Es kann durchaus sein, dass bei länger gelagertem Samen der Keimungsprozess erst nach einem oder sogar erst nach zwei Jahren erfolgt. Man wird also Geduld aufbringen müssen! Das Moos, das sich auf der Oberfläche entwickelt, sollten Sie hin und wieder entfernen.

> Probieren Sie ruhig die Aussaat: Es lohnt sich, denn nirgends sieht man der Natur mehr über die Schulter!

Jungpflanzen aufziehen

Nach erfolgter Keimung gibt es zwei Möglichkeiten, die Jungpflanzen weiterzukultivieren. Falls Sie jede einzelne Jungpflanze aufziehen möchten, also größere Mengen benötigen, dann rate ich Ihnen zum Pikieren. Pikieren bedeutet, die Pflänzchen zu vereinzeln. Dadurch kräftigen sie sich und bilden neue, dichtere Wurzelmasse. Das Pikieren ist eine reine Sisyphusarbeit und erfordert viel Fingerspitzengefühl. Man nehme ein Holzstäbchen, mit dem man die Sämlinge aus dem Aussaatgefäß heraushebt und nebeneinander mit geringem Abstand in Kisten, Schalen oder Multitopfplatten versetzt. Sollten von irgendeiner Art nur wenige Exemplare keimen und diese schon kräftiger gewachsen sein, so können diese auch sofort in kleinere Töpfe getopft werden. Die pikierten Jungpflanzen können nach Belieben zu einem späteren Zeitpunkt getopft werden. Meist benötigt man für den „Hausgebrauch" ohnehin nur einige Exemplare, allerhöchstens ein wenig mehr, wenn Sie Mitbringsel bei Gartenbesuchen brauchen.

Teilen oder durch Stecklinge vermehren

Teilung ist die gebräuchlichste Art, Stauden zu vermehren, besonders wenn diese einen horstigen Wuchs aufweisen und schon etwas in die Jahre gekommen sind. Bestes Beispiel stellen für mich die Prachtspieren (*Astilbe*) dar. Die Teilung kann sowohl im Frühjahr als auch im Herbst erfolgen. Größere Teilstücke werden gleich wieder gepflanzt, kleinere Stücke können auch getopft und zu einem späteren Zeitpunkt an die richtige Stelle im Beet gepflanzt werden.

Ebenso lassen sich Stauden leicht aus Stecklingen vermehren. Klassisches Beispiel sind die Herbst-Chrysanthemen, an denen sich jeder blutige Anfänger versuchen kann. Haben Sie damit Erfolg, gelingen Ihnen sicher auch Bartfaden, Astern und vieles andere mehr. Normalerweise reichen einige Stecklinge, die gemeinsam sofort in Töpfe gesteckt zum Bewurzeln gebracht werden. Die hierfür gespannte, hohe Luftfeuchtigkeit erreicht man durch das Aufstellen der Töpfe in einem alten

Durch Teilung in einzelne Rosetten lassen sich Hauswurz (*Sempervivum*) kinderleicht vermehren.

Aquarium oder aber an der Fensterbank mit einer darübergestülpten Plastikhaube oder einem Einmachglas. Sie können Ihre Stecklinge auch direkt in den Boden eines Frühbeetkastens stecken, angießen und anschließend ein Frühbeetfenster darüberlegen. In alten und meist nur noch antiquarisch erhältlichen Gartenbüchern findet man übrigens eine Menge einfallsreicher Tricks zur Vermehrung von Zierpflanzen und Stauden. Diese sind heute für den Erwerbsgärtner zwar nicht mehr gebräuchlich, aber führen für den Hobbygebrauch durchaus zu hervorragenden Ergebnissen.

Kinderleicht ist das Vermehren von Hauswurzen (*Sempervivum*), im wahrsten Sinne des Wortes – denn wenn eine Staude geeignet für Kinder ist, dann sind es die Dachwurzen. Ich finde, wir haben geradezu eine Verpflichtung, unsere Kinder für die Natur und den Garten zu begeistern. Bei uns geht kein Kind aus der Gärtnerei, ohne zum Abschied eine Hauswurz geschenkt bekommen zu haben. Das Allerwichtigste bei der Stecklingsvermehrung ist jedoch der richtige Zeitpunkt, wann die Stecklinge geschnitten werden. Und dieser Zeitpunkt differiert ganz enorm. Alle krautigen Stecklinge sollten butterweich sein, denn je härter sie sind, desto schwerer wachsen sie an. Der Hauptzeitpunkt dafür ist der Frühling, etwa zwischen April und Juni. Gehölzstecklinge werden meist nach der Sonnenwende im Sommer geschnitten, wenn sie von halbharter Statur sind. Stecklinge von Steingartenstauden und Zwergsträuchern können auch im Spätherbst oder Winter geschnitten und gesteckt werden. Beachten Sie dabei aber, dass Stecklinge mit Knospenansatz nur schlecht anwachsen.

Selbst vermehrte Stauden sollten alsbald ihren endgültigen Platz im Garten bekommen, denn im Topf werden sie nicht besser, sondern wachsen mit der Zeit regelrecht „rückwärts" und können so den nächsten Winter nicht überstehen. Um sie nicht verhungern zu lassen, sollten Sie sie wenigstens umtopfen, wenn es noch keinen passenden Standort gibt.

Mit keiner Staude lassen sich so unterschiedliche Arrangements gestalten wie mit *Sempervivum*-Sorten.

Probieren Sie es selbst aus: Schon mancher bekannte Gartenschriftsteller und viele Hobbygärtner mit umfangreichen Sammlungen haben mit dem Vermehren einer einzigen Hauswurz begonnen, die sie einst von einer Wanderung mitbrachten.

GANZ PERSÖNLICHE LIEBLINGSSTAUDEN

Lieblingsstauden müssen bekanntlich nicht immer der „neueste Schrei" sein, sondern es sind vor allem Weggefährten, die nie enttäuschen oder anderweitig auf sich aufmerksam machen. Dabei hat wohl jeder seine ganz besonderen Vorlieben. Lieblingsstauden können auch Stauden mit besonderem Charakter sein, deren Erscheinung uns jedes Mal von neuem begeistert. Sie begleiten auf ganz persönliche Weise durch das Gartenjahr!

Alpine und Steingartenstauden

Ein äußerst gartenwürdiger Kuhtritt

Nach Professor Schwarz aus Jena benannt stellt der Kuhtritt **Wulfenia × schwarzii** wohl die gartenwürdigste Pflanze ihrer Gattung dar. Sie ist eine Hybride zwischen *W. orientalis* und *W. baldaccii*. Ihre feinen, hellblauen Blüten erscheinen im Juni sehr zahlreich an Rispen, die aus den wintergrünen Rosetten entspringen. Unbedingt sollte ihr ein halbschattiger Platz zugewiesen werden. Leicht zu erkennen ist diese Sorte auch daran, dass sie nach der Blüte Kindel (Ableger) an ihren abgeblühten Stängeln bildet. Wunderbar präsentiert sie sich vor Funkien oder zarten Elfenblumen. Eine gewisse Bodenfrische sollte ihr zugestanden werden, da bei längeren Trockenperioden die Rosetten welken.

Geheimnisvolle Prophetenblume

An dieser wundervollen Staude aus dem Kaukasus und den persischen Gebirgen scheiden sich die Geister. Die einen finden sie traumhaft, die anderen langweilig oder sie haben mit ihr im Garten nur wenig Glück. Im Aufblühen zeigen sich die schwarzen Punkte in der gelben Blütenmitte – um dann im Abblühen auf geheimnisvolle Art vollkommen zu verschwinden. Ein guter, lehmig-humoser Boden in sonniger bis halbschattiger Lage verschafft der Prophetenblume **Arnebia pulchra** ungeahnte Blütenfülle. Mit der Zeit wächst sie zu größeren Horsten heran. Ein Verpflanzen ist dann nur noch schwer möglich. Die Vermehrung der Prophetenblume ist relativ langwierig, darum wird sie immer rar bleiben.

Aus den Bergen Afghanistans

Aus dem Grenzgebiet Pakistans zu Afghanistan stammt diese kurzlebige, vollkommen winterharte Staude, die wegen ihrer unattraktiven Blüten kaum gepflanzt zu werden braucht. Ein dichtes, verästeltes Gewirr, ohne jeglicher Farbe und Form. Allein die Blattrosette weckt große Begierde, und manch einer bekommt durch ihren Anblick sogar Sehnsucht nach Reisen in ferne Länder. Auf den ersten Blick glaubt man an eine Sukkulente, ihre derben Blätter sind auf das Feinste marmoriert. In der Gartenkultur ist **Bukiniczia cabulica** eine Diva und nimmt nur mit trockenen, ostseitig gelegenen Stellen im Steingarten oder an einer Hausmauer vorlieb. Zur vollen Schönheit entfaltet sie sich dagegen im Alpinenhaus. Erst nach Jahren erscheint ihre unattraktive Blüte, nach der Blüte stirbt sie als hapaxanthe Staude vollständig ab. Für Sammler ist sie eine echte Herausforderung!

Neue Farben unter den Mittagsblumen

Mittagsblumen sollten reich blühen, vollkommen winterhart und möglichst unempfindlich sein, zumindest was Nässe und Barfrost – also Frost ohne Schnee – anbelangt. Bis vor einigen Jahren war die Auswahl noch sehr gering. Dann kamen Sorten mit neuen Farben auf, dafür war deren Winterhärte aber nicht überall befriedigend. **Delosperma** '**Fire Spinners**' erfüllte uns den Wunsch: Sie ist vollkommen winterhart und hat zudem eine sehr ansprechende, orangene Farbe. Sie sollte wie alle anderen Mittagsblumen in lehmig-sandigem Boden stehen. Volle Sonne ist für eine reiche Blüte unabdingbare Voraussetzung. Mit der Zeit wächst 'Fire Spinners' zu einem dichten Polster heran.

Die Duftnelke vom Balkan

Hier haben wir es nicht mit einer Nelkenhybride zu tun. *Dianthus plumarius* 'Ohrid' ist eine echte Feder-Nelkenauslese, die noch dazu einen unvergleichlichen, sehr intensiven Nelkenduft verströmt, wie sonst kaum eine andere Sorte. An kurzen Stängeln sitzen die rein weißen Blüten, die eher klein sind. Am besten wächst 'Ohrid' an einer trocken-heißen Stelle am Fuße einer Mauer oder im Kiesgarten. Sie wurde Ende der 1970er-Jahre in einem Privatgarten am gleichnamigen Ohrid-See in Mazedonien anlässlich einer ISU-Exkursion gefunden. Die grauen Polster sind dicht und das ganze Jahr über sehr ansehnlich, was diesen Nelkenfindling ebenfalls sehr auszeichnet.

Strahlende Schönheit aus Arizona

Seit ich Staudengärtner bin, habe ich mit dieser reizenden Kleinstaude aus Arizona zu tun und ich habe sie schätzen gelernt. *Hymenoxys scaposa* ist altbekannt und inzwischen weit verbreitet, dabei vollkommen unempfindlich, sie wächst und blüht in der Regel problemlos. Ihre flachen, bis zu 4 cm breiten, gelben Asternblüten erscheinen einzeln, normalerweise im Mai, die lanzettlichen Blättchen sind rosettenartig angeordnet und leicht behaart. Mit der Zeit wächst sie zu einem dichten Teppich heran. Ein trockener Standort in lehmig-sandigem Boden in voller Sonne sagt ihr am meisten zu. Nur leider hat sie keinen deutschen Namen!

Das albanische Seifenkraut

Eines Tages bekam ich von Sigurd Lock, dem ehemaligen Stadtgartendirektor von Linz, ein babyrosa blühendes Seifenkraut geschenkt, das er noch unter dem Synonym *Saponaria hausknechtii* führte. Mir fiel die geradezu unglaubliche Reichblütigkeit auf, die sich während des Sommers noch steigerte, wenn man das Polster nach der ersten Blüte leicht zurückschnitt. Sie resultiert aus der Tatsache, dass wir es hier mit einem sterilen Klon zu tun haben und keinerlei Samen produziert werden. Eine einzelne ausgewachsene Pflanze kann einen Durchmesser bis zu 1 m erreichen. Beste Verwendungsmöglichkeit ist ein Kiesbeet oder eine Trockenmauer, über welche *Saponaria sicula* var. *intermedia* 'Sigurd' kaskadenartig wächst.

Ein Ziest für trockenste Standorte

Das erste Mal sah ich den Lavendelblättrigen Ziest in der Osttürkei, später dann im Iran. Immer an felsigen, sonnendurchglühten Stellen. Mit seinen dünnen Trieben ist dieser Ziest imstande, ganze Schotterkare zu durchziehen. Man hält es kaum für möglich, dass ein solcher Trocken- und Hungerkünstler fähig ist, auch im „gesättigten" Garten Mitteleuropas Fuß zu fassen. Die graugrünen, leicht behaarten Blätter von **Stachys lavandulifolia** fallen kaum auf, aber die rosaroten Blütenstände im späten Frühling dagegen sehr wohl. Eine wunderbare Staude, die dichte Teppiche bildet und besonders schön an südöstlich gelegenen Steinpartien oder Hauswänden gedeiht.

Der König unter den Steinbrecharten

Wer je einmal den Pyrenäen-Steinbrech am Naturstandort in den Hohen Pyrenäen sah, wird ihn besitzen wollen! Seine runden Rosetten mit den dünnen langen, kalkkrustigen Blättern können bis zu 30 cm im Durchmesser erreichen und so zu einem ausgesprochenen Blickfang im Steingarten oder Trog werden. **Saxifraga longifolia** ist in der Gartenkultur eigentlich sehr leicht zu halten, dagegen aber recht langwierig in seiner Aufzucht. Der cremeweiße Blütenschweif ist sehr imposant und erscheint erst nach vielen Jahren, jedoch stirbt die Pflanze nach der Blüte ab, ohne Kindel zu bilden. So ist eine Aufzucht nur über Samen möglich.

Halbschattenstauden

Vielfalt der Busch Windröschen

Von den Busch-Windröschen existiert mittlerweile eine stattliche Auswahl an Sorten. Stellvertretend für viele einfachblühende Sorten möchte ich Ihnen hier 'Rotkäppchen' vorstellen. Dr. Konrad Näser aus Potsdam, langjähriger Zuchtleiter von Karl Foerster, fand sie in seinem Garten. Das Besondere an dieser weißlich bis hellrosa blühenden Auslese ist ihre extrem auffällige, dunkelweinrote Verfärbung der rückseitigen Blütenblätter, wenn die Blüten geschlossen sind. Mit der Zeit bildet **Anemone nemorosa** 'Rotkäppchen' herrlich breite Horste.

Nicht nur für trockenen Schatten

Wer einen Dauerblüher für den trockenen Schatten benötigt, sollte auch an das Goldkörbchen denken. **Chrysogonum virginianum** '**Andre Viette**' kann an jede beliebige Stelle im Schattengarten gepflanzt werden. Die goldgelben Blüten erscheinen über einen langen Zeitraum. Die Sorte 'Andre Viette' ist nach einem Staudengärtnerkollegen in den USA benannt und zeichnet sich gegenüber der reinen Art durch einen flacheren Wuchs und größere Einzelblüten aus. Hübsch ist auch ihr dunkelfrischgrünes Blattwerk. Mehrere Exemplare zusammengepflanzt bilden sehr rasch einen schönen Teppich, der lange Jahre Freude bereitet.

Zeitlose im Herbst

Mir ist immer leid um diese prachtvollen Zwiebelstauden, wenn ich höre, die Herbst-Zeitlosen seien zwar wunderschön, aber doch giftig. Stimmt, sie sind sogar hochgiftig, aber im Garten wird man sie kaum mit dem Bärlauch verwechseln. Pflanzt man sie im Vordergrund eines Beetes zwischen andere Stauden und lässt ihnen einige Jahre Zeit, wird man mit prachtvollen Horsten belohnt. **Colchicum** '**Nancy Lindsay**' steht stellvertretend für eine ganze Reihe an Sorten. Sie alle wollen einen kräftigen Gartenboden, der nicht zu trocken sein sollte.

Blauer Lerchensporn des Schattens

Die Gattung der Lerchensporne bietet uns so manche Überraschung für vielerlei Plätze des Gartens. Bald nach der Öffnung Chinas sandten Pflanzensammler auch einige blau blühende Arten nach Europa. Während viele dieser Juwele sich schwierig in der Kultur erwiesen und sich höchstens im Alpinenhaus auf Dauer hielten, stellten sich *Corydalis elata* und deren Hybriden nicht nur als wüchsiger heraus, sondern auch als im Garten wesentlich unempfindlicher und somit gartenwürdiger. Zudem kommt, dass sie gegenüber *C. flexuosa* sommergrün und außerdem wesentlich ausdauernder sind. Humoser Boden im Halbschatten ist Voraussetzung für ein gutes Gedeihen. *Corydalis* 'Craighton Blue' ist eine der Sorten und überzeugt mit einer leuchtend azurblauen Blütenfarbe.

Gefingerter Lerchensporn – fast aufdringlich gefärbt

Diese orangerote Sorte wurde ursprünglich in Siebenbürgen gesammelt. Sie ist nur ein Beispiel für die breite Farbpalette. Pflanzt man diesen Gefingerten Lerchensporn zwischen andere Frühlingsblüher wie *Cyclamen und Helleborus* und lässt ihn sich aussäen, kommen nach und nach immer mehr hellrote, orange und sogar dunkelrote Exemplare auf, wenngleich es sich hierbei natürlich nicht mehr um den echten 'George Baker' handelt. In einigen Gärten nimmt *Corydalis solida* 'George Baker' schon regelrecht überhand, wobei man diese Farbenpracht im Frühjahr auch nicht mehr missen möchte.

Wüchsig und allseits beliebt

Das Sammeln von Schneeglöckchensorten kann zur großen Leidenschaft ausarten. Inzwischen sind weit über 1000 Sorten bekannt. Trotz aller Euphorie über neue Auslesen sollte man aber nicht die alten Sorten vergessen. Die großblumige, irische 'Brenda Troyle' bekam ich schon früh von einem Pflanzenfreund aus Darmstadt, sie hat sich als sehr wüchsig erwiesen. Ältere, dicke Horste von ihr sind ein wahrer Blickfang in jedem Garten! *Galanthus* '**Brenda Troyle**' steht stellvertretend für viele weitere, schon älteren Sorten, wie beispielsweise 'S. Arnott', 'Magnet', 'Merlin' oder 'Atkinsii'.

Eines jener gelben Schneeglöckchen

Schneeglöckchen mit gelben Ovarien (Fruchtknoten) sind der Traum eines jeden Staudenliebhabers, noch dazu, wenn man von dichten Horsten träumt. Es gibt eine ganze Reihe von den sogenannten gelb blühenden Schneeglöckchen. Sie alle haben eines gemeinsam: Sie wachsen sehr langsam und sind demzufolge nicht gerade billig. Eine der wüchsigsten gelben Sorten ist *Galanthus plicatus* '**Spindlestone Surprise**'. Falls Sie diese auffällige Sorte irgendwo einmal angeboten bekommen, so schlagen Sie zu! Je früher sie in Ihrem Garten steht, umso eher wächst sie zu einem vielblütigen Pulk heran.

Stammform des Japangrases

Die Stammform dieses wunderbaren Waldgrases ist erst in letzter Zeit etwas stärker in den Fokus gerückt, da sie wesentlich flotter wächst als ihre gestreiften oder rein gelbblättrigen Schwestern. *Hakonechloa macra* hinterlässt zudem einen natürlicheren Eindruck. Die Horste können sehr stark in die Breite wachsen und große Ausmaße einnehmen – dies sollten Sie bei der Auswahl des Standortes berücksichtigen. Die gelblich braune Herbstfärbung der Halme macht das Japangras zu einem Blickfang.

Nieswurz – Strukturstaude des Winterhalbjahres

Die Nieswurz, **Helleborus foetidus**, ist eine einheimische Gehölzrandpflanze. Hat sie sich einmal im Garten etabliert, begleitet sie den Gartenbesitzer durch ihre Nachkommen ein ganzes Gärtnerleben lang. Und es gibt kaum eine Staude, die einen Gartenteil im Winterhalbjahr so entscheidend prägen kann wie die Nieswurz. Einige Sämlingssorten unterschiedlicher Höhe und verschiedener Gelbfärbung ihrer Hochblätter sind mit der Zeit verbreitet worden. Die wohl bekannteste dürfte 'Wester Flisk' sein, welche dunkelrote Blattachseln der palmblattförmigen Blätter aufweist. Übrigens eine echte Blackbox-Gartenstaude, die sich gern im Garten verbreitet.

Fast ein kaiserliches Leberblümchen

Ich fand sie auf einem oberösterreichischen Friedhof, wo sie wahrscheinlich schon Jahrzehnte ihr Dasein fristete. Hunderte Blüten schmückten den dicken Horst. Die Farbe ist im Aufblühen unvergleichlich tief violett mit einem ganz leichten Purpurschimmer auf der knopfartigen, tief gefüllten Blütenmitte. Nachdem Andreas Händel, alias Mister Hepatica (www.misterhepatica.de), von mir ein Teilstück bekam und dieses mit seinen anderen blau gefüllt blühenden Typen verglich, stand eindeutig fest, dass es sich hier um etwas ganz Besonderes handeln muss. Daraufhin gab ich diesem blau gefüllten Leberblümchen den Namen jener berühmten Kaiserin von Österreich. Das Wachstum von **Hepatica nobilis** 'Maria Theresia' sowie die Vermehrung erfordern aber viel Umsicht und Zuwendung. Ein kalkreicher, lehmig-humoser Boden trägt zum besseren Wachsen bei. Das Wichtigste ist jedoch Geduld und nochmals Geduld!

Nur eine Chinesische Brennnessel?

Diese Art soll stellvertretend für die anderen Arten dieser noch weitestgehend unbekannten asiatischen Gattung stehen. Sie stammen ursprünglich aus den Wäldern Chinas und Sibiriens und zeichnen sich durch ihre späte Blütezeit im Jahr aus. Und genau das macht sie für die Zukunft so wertvoll. **Isodon rubescens** besitzt zahlreiche, himmelblaue Blütchen, die an schlanken Stängeln sitzen. Ich nenne sie ein Schleierkraut des Schattens. Die anderen Arten wie zum Beispiel *I. umbrosus* blühen mit dunkellila Röhrenblüten, meist erst im Oktober, wenn im halbschattigen Bereich sonst kaum mehr etwas blüht.

Winterharte Tibetorchidee

Es ist immer wieder erstaunlich, dass solch relativ kleine Pseudobulben (knollenartige Verdickungen des Sprosses, meist ein Speicherorgan) derartig bezaubernde Blüten hervorbringen. Ein wohlbehüteter, beschatteter Platz an einer alten Wurzel oder hinter einem Kalksinterstein reicht der Tibetorchidee vollkommen. Lockerer Laubhumus mit einigen Rindenstückchen versetzt ist das ideale Medium für ein gutes Gedeihen. Ab und zu sollte **Pleione limprichtii** gedüngt werden, Hornspäne genügen hierfür. Die den *Cattleya*-Orchideen ähnlichen dunkelrosa-lila Blüten erscheinen im April, danach erst treibt das Blatt durch.

Zahmes und liebliches Scharbockskraut

Stellvertretend für viele andere dieser netten Vorfrühlingsblüher ist dies auch meine liebste Sorte, da ihre doppelte Blütenform außergewöhnlich ist und die Rückseite der Blütenblätter einen dunkelbronzenen Schimmer aufweist. Besonders die ersten Blüten von **Ranunculus ficaria** '**Double Bronce**' fallen durch ihre extrem großen Durchmesser von bis zu 4 cm auf. Die meisten dieser Englischen Scharbockskräuter treiben schon im Spätherbst aus und sind allein durch ihre metallisch glänzenden Blätter sehr dekorativ. Sie sind unverzichtbare Begleiter des Vorfrühlingsgartens – und wuchern zudem nicht.

Steinbrech mit enormer Blüten- und Sortenfülle

Wir kennen ihn in der Gartenkultur schon seit langer Zeit, jedoch fristete der Oktober-Steinbrech in unseren Gärten stets ein Schattendasein – im wahrsten Sinne des Wortes, denn **Saxifraga fortunei** fühlt sich besonders in humosen, schattigen Lagen besonders wohl. Aus seinem Heimatland Japan gelangte eine riesige Sortenfülle zu uns. Allerdings sind viele Sorten für unser Klima nur bedingt geeignet, da sie zu spät blühen. Besonders schön kommt die reinweiße Ursprungsform neben *Hosta* 'Tardiflora' zur Geltung – ein klassischer Blütenreigen des Oktobers.

Großblumige Wiesenraute aus dem Himalaya

Diese wunderschöne Wiesenraute **Thalictrum reniforme** bekam ich von einem Orchideengärtner aus dem Mühlviertel, bei dem sie auf saurem Boden im Halbschatten ganz problemlos gedieh und herrliche Bestände bildete. Die für die Gattung der Wiesenraute außergewöhnlich großen Einzelblüten reizten mich, es mit ihr zu versuchen. Ich pflanzte sie auf den Mutterpflanzenacker, rein zufällig gleich neben *Echinacea purpurea* 'Wuschelkopf'. Sie geben ein wunderbares Bild ab, obgleich die Lebensbereiche zwei vollkommen unterschiedliche sind. Diese Wiesenraute sollte eher an halbschattige Orte gesetzt werden, damit sie sich auf Dauer gut etabliert, denn sonnige Stellen im Garten sind langfristig gesehen nichts für sie.

Beetstauden

Der Blütenschnittlauch

Diese schon ältere Sorte gibt uns ein Beispiel dafür, dass Schnittlauch nicht nur Schnittlauch ist – sondern sogar eine unserer unverwüstlichen Blütenstauden. Um aber 'Forescate' und andere Namenssorten echt zu erhalten, sollte man kurz nach dem Abblühen die Stängel und Röhrenblätter bodeneben zurückschneiden. Erstens bewirkt dieser Vorgang einen frischen Austrieb, der dann auch für die Küche verwendet werden kann. Und zweitens verhindert der Rückschnitt zugleich ein unkontrolliertes Aussäen, wodurch die echte Sorte durch die Sämlinge bald nicht mehr zu unterscheiden wäre. Als blühende Einfassungsstaude ist **Allium schoenoprasum** '**Forescate**' eine wahre Augenweide.

Dauerhafte Amsonie

Amsonien wie **Amsonia illustris** sind in unseren Gärten leider noch immer viel zu unbekannt. Dabei handelt es sich um echte Dauerhelden, die sich für jeden trocken-sonnigen Gartenteil eignen. Ihre Qualitäten offenbaren sich allerdings erst nach einigen Standjahren. Die hellblauen Blüten erinnern ein wenig an Immergrün (*Vinca*) und erscheinen schon zeitig im Frühling. Die Amsonien sind typische Präriestauden und besitzen eine tolle Herbstfärbung, die in jedem Beet zur Geltung kommt. Noch vor wenigen Jahren waren die meisten Arten nur Sammlern und Botanikern bekannt.

Eine echte Kissen-Aster

Als wir ein verunkrautetes Mutterpflanzenquartier abräumten, fand ich zwischen anderen Stauden zufällig einen dunkellila Asternsämling. Er fiel mir auf, da seine dunkellila Blüten im Gegensatz zu anderen Sorten sehr dicht waren und auch sein Wuchs äußerst kompakt schien. Ob dieser gedrungene Wuchs beibehalten würde? Neugierig vermehrte ich diesen Sämling und gab ihm den Namen 'Augenweide'. **Aster dumosus 'Augenweide'** ist eine der dunkelsten echten Kissen-Astern, blüht überreich und wurde inzwischen sehr weit verbreitet. Sehr schön ist eine Verwendung als Gruppenstaude oder auch als Einfassungspflanze.

Bester Blütenrausch aus der Schweiz

Dieses Wunder an Reichblütigkeit wurde in der Staudengärtnerei Frikart in der Schweiz gezüchtet und kann gar nicht hoch genug gelobt werden. Besonders ältere, eingewachsene Exemplare überzeugen mit einem wahren Blütenrausch und enttäuschen nie. Die Blütezeit von Frikarts Aster beginnt bereits im Juli und endet meist Mitte bis Ende September. Die sehr großen, helllila Blüten sind mit keiner anderen Aster zu verwechseln. Der Standort sollte jedoch sonnig und halbwegs trocken sein – die Staude bevorzugt aber trotzdem einen nährstoffreichen Gartenboden. Schön präsentiert sich **Aster × frikartii 'Wunder von Stäfa'** in Verbindung mit Gräsern.

Eine auffällige Beet-Aster

Marianne Foerster, die Tochter von Karl Foerster, zeigte bei einem Besuch bei Andreas Händel ganz begeistert auf diese Glattblatt-Aster – und schon war der Name gefunden! **Aster novi-belgii 'Nannis Liebling'** stammt von der Schweizer Sorte 'Schöne von Dietlikon' ab, jedoch sind die Blüten etwas kleiner und der Kontrast zwischen der dunkellila Farbe und den goldgelben Staubgefäßen zeigt sich noch markanter. Zur Hauptblütezeit sieht man vor lauter Blüten keine Blätter mehr. Diese wunderschöne Sorte blüht im September und wird etwa 70 cm hoch, sie eignet sich für jedes Staudenbeet. Mit Sicherheit hat sie eine große Zukunft!

Reitgras mit steifem Charme

Eine unbestechliche Schöne

Lange Zeit galten Bergenien als altbacken, was wohl daran lag, dass ältere Sorten einen eher grobschlächtigen Charakter hatten und sich zudem als recht blühfaul erwiesen. Einige der neueren Sorten überzeugen nun aber durch ihre Reichblütigkeit und Eleganz.
Zu meinen absoluten Lieblingen zählt ohne Zweifel **Bergenia 'Eroica'**, welche aus der Hand des sehr erfolgreichen und berühmten Staudenzüchters Ernst Pagels stammt. An langen, dunkelrot glänzenden Stängeln befinden sich die violettroten Blüten, deren Fernwirkung unter allen anderen Sorten so unverwechselbar ist, dass man sie unter 50 anderen sofort herauskennt. Die ledrigen Blätter verfärben sich im Winterhalbjahr metallisch braun. Übrigens eine ideale Rosenbegleitstaude, die überdies auch so manche Verkehrsinsel schmückt.

Wenn ein Gras einhellige Bewunderung verdient, dann ist es das Koreanische Diamant-Reitgras. Für mein Empfinden stellt **Calamagrostis brachytricha** jedes Lampenputzergras in den Schatten und übertrifft dies durch seine Eleganz, die ganz besonders traumhaft mit Oktober-Raureif zutage tritt.
Den Sommer über treibt dieses Gras bis zu 40 cm lange Grannen, die im Herbst jedes Beet verzaubern. An zusagenden Stellen sät es sich problemlos aus, dadurch vermehrt und erhält es sich selbst. Mit seiner verträglichen Höhe von etwa 120 cm lässt es sich problemlos in jeden Garten integrieren.

Lang blühende Bergminze

Wer einen Dauerblüher sucht, der alle Rekorde schlägt, der sollte auf diese Bergminze zurückgreifen. Sie beginnt mit ihren weißlich blauen Blüten bereits im Juli und endet erst irgendwann im Oktober. Eine solch extrem lange Blütezeit ist im Staudenreich selten. Die Verwendung von **Calamintha nepeta** subsp. **nepeta** 'Triumphator' beschränkt sich nicht allein auf den Kiesgarten, sondern die Bergminze kann auch als ideale Rosenbegleitstaude dienen. Und ich kenne kaum eine andere Staude, die derart von Insekten umschwärmt wird.

Eine wuchtige Glockenblumen-Dominanz

Unsere 'Sarastro' wurde vor Jahren in Chicago als weltbeste Glockenblume für Staudenbeete gekürt. Um zur Hochform aufzulaufen, benötigt **Campanula** '**Sarastro**' einen sehr guten Gartenboden. Schneidet man sie nach der ersten Blüte Ende Juni auf die Hälfte zurück, dann treiben aus den verbliebenen Blattachseln erneut die metallisch glänzenden, dunkellila Blüten. Sind auch diese verblüht, so schneidet man diese Stängel ebenerdig ab: Dies bewirkt ein erneutes Durchtreiben einiger neuer Blütenstiele, sodass sich insgesamt eine außerordentlich lange Blütezeit ergibt. Ihre Entstehungsgeschichte können Sie in einem eigenen Kapitel nachlesen – siehe Seite 32–33.

Ein Schlusspunkt im Jahreskreislauf

Für mich gilt **Chrysanthemum 'Poesie'** als eine der gartenwürdigsten Sorten, stellvertretend für viele andere gute Garten-Chrysanthemen. Wolfgang Kautz, ein früherer Mitarbeiter von Karl Foerster, hat sie in einem Garten in einem Karpatendorf entdeckt und erbat sich von den Besitzern ein Stück. 'Poesie' wurde zu einer Erfolgsgeschichte, weil sie auch in schlechten Böden über viele Jahre hinweg nicht enttäuscht und einen geschlossenen, reichblühenden Bestand bildet. Dazu kommt ihre verträgliche Höhe von rund 60 cm, die halbgefüllten, weißen Blüten halten sehr lange und verfärben sich in zartes Rosa.

Ein Parade-Rittersporn

Von den Foerster-Sorten gefällt mir 'Morgentau' mit am besten, da sich bei dieser Sorte die dunkle Biene – die Blütenmitte – sehr schön von der hellblauen Grundfarbe abhebt. Zudem umgibt ein leichter Perlmuttschimmer die einzelnen Blüten, die sich an langen, dichten Rispen befinden. Die **Delphinium Elatum-Hybride 'Morgentau'** zeichnet sich durch gute Standfestigkeit und Dauerhaftigkeit aus. Diese markante Sorte bekommt außerdem kaum Mehltau und lässt sich fabelhaft in der Vase als Schnittstaude verwenden. Wie bei allen Rittersporen sollte man aber auch hier peinlich genau auf Schnecken achten, die vor allem in der Austriebsphase großen Schaden anrichten können.

Extrem lang blühender Reiherschnabel

Der bekannte Alpenpflanzengärtner Franz Sündermann aus Lindau führte diesen etwa 40 cm hohen Reiherschnabel ein, der eine alte Hybride zwischen *Erodium daucoides* und *E. manescavii* darstellt. Dank seiner Sterilität sät sich **Erodium × hybridum** niemals aus. Dies ist auch der Grund für seine außerordentlich lange Blütezeit, die diesen Reiherschnabel sehr wertvoll macht. Ich mag ihn deswegen so gerne, weil er sich an trockenen, sonnigen Gartenteilen universell verwenden lässt – und auch über viele Jahre nie enttäuscht. Dieser Reiherschnabel ist außerdem eine der besten Kiesgartenstauden, die wir besitzen!

Mit dieser Wolfsmilch gibt es keine triste Jahreszeit

Rotblättrige Stauden sind sehr beliebt und können durch ihre Blattfarbe einer Pflanzung das gewisse Etwas verleihen. Die rotblättrige Form unserer einheimischen Mandelblättrigen Wolfsmilch macht hier keine Ausnahme. Durch ihre wintergrüne Eigenschaft und ihre geringe Höhe ist sie doppelt wertvoll. Mir ihr machte ich schon sehr früh Bekanntschaft, denn bei meinem ersten Besuch Ende der 1980er-Jahre bei Piet Oudolf fiel sie mir in einer seiner Pflanzungen auf. Ich wollte sie unbedingt haben, denn damals war diese Wolfsmilch noch recht selten zu finden. Später sah ich sie in England in etlichen Gärten stehen. Besonders reizvoll ist **Euphorbia amygdaloides** '**Purpurea**' durch ihre zartgelben Blütenstände. Ein sonniger bis halbschattiger Standort sagt ihr am meisten zu, wobei die Langlebigkeit durch einen nicht zu nassen Standort gefördert wird.

Winterharter Gartenweihnachtsstern

Diese Wolfsmilch besaß lange keinen treffenden, deutschen Namen. So nannte ich sie eines schönen Tages Gartenweihnachtsstern, denn unter der Bezeichnung Himalaya-Wolfsmilch gibt es bekanntlich mehrere Arten. Jedenfalls nahm ich diese relativ selten kultivierte Sorte aus England mit und pflanzte sie in unseren Schaugarten, wo *Euphorbia griffithii* 'Fern Cottage' bald darauf einige Quadratmeter in Beschlag nahm – und die Besucher jedes Jahr mit ihren leuchtend orangeroten Brakteen erfreut. Sehr ähnlich sind 'Dixter's Variety', 'Dark Form' und 'Fire Glow', die sich nur durch Nuancen unterscheiden. Ein kräftiger, lehmig-humoser Boden ist Voraussetzung für einen prachtvoll blühenden Horst. Wunderschön zeigen sich die orangeroten Hochblätter im Winter.

Hohe Wolfsmilch für Staudenbeete

Ernst Pagels war es wieder – er machte diese Wolfsmilch für die Gartenkultur erst so richtig populär. Eigentlich ist es ja eine Wildart, die auch aus Samen vermehrt werden kann. Einem besonders straffen, wüchsigen und reich blühendem Typ gab Herr Pagels den Namen *Euphorbia cornigera* 'Goldener Turm'. Diese Wolfsmilch stammt ebenfalls aus dem Himalaya und fällt durch ihren geschlossenen, aufrechten Wuchs auf. Auffallend ist auch die weiße Blattader in der Mitte des Blattes. Die gelben Brakteen erscheinen zwischen Juni und Juli. Ein kühler, leicht frischer und halbschattiger Standort zwischen Funkien sagt ihr am meisten zu, hier entwickeln sich die Horste auf jeden Fall am üppigsten.

Große geaderte Geranium-Blüten

Dass Zufallsfindlinge oft große Überraschungen hervorbringen, hat sich schon öfter herausgestellt. Im Staudensichtungsgarten Königshof im Burgenland in Österreich entdeckte ich rein zufällig den zarten Stängel eines Storchschnabels, der aus einem Teppich von Taubnesseln hervorlugte. Beim näheren Hinsehen bestimmte ich ihn als einen *Geranium* Oxonianum-Hybriden. Hiervon gab es zwar schon relativ viele Sorten, aber ich sah seine dunkle Farbe, die relativ großen Blüten mit ihrer reizvollen intensiven dunkelroten Aderung – und so grub ich ihn aus und vermehrte ihn. Und tatsächlich hat es sich gelohnt, denn **Geranium × oxonianum 'Königshof'** blüht im Garten über einen langen Zeitraum und lässt sich in jedes Staudenbeet gut integrieren.

Prächtiger armenischer Storchschnabel

Manches Mal reicht ein blühender Wildstandort, um von einer Staude nachhaltig begeistert zu sein. So erging es mir, als ich in der Nordosttürkei an einem Hang einen großen Bestand des Armenischen Storchschnabels entdeckte. **Geranium psilostemon** ist in der Gartenkultur in diversen Sorten vertreten, die sich durch unterschiedlich große Blüten hervortun. Alle schätzen sie einen guten, nicht zu trockenen Standort in jedem gemischten Staudenbeet, sind aber auch sehr wirkungsvoll an Teichen und Bachläufen. Es sind verschiedene Sorten verbreitet worden, wobei 'Bressingham Flair' und 'Dragon Heart' wohl die auffälligsten Sorten sind.

Eine Sonnenbraut der Sonderklasse

Eva Bottke war die ehemalige Obergärtnerin der Staudengärtnerei Hagemann in Langenhagen bei Hannover. Sie ist nicht nur eine große Staudenkennerin, sondern insbesondere eine große Farnspezialistin. *Helenium*-Sorten gefielen ihr schon immer – allein schon durch ihren persönlichen Bezug, da die Gärtnerei über die Jahre eine Menge neuer Sorten aus dem Hause Foerster erhielt. In ihrem Sämlingsbeet entdeckte dann Gärtnermeister Uwe Peglow einen sehr großblumigen Sonnenbraut-Sämling mit warmer, gelber Blütenfarbe und brachte ihn in den Handel. „Endlich interessiert sich mal wer dafür", war ihre Reaktion auf seine Begeisterung. Bis heute ist ***Helenium* 'El Dorado'** unübertroffen, besonders was die extrem lange Blütezeit und die riesigen, warmgelben Blüten anbelangt.

Österreichische Taglilienzucht

In der Nähe von Bad Hall in Oberösterreich befindet sich der kleine Ort Pfarrkirchen, in dem der pensionierte Bäckermeister Franz Erbler sich jahrzehntelang intensiv mit der Auslese von Taglilliensorten auseinandersetzte. Schon vor vielen Jahren benannten wir gemeinsam einige seiner Sorten – und später bekam ich sie, um sie zu vermehren und in den Handel zu bringen. Die Haller-Sorten erwiesen sich als äußerst robust und widerstandsfähig. Besonders seine rotblühenden Sorten bekommen im Gegensatz zu vielen amerikanischen Sorten kaum Flecken. Eine besonders attraktive Sorte ist ***Hemerocallis* 'Haller Kardinal'** mit einem warmen, kardinalroten Farbton. Die großen Blüten weisen überdies einen zarten, hellgelben Blütenrand auf – ein ganz besonderes Merkmal!

Iris orientalisch verzaubert

Der Traum aller Irisfreunde sind die Vertreter der *Oncocyclus*-Iris, allerdings verlangen sie dem Gärtner und Kultivateur großes Einfühlungsvermögen ab und können gewöhnlich nur unter sommerlicher Glasabdeckung gehalten werden. Ihre meist großen Blüten machen sie zu einem großen Blütenwunder, sie stehen vielen seltenen Orchideen um nichts nach. Eine Alternative sind die Sorten der *Regeliocyclus*-Iris, die den Charme der *Oncos* besitzen, aber durch Einkreuzung anderer Arten wesentlich unempfindlicher und daher gartenwürdiger sind. Die Farben reichen von Gelb bis Hellblau, immer mit dem leicht erkenntlichen Onco-Fleck in der Blütenmitte. Auch ihre speziellen Anforderungen an die Pflege sollte man erfüllen: Sonne, trocken, lehmig-sandiger Boden mit gutem Wasserabzug. Ein erstklassiger Platz für **Iris** '**Spirit of Khaleb**' befindet sich an einer südseitig gelegenen Hausmauer.

Standard-Katzenminze enttäuscht niemals

Die englische Gärtnerei Four Seasons führte diese Katzenminze schon relativ bald als Neuheit im Sortiment. Bis *Nepeta* '**Walker's Low**' in die Gärten Mitteleuropas kam, vergingen jedoch viele Jahre. Dabei kann diese Sorte mit Fug und Recht als die beste für vielerlei Beetsituationen bezeichnet werden. Sie ist aber auch für Kiesgärten und andere Einsatzbereiche in der vollen Sonne gut verwendbar. Ein ebenerdiger Rückschnitt bewirkt einen zweiten Flor, der bis weit in den Herbst hinein anhält. Die locker gehaltenen Rispen mit der zarten graublauen Blütenfarbe fügen sich überall hervorragend ein. Ein weiterer Vorteil ist ihre Sterilität, die verhindert, dass sie sich aussät – was sonst bei Katzenminzen immer wieder vorkommt.

Foerster-Phlox der Superlative

Karl Foerster begann erst sehr spät mit seiner züchterischen Arbeit an Phloxen. Einer seiner besten Würfe dürfte **Phlox paniculata** '**Düsterlohe**' sein: Eine Sorte, die nicht nur gesund und widerstandsfähig ist, sondern durch die lilarote Farbe und ihr dominantes Äußeres jeden Gartenbesitzer nachhaltig begeistert. Nur wenige andere Sorten ähnlicher Farbe können mit der stolzen 'Düsterlohe' mithalten, die an manchen Standorten durchaus bis zu 140 cm hoch werden kann. Nicht nur die lang anhaltende Blüte macht diese Sorten wertvoll, sondern auch die unglaubliche Fähigkeit, am gleichen Standplatz auch nach Jahren nicht zu versagen.

Mystisch und geheimnisvoll

Seit ich meinen Kontakt zu Phloxzüchtern in Russland aufgebaut habe, begeistern mich jene eigentümlichen „Rauchphloxe" mit ihren stumpfen, geradezu mystisch wirkenden Blütenfarben, die dort schon seit Längerem selektiert werden. Eine der bekanntesten Sorten ist **Phlox paniculata** '**Drakon**' von Pavel Gaganov, welcher bereits in den 1950er-Jahren sehr erfolgreich eine große Menge an eigenen Phloxsorten selektierte. Auch 'Drakon' wechselt während seiner Blüte die Farbe gleich mehrmals. Die Sorte blüht weinrot auf und sieht in diesem Zustand 'Düsterlohe' zum Verwechseln ähnlich. Danach tritt erst die sortentypische weißlich graue Strichlierung auf. Im Abblühen wechselt die weinrote Blütenfarbe hin zu Rosa, was aber je nach Klima und Temperatur sehr variabel sein kann.

Nicht nur ein »eigener« Phlox

Oft will es der Zufall, dass eine Sorte entdeckt wird und sich auch gegenüber bestehenden Sorten behaupten kann. Eines Tages sah ich bei einem Gartenbesuch bei einer Angestellten einen auf den ersten Blick recht langweiligen, rosalila blühenden Phlox. Dieser Zufallssämling hatte eine stumpfrosa Farbe, die Einzelblüten wiesen einen schwach gezeichneten Stern auf. Ich erbat mir ein Stück davon und topfte den Phlox zu Hause ein, um ihn weiter zu beobachten. Dabei stellte sich heraus, dass sich seine Farbe laufend änderte. Im Abblühen wird die Sorte außen ganz hellrosa, der innere Stern wird während der Blüte immer heller und hebt sich daraufhin wundervoll ab. Diese Eigenschaft behielt **Phlox paniculata** '**Ostinato**' auch in den kommenden Jahren und sie wurde zum Markenzeichen der Sorte. Die Farbe gleicht einem Chamäleon und wechselt von Lilarosa zu ganz hellem Rosa, doch seinen Stern behält 'Ostinato' bis zum Blühende.

Beschwingte Wiesenknopf-Dominanz

Zarte, beschwingte Töne durchdringen eine Pflanzung ähnlich zarten Harfenklängen. Sie sind so unverzichtbar wie derbe Akzente. Besonders einige Wiesenknöpfe übernehmen diese unverzichtbare Aufgabe. Nebenbei werden sie von Jahr zu Jahr ausdauernder und üppiger. **Sanguisorba** '**Scapino**' las ich aus einer Vielzahl von Sämlingen aus, die ich zuvor auf ein Mutterpflanzenquartier auspflanzte, um zu sehen, was in ihnen steckte. Die weinroten, leicht hängenden „Blüten-Würstchen" dieser Sorte werden bis zu 12 cm lang und sind dabei nicht zu dünn und nicht zu dick. Das Wertvollste ist nicht nur die außerordentliche Reichblütigkeit von 'Scapino', sondern vor allem seine Blütezeit, die im August liegt, wenn andere Sorten längst verblüht sind.

Sedum stolz und stämmig

Die riesigen, rosa Blütenteller, verbunden mit einer erhabenen, stämmigen Figur verleihen der Hohen Fetthenne 'Matrona' geradezu eine dominante Ausstrahlung. Aus dem herbstlichen Garten ist sie kaum mehr wegzudenken. Ihr Einsatzgebiet ist sehr vielseitig und erstreckt sich vom Kiesgarten über das normale Staudenbeet bis hin zu trockenen Freiflächen. Auch als Schnittstaude ist *Sedum (Hylotelephium)* 'Matrona' überall äußerst willkommen, auch im nicht aufgeblühten Zustand. Ihre ausführliche Entstehungsgeschichte kann an anderer Stelle nachgelesen werden – siehe Seite 34–35.

Glockenblume mit gelber Leuchtkraft im Frühjahr

Bekanntlich fallen einige Stauden nicht allein durch ihre Blüten auf, sondern auch durch ihren Austrieb und ihre Blattfarbe während der Vegetationszeit oder in der Winterruhe. Eines Tages bekam ich ein Päckchen eines Berliner Freundes, der mir einen Goldrutenfindling aus seinem Garten überließ – mit der Bemerkung, er sei etwas ganz Außergewöhnliches. Wir pflanzten *Solidago* 'Hiddigeigei' in unser Neuheitenbeet und beobachteten ihn. Der Freund hatte nicht zu viel versprochen. Die Leuchtkraft seiner austreibenden Blätter im April und Mai ist mit keiner anderen Staude vergleichbar, wobei die Blätter im Laufe der Sommermonate wieder vergrünen. „Hiddigeigei" war der Name eines Katers aus einem Epos von Victor von Scheffel, der durch seine leuchtenden Augen auffiel – einfach passend.

Die schwefelgelbe Verführung

Es ist die außergewöhnliche Blütenfarbe, welche die holländische *Solidago* 'Loysder Crown' aus dem vielgestaltigen und reichen Sortiment der Goldruten hervorstechen lässt. Die dichten, plüschigen Trauben erscheinen im Hochsommer. Durch ihre mittlere Höhe von nur etwa einem Meter und ihr dichtes Wachstum kann sie auch im Nachhinein jede Lücke im Beet füllen. Eine wunderbare Sorte, geeignet für außergewöhnliche Kombinationen!

Ein perfekter Lückenvagabund

Auf Deutsch bedeutet der Name sozusagen „der kleine Teufelsabbiss". Die entzückenden, graublauen Blütenkugeln erscheinen im Juni, ihre Blüte zieht sich quer über den Sommer hin. Das Pflanzen in frischen bis leicht feuchten, kräftigen Gartenboden trägt zu gutem Wachstum und schnellem Integrieren bei.
Kleine Lücken in einem Staudenbeet werden durch Selbstaussaat sofort in Beschlag genommen – so konnte sich *Succisella inflexa* zur ausgesprochen guten Blackbox-Pflanze entwickeln. Wir kennen nicht nur blaue Formen, sondern auch weiße, niedere Typen.

Wiesenraute mit straffer Eleganz

Thalictrum 'Elin' gehört zu den Stauden mit erheblicher Dominanz – wenn ihr der gebührende Platz zugewiesen wird. Diese bis zu 250 cm hohe Wiesenraute entstand in Schweden und ist eine Hybride zwischen *T. rochebrunianum* und *T. flavum* subsp. *glaucum*. Ihrer Abstammung nach besitzt sie graue Blätter und gelblich rosa Blüten, die wolkenartig über den straffen Stängeln stehen. Es dauert ein paar Jahre, bis der Horst seine ganze Schönheit offenbart – doch dann zeigt diese imposante Staude über Jahre, was in ihr steckt. Vor allem ihr kraftvoller Austrieb im Frühjahr ist sehr auffällig und sehenswert.

EINIGE ERFAHRUNGEN UND PFLANZBEISPIELE

Kein noch so gutes Buch ersetzt ein inspirierendes Beispiel einer gelungenen Staudenpflanzung! Ansprechende Pflanzungen erreichen wir aber nur durch langjährige Erfahrungen im Umgang mit der Materie – auch Fehler werden daher zu Beginn nicht ausbleiben. Tröstlich ist es aber zu wissen, dass Stauden Fehler verzeihen, solange man diese rechtzeitig erkennt. Erfahren wird man, indem man Literatur, Kataloge und Webshops studiert sowie gute Beispiele während der Vegetationsperiode und darüber hinaus besichtigt. Nur Mut, denn das anschließende Probieren führt sicher zum Erfolg! Und bringt nebenbei viel Spaß und Freude.

Dynamik oder Statik?

Ihr Staudenbeet bepflanzen Sie nach einer gewissen Vorstellung mit Leitstauden, also den sogenannten Gerüstbildnern, Begleitstauden und Bodendeckern. Alles soll sich möglichst dem Bild unterordnen, das Sie vorher womöglich auf Papier skizziert haben und nun deutlich vor sich sehen.

Ein Beetbeispiel dazu

Dieser Wunsch ist sehr verständlich, doch leider nahezu unrealistisch. Nichts verändert sich so sehr wie ein Staudenbeet. Gewiss, einige Langzeitelemente wie Taglilien oder Pfingstrosen, Silberkerzen (*Actaea*, früher *Cimicifuga*), Tafelblatt (*Astiboides*) und die „Klodeckelfunkie" (*Hosta* 'Sum and Substance') werden an ihrem zugestandenen Platz immer üppiger und schöner. Sie bilden die nötige Statik, wenn man so möchte, obgleich auch sie sich von Jahr zu Jahr verändern. Niemals zeigt sich eine Staude gleich wie im Vorjahr, immer ist sie entweder höher oder niederer, blüht früher oder später, wird breiter oder darf auch einmal abbauen.
Vor einigen Jahren entwarf ich ein etwa 7 × 5 m großes Inselbeet mit dem etwas fantasielosen Namen „Whatever You Want". Hier dominieren in erster Linie einige Taglilien von Franz Erbler, dem begnadeten Taglilienzüchter aus Bad Hall in Oberösterreich, der mir etliche seiner namenlosen Selektionen überließ. Ihnen galt dieses Beet, sie sollten zusammen mit einigen Rittersporen (*Delphinium elatum* 'Morgentau'), Edelrauten (*Artemisia lactiflora* 'Elfenbein'), Hoher Ehrenpreis (*Veronicastrum* 'Lavendelturm') und Rutenhirsen (*Panicum virgatum* 'Northwind') das notwendige Gerüst bilden, die Statik über die Jahre, wenn man so will. Später bereute ich zwar die Auswahl der Rutenhirse-Sorte 'Northwind', denn mir ist sie fast zu straff, außerdem bleiben selbst in milden Herbsten ihre Blütenrispen manchmal zwischen den Halmen stecken. Eine lockerere Sorte wäre eventuell beschwingter, wenngleich vielleicht gerade diese Straffheit neben den anderen Stauden ihren Reiz hat.

Aber ich wollte ja nicht nur rund 30 Taglilien von Franz Erbler unterbringen, das Beet sollte auch durch kurzlebige Dauerblüher auffallen. Hierzu wählte ich *Knautia macedonica*, *Verbena hastata* 'Alba' und *Succisella inflexa* aus. Kurzlebige Stauden verleihen dem Beet die nötige Beschwingtheit, sie sähen sich aus und verschaffen dem Beet das, was wir unter Dynamik verstehen. Jedes Jahr darf man aufs Neue gespannt sein, welche Bilder uns diese Dynamik vermittelt. Einige Bilder habe ich stets vom gleichen Standort aus mit dem Fotoapparat festgehalten.

Veränderungen zulassen

Mal sehen, wie sich das Beet „Whatever You Want" wohl nach zehn Jahren präsentieren wird? Ist es bis dahin vollkommen überholungsbedürftig, weil alles ineinander gewachsen ist, oder kann die Dynamik durch jährliche Eingriffe in der Weise gesteuert werden, dass man bereits von lebendigem „Blackbox Gardening" sprechen kann? Einige Eselsdistelsamen wurden bereits von den Vögeln eingebracht und bildeten ihre erhabenen, silbergrauen Blattrosetten aus. Im darauffolgenden Jahr

Der langlebige Kandelaber-Ehrenpreis 'Lavendelturm' und die Taglilie 'Haller Goldrippe' bringen Dynamik ins Beet.

erblühten sie und jeder bestaunte diese ungewöhnliche Kombination. Ein Kind unwirtlicher, steiniger Böschungen, aus der Steppe Osteuropas und des Orients, hier zwischen edlen Taglilien, Phlox und Ziergräsern? Ja, dies ist die Quintessenz von gesteuertem Zulassen, auch auf kleinsten Räumen. Schneiden Sie aber bitte die Eselsdistel (*Onopordum acanthium*) gleich nach der Blüte zurück, wenn Sie nicht das ganze Beet voll davon haben möchten. Man kann sich ihrer bizarren, wilden Schönheit schwer entziehen, aber hier ist bedingungslose Kontrolle angesagt.

Und wie breiteten sich inzwischen die *Knautia* und die *Succisella* aus? Beide kann ich nur wärmstens empfehlen. Die Balkan-Witwenblume (*Knautia macedonica*) begeistert jeden Besucher, denn sie hat eine ganz ungewöhnliche Farbe. Ihre Blütenköpfe glänzen in einem geradezu unwirklichen Weinrot. Die Blüten schweben an langen Stängeln und tanzen über den anderen Stauden – meist zu einer Zeit, in der andere Blüten ihren Höhepunkt bereits überschritten haben. Die Selbstaussaat dieser purpurroten Witwenblume geht stetig voran und füllt Ihnen problemlos jegliche Lücke aus. Bei uns begeistert sie Jahr für Jahr die Besucher, denn sie steht seit Langem in den verschiedensten Staudenbeeten. Genauso verhält sich *Succisella inflexa*, die zarte Verwandte des einheimischen Teufelsabbisses mit ihren tintenblauen Blütenköpfchen. Diese Staude nimmt wie alle anderen mit jedem normalen Gartenboden vorlieb und wächst dort zu dichten Beständen, wo ausreichend Platz vorhanden ist. Auch das ausdauernde Eisenkraut (*Verbena hastata*), welches von Weiß, Rosa bis hin zu Blau in mehreren Farbselektionen existiert, ist eine wunderbare Staude, deren straffe Rispen über viele Wochen erblühen. Ich finde solche zarten, filigranen Stauden unendlich wichtig, denn gerade diese geben einem Beet die passende Note.

Bekanntes und Unbekanntes

Zwei Alternativen möchte ich Ihnen nicht vorenthalten, wobei die eine den meisten Gartenliebhabern relativ unbekannt erscheinen wird, die andere das krasse Gegenteil davon ist. Beginnen wir mit der bekannten *Verbena bonariensis*. Das hohe Argentinische Eisenkraut trifft man inzwischen so oft, dass ich es schon beinahe nicht mehr sehen kann. Auf jeder zweiten städtischen Sommerflorinsel, in jedem größeren Park sind die Pflanzen zu sehen, ganz sicher aber auf jeder Landes- und Bundesgartenschau. Kaum eine andere Staude übt eine solche Faszination aus wie gerade dieses Eisenkraut. Das führt so weit, dass Gartenliebhaber noch im Oktober prächtige Solitärpflanzen im 5-Liter-Container kaufen und in den Garten pflanzen. Ob sie wohl wissen, dass diese bei uns einen normalen Winter nicht überleben? Was Sie aber wissen sollten: *Verbena bonariensis* sät sich im Spätherbst aus und keimt im darauffolgenden Jahr – allerdings sehr spät, frühestens ab Juni. Es keimen so viele, dass man sich quasi nicht davor retten kann. Der Samen überwintert im Boden, während die Pflanze eingeht, wenn es kälter als −6 °C wird. Es lohnt sich nicht, sich auf milde Winter zu verlassen, denn meist wintert dieses Eisenkraut doch aus. Die auf dem Boden befindlichen Samen keimen normalerweise zuverlässig, vorausgesetzt Sie hacken nicht unnötig herum und zerstören dabei die oberste Bodenkrume. Dann aber keimen sie so dick, dass die Pflänzchen unbedingt auseinandergezogen und verpflanzt werden sollten. Dies bewirkt außerdem ein schöneres Wachstum der einzelnen Pflanzen. Es hat schon was, wenn diese blauen Blütenbüschel über den anderen Stauden schweben und uns über Wochen begeistern.

Der Teufelsabbiss (*Succisella inflexa*) blüht mit seinen zarten Scabiosenblüten über Wochen und verleiht jedem Beet eine besondere Note.

Das bei vielen Gartenbesitzern sehr beliebte Eisenkraut (*Verbena bonariensis*) läuft erst im Herbst zu Hochform auf.

Die andere Alternative ist eine sehr ungewöhnliche, auf die ich niemals selbst gekommen wäre. Sie kennen bestimmt *Erigeron annuus*, das Einjährige Berufskraut, das bei uns häufig als Unkraut auf Bahndammböschungen wächst. Eine meiner Angestellten ließ in einem Beet absichtlich einige Exemplare stehen, was meinen Unmut in leichter Form heraufbeschwor. Dieses Berufskraut erinnerte mich entfernt an die weiße, sehr feinblütige *Aster pilosus*. Diese nordamerikanische Aster blüht jedoch frühestens im Oktober, während jenes Unkraut-*Erigeron* uns mitten im Sommer erfreut. Nach einigen Wochen bat ich meine Angestellte inständig, doch endlich die paar *Erigeron* auszureißen, denn ich sah im Geiste schon wogende Flächen davon. Was machte sie? Sie schnitt die paar Pflanzen auf die Hälfte zurück, was bewirkte, dass sie durchtrieben und von neuem mit der Blüte anfingen.

In diesem Zustand blühten sie bis tief in den Herbst hinein und ergaben ein ganz ansehnliches Bild ab, was ich mir niemals erträumt hätte. Man kann dazu stehen wie man will, aber so lange blüht selbst kaum eine Aster!

Behutsames Eingreifen tut not

Dynamik bedeutet aber auch, dass Sie ab und zu ihre Astern und Chrysanthemen umsetzen müssen, falls die Stöcke von innen verkahlen oder mit ihrer Blüte nachlassen. In unserem Beet pflanzte ich beispielsweise *Chrysanthemum* 'Herbstkuss'. Sie erblüht gegen Ende September überreich mit schönen, weinroten, halbgefüllten Blüten. Diese wunderbare Sorte stammt von Eugen Schleipfer und hat einen kleinen Nachteil: Sie bildet in manchen Jahren nicht genügend Überwinterungstriebe, sodass schnell Lücken entstehen können. Dies kann Ihnen auch mit vielen anderen Sorten der Herbst-Chrysanthemen passieren. Hier gilt es, den Wurzelballen im zeitigen Frühjahr aufzunehmen und kurzerhand in mehrere Stücke zu teilen und damit wieder die ganze Lücke auszufüllen. Sie sehen also, unter Dynamik verstehen wir nicht nur, Veränderungen durch aufkommende Sämlinge zuzulassen, sondern auch ständiges, behutsames und korrigierendes Eingreifen. Statik allein ist in den allerwenigsten Fällen sinnvoll und durchsetzbar.

Artenvielfalt oder Minimalismus?

Mir persönlich gefallen Gärten mit einer größeren Artenvielfalt besonders dann, wenn man sie nicht fantasielos vollstopft, sondern gleichzeitig Wert auf eine sinnvolle und ästhetische Verwendung legt. Aber auch Minimalismus kann sehr reizvoll wirken und einzelne Staudenarten ins rechte Licht rücken.

Minimalistische Staudenreihen

Oft wirken wenige Staudenarten tatsächlich besser, wenn sie akzentuiert in Szene gesetzt wurden. Mit welcher Form der Verwendung Sie sich aber am meisten identifizieren, hängt von vielen Dingen ab. Sie sind als Gartenbesitzer beeinflusst von der Architektur oder Landschaft, der unmittelbaren Situation und Umgebung des Gartens. All dies prägt Ihren Geschmack und Ihre Ideen. Gelegentlich fahre ich absichtlich nicht auf der Autobahn, sondern wähle die Landstraße, um an mein Ziel zu kommen. Das hat den Vorteil, in den Gärten aktuelle Veränderungen entdecken zu können – sozusagen im Vorbeifahren. Und so fielen mir eines Tages unterwegs mehrere moderne Gebäude auf, deren Architektur lediglich von einigen markanten Gräserreihen unterstrichen wurde. Diese mit geringem Abstand parallel gepflanzten, rund acht Meter langen Reihen mit Gräsern bestehen aus drei oder vier kontrastierenden, unterschiedlichen Sorten. Ein Paradegras schlechthin für solche Zwecke ist das straff wachsende Reitgras (*Calamagrostis* × *acutiflora* 'Karl Foerster'). Aber auch niedrige Arten wie einige Seggen (*Carex morrowii* 'Variegata'), niedrigere Chinaschilfsorten wie *Miscanthus sinensis* 'Kleine Silberspinne', 'Sioux' oder 'Ferner Osten' können sehr wirkungsvoll sein. Ich bin ein großer Fan von Pfeifengräsern und Rutenhirsen: Von ihnen existieren Sorten mit straffem Wuchs, die hier ebenfalls ausgezeichnet Verwendung finden können. Solche „Staudenzeilen" müssen aber durchaus nicht nur mit Gräsern belegt werden – kombiniert mit nur einer einzigen Staudensorte sehen sie auch sehr proper aus. Wählen Sie dafür aber Stauden aus, die möglichst straff aufrecht wachsen, um dem funktionalen Anspruch gerecht zu werden. Eine gute Gelegenheit also, den Bergknöterich (*Aconogonon polymorphum* 'Johanniswolke') oder die Sternwolkenaster (*Boltonia asteroides* 'Snowbank') zu präsentieren.

Stellen Sie sich die Pflege so vor: ein Mann, eine Motor-Heckenschere und ein Rechen. Der Rückschnitt erfolgt im zeitigen Frühjahr und die ganze Arbeit des Rückschnitts ist nach spätestens einer Stunde vorbei. Ich möchte gar nicht wissen, wie viele Stunden für den umgebenden Rasen jährlich veranschlagt werden müssen – zahllose! Daher nichts gegen einen minimalistisch gehaltenen Garten. Allerdings verstehe ich nicht, warum öffentliche Flächen mit *Geranium* 'Rozanne'® regelrecht zugepflastert werden, als gäbe es nichts anderes. Dieser Storchschnabel ist durch seine enorm lange Blütezeit von Juli bis Oktober absolut beeindruckend und erfüllt uns schier unglaublich viele Gestaltungs- und Verwendungswünsche. Trotzdem wirkt er noch wesentlich besser, wenn er wenigstens in etwas artenreichere Pflanzungen geschickt integriert wird, um so seine reiche Blüte noch zu unterstreichen.

Das Reitgras 'Karl Foerster' wirkt immer straff, egal ob einzeln oder in Reihen gepflanzt; sehr kontrastreich wirkt es mit duftigen Astern wie der Sorte 'Freiburg'.

Gestaltungen mit nur einer Gräsersorte wie etwa der Wald-Schmiele (*Deschampsia cespitosa* 'Schottland') sind besonders eindrucksvoll.

Sammlergarten: mehr geht nicht …

Und nun zum anderen Extrem. Elfriede Lungenschmied wohnt im östlichen Voralpenland Österreichs und besitzt einen etwa 800 qm großen Garten. Dieser beinhaltet sage und schreibe über 6000 verschiedene Stauden und Gehölze. Glauben Sie aber nun ja nicht, dass dieser Garten ein vollgestopftes Sammelsurium ohne Sinn und Verstand wäre! Nein, jede Pflanze gibt es nur ein einziges Mal – und jede ist so gekonnt arrangiert, dass der ganze Garten als ein ganz großes Kunstwerk bezeichnet werden kann. Artenvielfalt kann also auch durchaus als gestalterischer Baustein angesehen werden. Im Klaren sollten Sie sich aber sein, dass ein solcher Garten eine tagtägliche intensive Hinwendung durch Geist, Körper und Seele erfordert – und somit zu einer lebenserfüllenden wie auch lebensausfüllenden Aufgabe wird.

Für uns „Ottonormalverbraucher" ist wahrscheinlich das eine wie das andere Extrembeispiel im Praktischen selten nachzuvollziehen. Sich mit winterharten Gartenpflanzen zu beschäftigen und sie in Szene zu setzen, ist trotzdem eine wertvolle und schöne Tätigkeit, die innerlich sehr bereichern kann. Doch letztlich sollte der Garten ein Abbild seines Besitzers sein – und so individuell als möglich gestaltet und bepflanzt sein. Erst die breite Vielfalt der unterschiedlichsten Stilrichtungen einschließlich der Philosophie der jeweiligen Gärtner macht eine Gartenkultur aus.

Ein Sammlergarten im Herbst, wenn sich Stauden und Gehölze in mannigfaltigen Farben gegenseitig ergänzen.

Einige Erfahrungen und Pflanzbeispiele

Im Schattengarten zeigt sich wahre Beständigkeit

Bekanntlich braucht jedes Staudenbeet eine gewisse Zeit, bis es eingewachsen ist. Ganz besonders aber trifft dies für den Schattenbereich zu. Hier ein stabiles Gleichgewicht aufzubauen erfordert Geduld, denn kein Gartenteil ist derartig sensibel. Ist einmal das eingewachsene Stadium erreicht, erhält es sich weitestgehend von selbst.

Die Schatteninsel im Schaugarten

Ich möchte diesen Prozess des Wachsens und Werdens an unserer Schatteninsel erläutern. Der hintere Teil der Gärtnerei bestand zunächst noch aus Wiesengrund, der nach und nach zu einem großen Schaugarten umfunktioniert wurde. Neben einem Präriegarten und mehreren anderen Themengärten wollten natürlich auch viele meiner Schattenstaudenlieblinge untergebracht und sinnvoll präsentiert werden – angefangen von den Funkien über Salomonssiegel und Elfenblumen bis hin zu vielen Schneeglöckchen-Gartensorten. Also benötigte ich vorrangig Schatten durch eine möglichst schnell wachsende Gehölzkulisse.

Zunächst aber wurde eine eiförmige Inselfläche von rund 300 m² von einem Bauern gepflügt und anschließend gefräst. Nach dem Fräsen und noch vor dem Pflanzen streute ich die gesamte Fläche mit einem organischen Langzeitdünger ab. Unser vorhandener Ackerboden besteht aus einem sogenannten alluvialen Schwemmlandboden allererster Güte. Das ist ein lehmig-krümeliger Boden mit einem geringen Sand- und Kiesanteil. Die Einwurzelung von Stauden und Gehölzen ist hier hervorragend und das allgemeine Wachstum könnte somit nicht besser sein. Bei längeren Regenfällen steht zwar das Wasser an tiefen Stellen, wo es nicht ablaufen kann. Durch den Anteil an Kies besonders im Unterboden tritt aber nie längere Staunässe auf, sondern das Wasser versickert immer recht schnell. Auch nach Jahren bin ich sehr begeistert, niemals wünschte ich mir je einen anderen Boden!

Eine stimmige Gehölzkulisse

Nach der Aufbereitung des Beetes machte ich mich daran, einige Stichwege auszuschaufeln. Auf den verbliebenen Flächen verteilte ich abwechselnd stärker wachsende und schwach wachsende Gehölze. Unbedingt wollte ich hier einige Lieblingsgehölze einbeziehen – als da wären: Nordamerikanischer Tupelobaum (*Nyssa sylvatica*), ein Rot-Ahorn (*Acer rubrum* 'October Glory'), ein Dreiblatt-Ahorn (*Acer triflorum*), natürlich ein Urweltmammutbaum (*Metasequoia glyptostroboides*), eine Gruppe aus Mehlbeeren (*Sorbus aria*), frühlingsblühender Schneeball (*Viburnum plicatum* 'Mariesii') sowie verschiedene Sorten des Holunders (*Sambucus nigra* 'Variegata' und andere mehr – allerdings lieben die Wühlmäuse sie sehr). Sie sehen also auf den ersten Blick, dass mir eine bunte Gehölzkulisse vorschwebte, mit den verschiedensten Formen und Charakteren. Eine große Felsenmispel (*Cotoneaster divaricatus*), die mir ein hoch betagter Gartenbegeisterter aus Niederbayern schenkte, musste ebenfalls integriert werden. Und mit der Zeit sammelten sich auch noch einige andere Gehölzraritäten an.

Später kamen dann auch noch einige exquisite *Buxus-sempervirens*-Sorten hinzu. Bei Schattengärten lege ich auf immergrüne Gehölze größten Wert. Ihr Auftritt findet weniger im Sommer statt, sondern mehr zur kalten, laubfreien Jahreszeit, wo sie im Reigen der Lenzrosen, Schneeglöckchen und anderen Frühblühern für Struktur sorgen. Und beinahe hätte ich Zaubernuss (*Hamamelis*) und Scheinhasel (*Corylopsis pauciflora*) vergessen. Auch diese Winter- und Vorfrühlingsblüher dürfen in keinem noch so kleinen Schattengarten fehlen. Holunder, Mehlbeere und Urweltmammutbaum dürfen wir zu den eher flott wachsenden Gehölzen zählen. Ich ordnete die meisten dieser Bäume und Sträucher eher im südlichen Drittel des Geländes an, um ihren Schattenwurf auf einen möglichst großen Teil des Inselbeetes wirken zu lassen. So kamen wir an der Südwestseite automatisch zu einer trockenen Gehölzrandsituation, wie sie typischer gar nicht sein könnte. Auf der gegenüberliegenden, der sonnenabgewandten Seite wurde es mit der Zeit schattiger und demzufolge auch feuchter.

In der Realität wartet man bei der Gartengestaltung nicht ab, bis die Gehölze eine Größe erreicht haben, um genügend Schatten zu werfen, damit entsprechende Stauden gedeihen. Man pflanzt die Stauden meist gleichzeitig mit den Gehölzen oder zumindest wenig später. Nur ganz wenige Stauden, wie beispielsweise Farne, würden auf ein Zuviel an Sonne empfindlich reagieren, wenn man sie gleich zu Beginn einer Pflanzung integriert. Sie pflanzt man besser einige Jahre später, wenn ausreichend Schatten vorhanden ist, und lockert den Boden vorher zusätzlich mit ausgereiftem Kompost. Reinen Lehmboden vertragen Farne bekanntlich nicht. Einige Gehölze wurden von Anfang an in etwas größerer Qualität angeschafft, und so hatte mein

An der Nordseite einer Mauer findet sich genügend Platz für Schattenstauden der unterschiedlichsten Art.

Urweltmammutbaum bei seiner Pflanzung bereits eine Höhe von knapp fünf Metern erreicht. Wichtig erscheint mir bei solchen Gehölzkulissen stets ein ausgewogenes Verhältnis zwischen Nadelgehölzen und Laubgehölzen – also zwischen den immergrünen und laubabwerfenden Gehölzen. Das erste Mal ist mir bei Beth Chatto in ihrem weltberühmten Schaugarten in Colchester bewusst geworden, wie wichtig gerade dieser Punkt für ein abwechslungsreiches Bild ist.

Volle Beete nicht nur im Frühjahr

Erst als die Gehölze gepflanzt waren, konnte ich mir ausführlichere und tiefer gehende Gedanken über die Stauden machen. Natürlich verfuhr ich auch hier bei der Anordnung und Reihenfolge der Pflanzung nach dem Prinzip: Leitstaude zuerst, dann die Begleitstauden. Doch zuerst kreisten meine Überlegungen um die Strukturierung der Blütenhöhepunkte. Letztlich ist mir bei jeder Planung wichtig, dass stets der Auftritt der Vorfrühlingsblüher nie zu kurz kommt. Also auch im eigenen Schattenbeet – und demzufolge habe ich den Lenzrosen gebührenden Raum zugestanden. Aber natürlich auch den Funkien und anderen Schattenstauden. Hier pflanzte ich gleich mehrere Exemplare von einer Sorte, um Wirkung zu erzielen. Ein paar große wuchtige Hosta 'Blue Angel' wechseln sich kontrastreich mit den Sorten 'Patriot' und 'On Stage' – dann kommen die nächsten fünf Meter keine Funkien mehr, dafür jede Menge botanischer Sammel-Kleinkram, an dem mir sehr viel liegt. Dieser besteht aus Vorfrühlings-Alpenveilchen (*Cyclamen coum*) und Zwerg-Ranunkeln (*Ranunculus ficaria*-Sorten). Beide haben die Eigenschaft,

Astilbe japonica 'Snowdrift' hinter Hosta 'Hadspen Blue', deren Blau unübertroffen scheint.

über den Sommer einzuziehen. Dies sorgt für kahle Stellen, die wenigstens optisch durch einige andere Stauden kaschiert werden können. Was wäre hierzu geeigneter als etwa *Pachysandra procumbens*, jene tolle, horstig wachsende Staude aus den Wäldern der amerikanischen Appalachen mit ihren in der Mitte sitzenden, bezaubernd schönen hellrosa Blütenkissen und den olivbraunen Blättern – eine mit dem bekannteren Dickmännchen (*Pachysandra terminalis*) verwandte Ysander-Art. Gern erinnere ich mich an die Pflanzsituation, nämlich wie ich hin und her überlegte und die Staudentöpfe wieder austauschte, weil die Auswahl hier so immens groß ist.

Dadurch, dass Funkien im zeitigen Vorfrühling noch komplett von der Bildfläche verschwunden sind, blieb vor ihren Horsten Platz für einige der auffallend schön gefleckten Lungenkräuter-Sorten (*Pulmonaria*). Ich liebe sie ganz besonders, denn sie zieren durch ihr Blattwerk auch im Sommerhalbjahr. An wohlvorbereiteten kleineren Stellen erfreuen sich dazwischen einige der Elfenblumen aus China. Um ihnen Gutes zu tun, mische ich zur Pflanzung immer etwas Topferde unter, denn im reinen Lehmboden würden diese zarten Geschöpfe sich doch schwer tun. Die Lungenkräuter säten sich mit der Zeit aus, teilweise kamen so sehr hübsche Varianten zum Vorschein.

Unverzichtbare Elfenblumen

Unter den Urweltmammutbaum gehörte unbedingt eine größere Gruppe der bekannten Elfenblumen aus Frohnleiten – allein schon, um den Besuchern die außerordentlich große Robustheit dieser Sorte zu demonstrieren. Diese Sorte ist einer der Parade-Bodendecker für schattige und trockene Bereiche – und hat einen Siegeszug ohnegleichen erlebt. *Epimedium* × *perralchicum* 'Frohnleiten' wurde von Helene von Stein-Zeppelin bei einem Besuch des Alpengartens Frohnleiten in der Steiermark in den frühen 1970er-Jahren als Zufallssämling entdeckt. Sie erbat sich ein Teilstück, das sie zu Ernst Pagels nach Leer in Ostfriesland sandte. Ernst Pagels war damals neben einigen anderen Staudengärtnern ein begnadeter Staudenzüchter, dem wir bekanntlich eine Menge vieler schöner Staudensorten zu verdanken haben. Er erkannte den hohen Gartenwert dieser goldgelb blühenden Elfenblume, taufte sie nach ihrem steirischen Fundort und vermehrte

Fast schon legendär: *Epimedium* × *perralchicum* 'Frohnleiten'.

sie in größerem Stil, bis sie nach und nach in allen Staudengärtnereien Einzug hielt. Sie zeichnet sich durch enorm dichten Wuchs aus und ihre derben Blätter weisen schon darauf hin, dass Trockenheit keinerlei Problem darstellt. Selbst im trockenen Sommer 2015 wies unsere Fläche unter dem Umweltmammutbaum keinerlei Schäden auf. Das derbe Blattwerk belebt jeglichen schneelosen Wintergarten – und Unkraut ist dazwischen niemals ein Thema!

Um die zarten und typischen Elfenblumenblüten zu ihrer Blütezeit auch richtig zu Gesicht zu bekommen, sollte man im zeitigen Vorfrühling die wintergrünen Blätter mit einer Heckenschere bodeneben abschneiden.

Frühjahrszauber ohnegleichen

Ein Stück weiter pflanzte ich eine größere Gruppe von Ashwood-Lenzrosen (*Helleborus* Orientalis-Hybriden): extra aus Samen herangezogen und nicht verkauft, um sie als Mutterpflanzen und Samenträger zu erhalten und auszuwählen. John Massey mit seiner Gärtnerei Ashwood Nurseries war damals wie heute berühmt für seine Lenzrosenselektionen, und dies nicht nur in England. Auch von Hans Kramer aus Holland und einigen privaten Züchtern erhielt ich Material von seltenen Formen und Farben. Damals stand die Lenzrosenselektion noch in den Kinderschuhen. Heutzutage ist sie leider zu einem Massenartikel verkommen und nicht wenige behaupten, dass Lenzrosen bereits in jedem Baumarkt und überspitzt formuliert an jeder Tankstelle zu bekommen seien. Ob dies stimmt? Ich komme so gut wie nie in Baumärkte …

Bunt und farbenfroh sollte meine Schatteninsel werden, dazu artenreich und vielfältig. Und noch etwas war zu bedenken: Ein Grundgerüst aus Stauden bedeutet auch immer, dass für die Folgejahre noch genügend Platz bleiben sollte, um den Hunger an Neuzugängen zu stillen. In meinem Fall sind dies vor allem Schneeglöckchen, die ich mir Jahr für Jahr aus England schicken lasse. Eine wahrlich teure Liebhaberei! Der gute und sozusagen jungfräuliche Boden der Schatteninsel lässt die Schneeglöckchen dankenswerterweise flott wachsen. Sie bleiben immer drei, maximal vier Jahre stehen und werden dann an eine andere Stelle verpflanzt. Ich ziehe sie ja nicht nur aus Spaß an der Freude, sondern wollte in naher Zukunft die eine oder andere hübsche Sorte auch in den Verkauf bringen. Die Neuzugänge kommen meist in feuchtem Sphagnum-Moos eingewickelt in einem schmalen Postpaket im April an.

Jede Lenzrose hat ihren eigenen Charme, sofern sie durch Samen vermehrt wurden.

Vom Nutzen der Etiketten

In Ihrem Garten können Sie es zwar halten, wie Sie möchten, aber für uns Staudengärtner ist das Etikettieren der vielen Pflanzen essentiell notwendig – nicht allein für die Besucher. Gerade bei einer größeren Sammlung geht es gar nicht ohne: egal, ob es sich um Funkien, Rhododendren, Schneeglöckchen oder Storchschnäbel dreht. Eine formschöne Etikettierung ist allerdings relativ teuer. Sollte Sie der Etikettenwald im Beet stören, vergraben Sie die kleinen Stecketiketten am besten mit der Pflanze, bis auf den obersten, sichtbaren Zentimeter. So kann der Frost die Etiketten nicht herausheben, der Wind sie nicht verwehen und keine Witterung kann einem mit Bleistift geschriebenen Namen unter der Erde etwas anhaben. Doch nur so wissen Sie auch noch nach Jahrzehnten, was da vor Ihnen steht, sollte Ihnen der Name nicht mehr einfallen.

Phlox stolonifera 'Ariane' durchwandert spielerisch die neben ihm stehenden Maiglöckchen und Funkien.

Keiner bedrängt den anderen?

Im Schattenquartier kann man es auch mit Salomonssiegel aller Art probieren. Sie sind anspruchslos und wachsen überall problemlos. Hier muss aber zwischen langsam wachsenden und stärker wachsenden Arten unterschieden werden. Wuchern ist vielleicht etwas übertrieben, doch haben *Polygonatum hirtum* und einige Formen von *P. roseum* tatsächlich die Neigung, extrem in die Breite zu wachsen und andere Stauden dabei zu bedrängen. Ein einzelnes eingewachsenes Exemplar von *P. biflorum* 'Giganteum' ist eine wahre Augenweide und erfreut uns für viele Jahre, aber man sollte ihm schon einen Platz von mindestens 1 m² zugestehen.

So schön auch die unterschiedlichen Maiglöckchen (*Convallaria majalis*) mit ihren gerandeten oder gestreiften Blättern sind, sollten Sie diese in jedem Fall so pflanzen, dass sich keine anderen Stauden bedrängt fühlen. Im Gegensatz zum normalen Maiglöckchen wachsen die stattliche 'Hardwick Hall' mit ihrem gelblich weißen Rand wie auch einige andere Auslesen wesentlich schwächer. Ich jedenfalls finde ihren Duft in der Vase mehr als köstlich. Übrigens halten Maiglöckchen im eingewachsenen Zustand viel mehr Trockenheit aus als man vermutet. Und auch einige Arten des Salomonssiegels wie unser einheimischer *Polygonatum odoratum* überstehen sogar mehrere Wochen der Trockenheit prima.

Ohne Gräser geht es nicht

Gräser gehören in jeden Gartenteil, zu dieser Aussage stehe ich nach wie vor. Daher mussten unbedingt auch Gräser in unsere Schatteninsel hinein. Einige *Carex*-Arten hatten es mir schon immer angetan. Eberhard Fluche, ein befreundeter, passionierter Pflanzensammler aus Darmstadt schenkte mir vor vielen Jahren *Carex morrowii* 'Gilt'. Im Gegensatz zu anderen panaschierten Gräserarten wächst diese aus Japan stammende Auslese sehr verhalten und braucht eine gewisse Zeit, bis sie sich etabliert hat. Sie besticht jedoch durch ihren wesentlich stärkeren, nahezu weißen Rand. Die dichten Horste dieser wunderschönen Auslese bleiben über viele Jahre stehen. Und sicher hätte diese Segge längst schon weite Verbreitung erfahren, wenn sie etwas flotter wachsen würde. Denn so gestaltet sich ihre Vermehrung doch als etwas langwierig.

Ein Muss für jeden Schattengarten ist das Japangras (*Hakonechloa macra*). Meinen ersten Eindruck von diesem sehr imposanten Gras bekam ich im Botanischen Garten Linz, wo einige alte Exemplare der grünblättrigen Stammform und ein paar gelb gerandete 'Aureola' stehen. Sigurd Lock, der damalige Stadtgartendirektor erzählte mir, dass er diese Japangräser um 1960 herum gepflanzt habe. Der kaskadenförmige Wuchs ist einfach wundervoll und es gibt wohl kaum ein Schattengras, das über die Jahre so dauerhaft und zuverlässig ist. Für ein einzelnes Exemplar der grünen Stammform müssen Sie im Alter allerdings mit 1,5 m^2 rechnen. Bis dahin vergeht allerdings viel Zeit, sodass Sie zu Beginn ruhig ein wenig dichter an das Gras gärtnern dürfen! Einige der neueren Auslesen wachsen allerdings wesentlich schwächer, aber besitzen eine intensive Herbstfärbung, eine andere, leider schwachwüchsige Sorte, 'All Gold', ist das ganze Jahr über leuchtend gelb gefärbt. Das Japanische Berggras gehört zu meinen großen Favoriten – und ich kann es gar nicht oft genug anpreisen. Alle Japangräser stehen für Eleganz und Anmut, für lebhafte und anhaltende Beständigkeit.

Gräser rangieren im Schattengarten gegenüber Funkien und anderen Stauden bisher teilweise „unter ferner liefen". Daran können offenbar auch wir Staudengärtner nur langsam etwas ändern.

Stets attraktive Waldrebe: im Austrieb schwarz, weiße Blüten wie ein Schleierkraut und fluffige Fruchtstände im Herbst.

Dabei findet sich für den Schattengarten mindestens eine ebenso große Auswahl an Gräsern wie für den Präriegarten. Nur ist die Akzeptanz der Gräser dort schon deutlich höher. Im öffentlichen Grün finden wir Schattengräser bisher höchstens als Alibi-Bodendecker – und dafür sind sie eigentlich zu schade: ganz gleich, ob es sich hierbei um die Seggenarten *Carex umbrosa*, *C. pulicalis*, *C. montana* oder sogar die imposante *C. pendula* handelt. Am besten gefallen mir Gräser, wenn sie in Form kleiner Gruppen zwischen anderen Stauden wachsen – für das Auge ist dies viel angenehmer und willkommener als eintönige Flächenbepflanzungen mit einem einzigen Schattengras.

Ein Hoch auf die Teppich-Primeln

Am Rand der Schatteninsel pflanzte ich nach und nach auch allerlei Primeln. Der Gehölzrand an einer Nordostseite ist für Primeln geradezu prädestiniert, denn dort ist es feuchter und im Sommer kühler. Hier bietet sich für einen Sammler wirklich ein unglaublich weites Feld. Die gefüllten Blüten vieler historischer Primeln erinnern mich stets an Abbildungen alter Bücher und Stiche – um nicht zu sagen, an Urgroßmutters Zeiten, die zumindest ich nie erlebte. Via England sind zum Glück noch viele dieser Primeln zu bekommen, selbst wenn das meiste mit der Zeit auch dort verloren ging. Es ist wirklich jammerschade, dass innerhalb von nicht einmal zwanzig Jahren viele Sorten der Echten Teppich-Primeln (*Primula* Pruhoniciensis-Hybriden) aus den Gärten und Staudengärtnereien mehr oder weniger auf Nimmerwiedersehen verschwanden. Sie wieder aufzugreifen und in Kultur aufzunehmen bedeutet, die sprichwörtliche Nadel im Heuhaufen zu finden. Nur noch wenige Sorten sind bei Sammlern in Kultur sowie auf einigen Friedhöfen zu finden. Der Grund für ihr Verschwinden ist wohl in unserer schnelllebigen Zeit zu suchen: Niemand gab sich mehr mit ihnen ab, weil mit den Jahren einige durchgezüchtete Samensorten auf dem Markt erschienen. Verglichen mit den ausschließlich durch Teilung vermehrbaren Teppich-Primeln natürlich die preiswertere Variante. Allerdings mit dem kleinen, aber markanten Unterschied, dass die durch Samen vermehrten Sorten längst nichts mehr mit den echten Teppich-Primeln zu tun haben. Eben auch nicht über deren

Teppich-Primeln zeigen ihre Qualitäten im Halbschatten.

positive Eigenschaften des teppichartigen Wuchses verfügen. Echte Teppich-Primeln waren ursprünglich Hybriden, die aus der kaukasischen *Primula juliae* und den Kissen-Primeln (*Primula vulgaris*) entstanden. Im Gegensatz zu den meisten anderen Schattenstauden sollten viele dieser Historischen Primeln alle paar Jahre auseinandergeteilt und verpflanzt werden, um sie so zu erhalten. Andernfalls könnte es passieren, dass die Kissen durch mangelndes Nährstoffangebot auswintern oder zumindest kümmern.

Mit Geduld zum Alpenveilchenteppich

Unsere Schatteninsel bot uns die Möglichkeit, aus den spannendsten Pflanzen auszuwählen, auszuprobieren und dann deren Entwicklung mit den Jahren zu erleben. Sie können Ihren Schattenbereich sehr einfach halten, aber auch der Vielfalt freien Lauf lassen. Zwischen Primeln, Zwerg-Ranunkeln und Schneeglöckchen siedelte ich in unserer Schatteninsel auch jene allerliebsten Vorfrühlings-Alpenveilchen an. Mich frisst immer der Neid, wenn ich in anderen Gärten jene prachtvoll blühenden Teppiche aus *Cyclamen coum* zu Gesicht bekomme, die sich dort wie selbstverständlich vermehren. In meinem eigenen Privatgarten unter der Magnolie und unter der Hasel kümmern sie zwar nicht – von solch bunten Teppichen darf ich jedoch weiter träumen. Woran liegt dies? Ich hörte früher einmal von Karl Seibert, einem Kollegen und Foersterianer, den Spruch: „Gärtner und Geduld fängt beides mit G an". Es dauert Jahre der ungestörten Ruhe, bis die Ameisen die Samen in alle Himmelsrichtungen verbreiten. Auch behagt den Alpenveilchen nicht, wenn dauernd herumgehackt und die Bodenkrume gestört wird, außerdem schätzen sie eine kalkreiche Humusbodenauflage, die längst nicht überall gegeben ist. Bei Karl Plaimer, einem befreundeten Pflanzenliebhaber bei Linz, wuchsen *Cyclamen* schon fast unkrautartig und er durfte einen solchen bunten Cyclamenteppich sein eigen nennen. Von ihm bekam ich vor einiger Zeit eine Tüte voll frisch gesammelter Samen von gewöhnlichen *Cyclamen coum*, dem Vorfrühlings-Alpenveilchen. Diesen Samen streute ich überall breitwürfig aus. Und siehe da, bereits im darauffolgenden Jahr waren jede Menge kleiner Vorboten dieser so lieblichen Teppiche zu entdecken. Und dann war es nur noch eine Frage der Zeit, bis diese Winzlinge Blühstärke erreichten.

Vorfrühlings-Alpenveilchen vermehren sich, wenn der Boden in ihrer Umgebung in Ruhe gelassen wird.

Herbstplanung nicht vergessen

Vergessen Sie aber vor lauter Frühlingsblütenvorfreude nicht die nachfolgenden Monate. Gerade der Herbst verspricht uns auch im Schattengarten eine Menge an Überraschungen. Wo es an der Südseite vor Sträuchern sehr trocken ist, können Sie es mit der Bleiwurz (*Ceratostigma plumbaginoides*) versuchen. Dieser anspruchslose Bodendecker zeigt sich über das ganze Jahr als angenehm grüner Teppich. Die drahtigen Triebe durchziehen das Erdreich und helfen uns, auch an schwierigsten Stellen zu einer geschlossenen Pflanzendecke zu gelangen. Im September schmückt sich die Bleiwurz mit ihren enzianblauen Blüten, ihr Blattwerk verfärbt sich gleichzeitig purpurrot. Dieser wunderbare Kontrast, verbunden mit ihrer Genügsamkeit, sollte viel mehr ausgenutzt werden.

In ein herbstliches Staudenbeet gehören unbedingt Japanische Anemonen. Hier bevorzuge ich stets weiß blühende Sorten, die in Verbindung mit Gehölzen am meisten Wirkung zeigen. Pflanzen Sie die Anemonen beispielsweise vor einen Ahorn, der sich im Oktober flammend rot verfärbt, oder vor eine dunkle Gehölzkulisse, etwa vor eine Eibenhecke. Die wohl bekannteste Sorte dürfte die schon sehr alte, einfach blühende, weiße *Anemone japonica* 'Honorine Jobert' sein. Halbgefüllt sind die Sorten 'Whirlwind' und die ebenfalls sehr alte 'Luise Uhink'. Man muss ihnen genügend Platz einräumen, damit sie sich voll entfalten können. Einmal eingewachsen überdauern sie aber die Zeiten, und es kann ihnen keine andere Staude jemals den Platz streitig machen.

Ausprobieren geht über studieren

Mit den Jahren habe ich in der Staudengärtnerei ein stattliches Sortiment an Busch-Windröschen angesammelt. Eine Leidenschaft, die mich kaum wieder loslässt. Auch von ihnen wollte ich unbedingt einige Sorten in unserer Schatteninsel unterbringen, um sie den Besuchern zu zeigen. Außerdem war ich gespannt, wie sich Busch-Windröschen ausgepflanzt im Garten entwickeln, denn viele Sorten kennt man als Gärtner ja nur aus der Topfkultur. Fest steht, dass man ihnen gehörig viel Platz zur Verfügung stellen sollte. Die meisten Sorten entwickeln sich nach einigen Jahren zu größeren Tuffs, die bis zu 50 cm Breite erreichen. Einige Sorten lassen allerdings mit den Jahren in ihrer Blühfreudigkeit etwas nach. Diese sollten dann im August im ruhenden Zustand aufgenommen, geteilt und wieder frisch gepflanzt werden. Von den rund 140 Sorten pflanze ich aber lediglich sechs bis sieben markante Sorten in die besagte Insel. Sie sollten ja nur repräsentieren, und allmählich wurde auch hier der Platz zu klein. Aus England ließ ich mir von kenntnisreichen Privatleuten einige andere Stauden schicken oder fuhr selber hin und suchte mir aus, was mir gefiel. Zunächst wurden solche Neuzugänge getopft, eine Saison im Anzuchtsquartier kultiviert – und dann für gut oder entbehrlich erklärt. In den nächsten Jahren pflanzte ich sie an geeigneter Stelle im Schattenteil des Schaugartens, auch um ihre Ausdauer und Winterhärte unter den hiesigen Innviertler Verhältnissen zu testen. Ich machte einige teilweise überraschende Erkenntnisse: Beispielsweise wurde immer behauptet, dass die Herzblattwurz (*Saruma henryi*) aus der Familie der Osterluzeigewächse (Aristolochiaceae) bei uns nicht winterhart genug sei, dass sie einen sauren Boden benötigt und überhaupt sehr empfindlich sei, was Kälte anbelangt. Bald erkannten wir, dass genau das Gegenteil der Fall war. Hier wuchs diese gelb blühende Staude mit ihren behaarten, herzförmigen Blättern schnell zu einer breiten vieltriebigen Staude heran und erfreute jedermann durch die früh erscheinenden Blüten. Ahnungslose Kunden pflanzten sie sogar mit Erfolg in den reinen Lehmboden und in die volle Sonne, ohne dass es ihr zum Nachteil wurde.

Experimente für alle Jahreszeiten

So probierten wir mit den Jahren sehr vieles aus. Auch eine andere Staude überraschte durch ihre Wüchsigkeit und Winterhärte – aber enttäuschte mich zugleich maßlos durch ihre überaus langweiligen Blüten. Wenn *Syneilesis aconitifolia* im Frühling mit ihren bepelzten und geschlitzten Blättern austreibt, so birgt diese chinesische Waldstaude durchaus etwas Geheimnisvolles und Mystisches. Der Blattschopf erinnerte mich ein wenig an Schopftintlinge und so nannte ich diese Staude „Pilzblatt". Karl Foerster würde mir beipflichten, denn er war ja im Finden von deutschen Pflanzennamen äußerst fantasiereich. Kaum aber hatten sich die Blätter entfaltet und der Blütentrieb zeigte sich, war ich schwer enttäuscht. Auf jeden Fall hatte ich mir etwas wesentlich Dekorativeres vorgestellt als das, was da austrieb. Diese paar wenigen gelblichen Blüten erinnerten mich eher an einer dieser Unkraut-Greiskräuter! Aber der Austrieb war trotz allem spannend und hatte etwas Besonderes.

Die leuchtendroten Lerchensporne vermehrten sich ganz von selbst im Schattenbeet, ohne dass wir nachpflanzten. In den Anfängen kamen einige Exemplare von *Corydalis solida* 'George Baker' und 'Beth Evans' mit dazu. Sie säten sich munter aus und nach und nach wurde nicht nur die blühenden Exemplare zahlreicher, sondern auch die Farbpalette bunter. Keine Spur mehr von einheitlichem Ziegelrot – nun ergab sich eine Regenbogenmischung von Hellblau über Rosarot bis hin zu weißen Exemplaren. Eine schöne, ausgelassene Frühlingsstimmung!

In den letzten Jahren kamen die aus Japan stammenden Oktober-Steinbrech wieder sehr stark in Mode. Die Stammform von *Saxifraga cortusifolia* var. *fortunei* ist ja schon lange in gärtnerischer Kultur. Ihre schleierkrautartigen Blütenrispen erscheinen gewöhnlich gegen Ende September. Zusammen mit der spät blühenden, hellblauen *Hosta* 'Tardiflora' ergeben sie jenes entzückende Bild ab, wovon so viele Gartenfreunde träumen und deren Kombination schon Wilhelm Schacht anpries. Die Japaner besitzen eine breite Palette der unterschiedlichsten Farben und Formen, die sich auch in der Blattfärbung stark unterscheiden. Die meisten dieser Sorten sind bestechend schön und alle sind sie eine wirkliche Bereicherung unseres herbstlichen Gartens. Allerdings – nur ein leichter Bodenfrost reicht aus, um dem ganzen Blütenzauber ein schnelles Ende zu bereiten. Die Pflanzen sind deswegen nicht gänzlich ruiniert, nur ihr Blütenflor für dieses eine Jahr, sie sind ja vollkommen winterhart und treiben im kommenden Jahr wieder zuverlässig aus. Und nicht jedes Jahr ist mit frühen Frösten zu rechnen. Vielleicht denken Sie auch daran und werfen ein kleines Leinentuch über den Oktober-Steinbrech, wenn sich ein Frost ankündigt. Einige der japanischen Sorten blühen zudem sehr spät im Jahr und sind daher nur etwas für wintermilde Zonen. Warum für den Herbst-Steinbrech in den letzten Jahren ausgerechnet der Name „Oktoberle" verbreitet wurde, entzieht sich meiner Kenntnis, denn als Oktoberle gelten ausschließlich diese niederen, herbstblühenden Fetthennen (*Sedum sieboldii*).

Inzwischen existiert vom Oktober-Steinbrech eine große Sortenvielfalt.

Herbstblühende Zwiebelblumen

In unserer Schatteninsel konnten sich auch einige Zwiebelstauden prächtig etablieren. Wertvolle Herbstblüher sind die Herbst-Zeitlosen – die zu ihrer Blütezeit zum großen Blickfang werden. Mit den Jahren wachsen sie zu breiten Horsten heran und blühen mit Hunderten von Blüten. Die wenig dekorativen und eher störenden Blätter gefallen aber vielen weniger, daher pflanze ich einige dieser prächtigen **Colchicum**-Sorten an Stellen zwischen laubabwerfenden Sträuchern und am Rand. Dort stören sie weniger und können sich trotzdem entwickeln. Es tut mir so leid für diese wunderbaren Gartenpflanzen – sie kamen in Verruf, weil sie zu den giftigsten Stauden zählen, die wir im Garten besitzen. Jeder soll sich seine eigene Meinung bilden: Ich finde, wenn man alles verbannen müsste, was giftig ist, wären unsere Gärten bedeutend ärmer.

Ebenfalls haben sich im Gehölzrand einige Herbst-Krokusse (*Crocus speciosus*) mit den Jahren wunderbar etabliert, die mich jedes Mal faszinieren. Diese zart geaderten, blauen Blüten, von denen sich die orangen Staubgefäße so auffällig abheben, mag ich nicht mehr missen. Sie vermehren sich bei uns eigenartigerweise nur langsam, aber es genügen ja nur ein paar Farbtupfer. Und sogar das Herbst-Schneeglöckchen (*Galanthus reginae-olgae* subsp. *reginae-olgae*) konnte sich im Wurzelbereich eines Zwerg-Pfeifenstrauchs (*Philadelphus microphyllus*) sehr gut entwickeln. Es ist auf Sommertrockenheit angewiesen – und diese verschaffen die Wurzeln des Strauches, die alle überschüssige Feuchtigkeit wegziehen. Ansonsten ist auch der Fuß einer Ligusterhecke ein bevorzugter Ort, wo diese Besonderheit gut gedeiht. Bereits im Spätherbst blühende Schneeglöckchen zu haben, ist der Stolz eines jeden Sammlers!

Auch die Lerchensporne (*Corydalis solida* und *C. cava*) verbreiten sich willig, wofür sie allerdings einige Jahre benötigen.

Pflege kann so einfach sein …

Für die Pflege im Schattengarten gelten ganz einfache Regeln – viel ist letztlich nicht zu tun. Beim Frühjahrsrückschnitt schneiden Sie das alte Blattwerk der Elfenblumen und Lenzrosen herunter, damit sich die Blüten schöner präsentieren. Und wenn Sie sonst noch etwas Gutes tun möchten, dann lassen Sie diesen Bereich Ihres Gartens möglichst in Ruhe. Stutzen Sie Ihre Bäume und Sträucher behutsam mit Gefühl und nur dann, wenn der Bewuchs zu dicht wird und sich die darunter befindenden Stauden nicht mehr richtig präsentieren können.

Alle paar Jahre sollten Sie eine dünne Schicht ausgereiften Kompost zwischen Ihren Schattenstauden verteilen. Der erhöhte Humusanteil bewirkt wahre Wunder – und Sie werden über das bessere, vitalere Wachstum Ihrer Stauden staunen. Eine verstärkte Düngung mithilfe von Kompost ist sinnvoll, denn die umgebenden Gehölze zehren nicht unwesentlich vom vorhandenen Nährstoffangebot. Nirgends ist also die Gabe von Kompost wichtiger als im Gehölzbereich Ihres Gartens. Der

Unser Funkiengarten im Herbst.

Am schönsten präsentiert sich der Funkiengarten im Juni. Wer würde glauben, dass zwischen diesen Funkien eine Menge Schneeglöckchen-Sorten wachsen?

Kompost darf ruhig auch gröbere Aststückchen beinhalten, denn dies sieht natürlich aus und lockert den Oberboden zusätzlich auf. Und je lockerer der Boden ist, desto besser wachsen selbst viele heikle Schattenstauden.

Mein Fazit

Seltene Schattenstauden stammen aus vielen Teilen der gemäßigten Zonen der Erde. Viele Pflanzen kommen aus Ostasien, aber auch aus den Wäldern Nordamerikas. Die Palette der Schattenstauden ist riesengroß, die Liste ließe sich ins Unendliche fortsetzen – und wir können unmöglich alles pflanzen!

Versuchen Sie auch stets, der Pflanzung Ihre eigene Handschrift zu geben. Fragen Sie sich vorher: Was gefällt mir und welche Kombinationen machen mir am meisten Spaß? Ich persönlich neige immer dazu, zu viele Arten pflanzen zu wollen. Dadurch kann unter Umständen Unruhe aufkommen. Wenige markante Leitstauden oder Gehölze helfen ganz entscheidend, Ihrer Pflanzung die persönliche Note zu geben – sei es durch einzelne, vielleicht auch etwas ungewöhnliche Kombinationen.

Eine große Herausforderung: trockener Schatten

Wer kennt diese Problemzonen nicht, denn nahezu in jedem Garten sind sie zu finden: Beete an der Ostseite eines Hauses, unter einem Vorsprung eines Garagendaches oder im Wurzelbereich von Nadelgehölzen. Auch nach längeren Regenfällen gelangt hier nicht viel Feuchtigkeit an die Wurzeln der vorhandenen Pflanzen.

Der Beinwell (*Symphytum grandiflorum* 'Wisley Blue') nimmt auch mit schweren Lehmböden vorlieb.

Bodendecker schließen den Boden

In der Natur sind solche witterungsabgewandten Zonen auch gar nicht so selten anzutreffen, beispielsweise im Regenschatten von Felsen.
In Ihrem Garten könnten Sie derartige Problemzonen selbstverständlich auch durch eine Kiesschicht oder Mulchschicht kaschieren – sicher die einfachste, aber auch fantasieloseste Lösung. Es gibt nämlich eine gar nicht so geringe Anzahl an Pflanzen, die mit solchen Extremsituationen wunderbar zurechtkommen – und dies zudem über lange Jahre, wenn sie einmal eingewachsen sind. Besonders einige Staudenbodendecker halten hier wacker die Stellung und bieten uns immer ein ansprechendes Bild. Man sollte allerdings den Boden optimal vorbereiten, um ein schnelles Anwachsen zu gewährleisten. Für ein schönes Bild genügen je nach Wuchsfreudigkeit etwa fünf bis sieben Exemplare pro Art.
Aus dem Belgrader Wald westlich von Istanbul stammt die Wolfsmilch *Euphorbia amygdaloides* var. *robbiae,* eine Unterart unserer heimischen Mandelblättrige Wolfsmilch. Im Gegensatz zur Stammart hat sie die Eigenschaft, stark in die Breite zu wachsen. Ihre ledrigen, glänzenden Blätter deuten schon auf ihre große Trockenheitsresistenz hin. Sie wurde Ende des 19. Jahrhunderts von einer englischen Lady während einer Kutschenfahrt entdeckt. Sie grub einige Triebe davon aus und bewahrte sie in ihrer Hutschachtel auf, bis sie wieder in England war. So kam diese Wolfsmilch in die Gartenkultur.

Ihren flächigen und sehr dichten Wuchs können wir uns an absonnigen und trockenen Stellen zunutze machen. Doch auch für Innenhöfe eignet sich diese Wolfsmilch ganz hervorragend und gibt durch ihr immergrünes Kleid ein über längere Zeiten sehr ansprechendes Bild ab. In strengen Wintern können die dunkelgrünen Blätter durchaus einmal durch den Frost leiden und geschädigt werden. Dann schneiden Sie mit einer Heckenschere kurzerhand alle oberirdischen Triebe bodeneben ab. Im darauffolgenden Frühjahr treibt *Euphorbia amygdaloides* var. *robbiae* dann munter wieder aus ihren Rhizomen aus und schließt problemlos die vorhandene Fläche. In Kombination mit den Elfenblumen *Epimedium* × *perralchicum* 'Frohnleiten', *E. perralderianum* oder *E. pinnatum* 'Elegans' entstehen so Staudenflächen im Halbschatten, die auch längere Zeit ohne Wasser von oben auskommen können. Nur während sehr trockener Zeiten werden Sie gelegentlich mit Bewässern nachhelfen müssen.

Ein weiterer, sehr robuster Bodendecker für trockenen Halbschatten ist der aus dem Kaukasus stammende Beinwell (*Symphytum grandiflorum*), der meist in seiner panaschierten Sorte 'Goldsmith' in Verbreitung ist. Aber auch die hellwasserblaue 'Wisley Blue' oder die von Ernst Pagels selektierte 'Blaue Glocken' eignen sich für diese Zwecke hervorragend. In früheren Jahren pflanzte ich ihn öfter unter Blaufichten. Bewässern sollten Sie allenfalls zu Beginn – wenn die Fläche zusammengewachsen ist, erübrigt sich das.

Ich war immer schon ein großer Fan der Bleiwurz (*Ceratostigma plumbaginoides*). Eine einfache Lösung ist es, entlang der Hausmauer größere Kieselsteine auszulegen – und zwischen ihnen macht sich dann die Bleiwurz mit ihren unterirdisch wachsenden, drahtartigen Trieben breit. Es sieht einfach entzückend aus, wenn im Herbst die roten Blätter mit ihren blauen Blüten zwischen den hellen Steinen umhervagabundieren.

Der Nesselkönig (*Lamium orvala*) kann mehr Trockenheit vertragen als ihm allgemein zugemutet wird.

Panaschierter Giersch könnte auch in der Küche Verwendung finden.

Keine Angst vor Giersch

Trockener Schatten heißt auch, bei Gehölzen zwischen Flach- und Tiefwurzlern zu unterscheiden. Viele Ahornarten und vor allem auch unsere einheimische Birke gehören zu den extremsten Flachwurzlern, die wir besitzen. Stauden können sich hier eigentlich nur dann entwickeln, wenn sie gleichzeitig mit den Bäumen gepflanzt werden. Nachträglich wachsen sie nur sehr schwer an, außer man trägt eine Erdschicht auf den Wurzelbereich der Gehölze auf. Diese Schicht sollte eine Stärke von etwa 15 cm nicht überschreiten, da die Gehölze einen dickeren Erdschichtauftrag nicht vertragen.

In der Auswahl der Stauden sind wir hier allerdings sehr eingeschränkt. In meinem Privatgarten wuchs unter einem großen Silber-Ahorn (*Acer saccharinum*) nichts, bis ich die kahle Fläche unterhalb der Baumkrone mit dem weißbunten, panaschierten Giersch *Aegopodium podagraria* 'Variegata' bepflanzte. Dieser Giersch wird vor allem in den USA sehr gerne auf Verkehrsinseln und im öffentlichen Grün verwendet, während er bei uns unter ferner liefen rangiert. Vermutlich auch deswegen, weil die meisten Gartenliebhaber etwas gegen Giersch haben. Gegenüber dem gefürchteten Unkraut-Giersch wächst die weißbunte Form aber viel verhaltener und gibt einen hervorragenden Bodendecker ab, der das ganze Jahr über ansprechend aussieht. So hielt er dann auch unter unserem Ahorn jahrelang die Stellung. Nur wenn es ihm mal zu heiß und zu trocken wurde, fing er an zu hängen, was aber selten der Fall war. Wurde nach solch einer Trockenphase sein Blattwerk unansehnlich, fuhr ich kurzerhand mit dem Rasenmäher darüber. Der frische Austrieb sah dann für den Rest des Jahres wieder ordentlich aus.

Genügsam, dekorativ und dauerhaft

Wer einmal *Geranium macrorrhizum* in der freien Natur gesehen hat, staunt über seine geradezu unglaubliche Genügsamkeit. Und man versteht, warum dem Balkan-Storchschnabel ein zu guter Boden mit einem Zuviel an Feuchtigkeit schnell zum Verhängnis werden kann – Pilzkrankheiten und Rhizomfäule sind die Folge. Seine dicken, oberirdisch wachsenden Rhizome werden nur von dünnen Wurzeln festgehalten, welche in die obere Erdschicht wachsen. Ich entdeckte den Balkan-Storchschnabel unter anderem an der Ostseite des Thessalischen Olymps in Nordgriechenland, wo er steile, nordostseitige Schotterhänge mit seinen Rhizomen durchzog. Nur wenige Humustaschen sind zwischen dem Geröll vorhanden, es regnet dort zwar gelegentlich auch während der Sommermonate, aber alles Wasser fließt schnell ab. Der herbe Geruch der leicht behaarten Blätter ist für manche etwas gewöhnungsbedürftig, ich aber verbinde ihn stets mit der Bergwelt des Balkans.

Unter Birken kann ich mir gar keinen besseren Bodendecker vorstellen, der mit dieser Extremsituation zurechtkommt. Von Dr. Hans Simon stammen zwei der wichtigsten Auslesen, die weiß blühende 'Spessart' und die dunkelrote 'Czakor' aus der gleichnamigen Schlucht in Montenegro. Mit diesen beiden Sorten des Balkan-Storchschnabels wurden mit der Zeit große Bereiche des Öffentlichen Grüns und vieler Privatgärten bepflanzt, leider aber oft zu monoton und zu wenig zielgerichtet. Beide Sorten wachsen sehr stark und bilden schnell einen dichten Teppich. Nach Jahren des Wachstums können kahle Stellen auftreten – ein Zeichen, den Balkan-Storchschnabel zu verjüngen. Sie schneiden dafür den kompletten Storchschnabel-Teppich bis auf die verbliebenden Rhizome radikal zurück. Für einige Wochen sieht die Fläche dann zwar entsetzlich kahl aus, aus den Rhizomen erscheinen aber bald neue Triebe und alles zeigt sich wieder proper. Es sind noch einige rot blühende Auslesen in Kultur, die Franz Praskac, ein Kollege während unserer Exkursion am Thessalischen Olymp mitnahm. Er gab ihnen die Namen 'Olympos', 'Mytikas' und 'Prionia'. Diese wesentlich zarteren Sorten wachsen verhaltener, sind aber deswegen nicht schlechter. 'White-Ness' hatte ich einst aus Schottland eingeführt, sie besitzt ein strahlendes Weiß und wächst mit den Jahren zu einem dichten Teppich heran.

Der Balkan-Storchschnabel ist für trockenen Schatten jedweder Art prädestiniert. Und auch mit den Hybriden von *Geranium × cantabrigiense* können schwierige Stellen gemeistert werden. Unter unserem Carport pflanzte ich vor langer Zeit die weiß blühende Sorte 'Biokovo', die sich für solche regenabgewandten Stellen prima eignet. Noch heute wundere ich mich immer, von was eigentlich dieser Storchschnabel lebt und sein Auskommen findet.

Unverwüstlich und ideal für trockenen Schatten ist der Balkan-Storchschnabel (hier *Geranium macrorrhizum* 'Czakor').

Immer der Natur nacheifern

In unseren Gärten ist der einheimische Steinsame (*Lithospermum purpurocaeruleum*) nahezu unbekannt. Dabei ergibt dieses Kind trockener, kalkreicher Gebüschvegetationen einen wunderbaren Flächendecker. Allerdings von ganz anderer Wuchsart, denn er wächst mit seinen peitschenförmigen Trieben in die Breite, wobei die Triebspitzen wieder wurzeln und sich mit der Zeit ein dichtes polsterartiges Geflecht bildet. Seine enzianblauen Blüten sind sehr auffällig. Den Steinsamen können Sie im trockenen Schatten gut verwenden und unterbringen. Machen Sie es der Natur nach: Auch das Maiglöckchen (*Convallaria majalis*) zählt zu den robusten Stauden, die im eingewachsenen Zustand einiges an Trockenheit wegstecken können. Steinsame und Maiglöckchen wachsen in der Natur gemeinsam, teilweise an sehr trockenen Hängen und im Gebüsch.

Flächig wachsende Fetthennen eignen sich ebenfalls gut für solche Bereiche, wenngleich sie in der vollen Sonne wesentlich arttypischer wachsen und sich farblich ausgeprägter präsentieren. Daher sind sie eher nur für kleinere Flächen zu gebrauchen, da ihr Wuchsverhalten im Schatten sehr unterschiedlich sein kann. Von *Sedum ponticum* hatte ich aus der Nordosttürkei ein paar Stecklinge mitgenommen. Diese flach wachsende Art mit ihren zartrosa Blüten hält nicht nur viel Trockenheit aus, ihre Blüten erscheinen während des ganzen Sommers. Bei uns steht *sie* unter einer Sibirischen Kirsche (*Prunus serrula*).

Für Bereiche des trockenen Schattens sind aber nicht nur Bodendecker geeignet, sondern auch einige Stauden mit horstigem Wuchs. Aus den Urwäldern am Rande des Kaspischen Meeres stammt *Teucrium hyrcanicum*, der Persische Gamander. Seine lilaroten Blüten erinnern aber eher an Ehrenpreis als an einen Gamander. Erstaunlich ist seine Fähigkeit, sich durch Selbstaussaat sogar an trockensten Stellen im Wurzelbereich unter Gehölzen breitzumachen. In normalen Staudenbeeten wird mir der Persische Gamander mit der Zeit zu lästig, aber in Verbindung mit der Nieswurz (*Helleborus foetidus*), dem Schildfarn (*Polystichum polyblepharum*) sowie einigen der oben genannten Elfenblumen können sehr naturnahe Bilder an Stellen entstehen, wo man mit anderen Stauden seine Schwierigkeiten hat. In wintermilden Gegenden können Sie es auch mit der Korsischen Nieswurz (*Helleborus argutifolius*) probieren. Ihr derbes, jedoch sehr dekoratives Blattwerk ist wie das der Nieswurz wintergrün.

Ein Loblied auf die Nieswurz

Doch immer wieder möchte ich das Loblied auf die Palmblatt-Nieswurz (*Helleborus foetidus*) singen. Wir besitzen kaum eine Staude mit derart tollen Eigenschaften – sie ist wintergrün und erstaunt durch ihre unglaublich lange Blütezeit. Schon als Kind fiel mir diese stammbildende Art bei Spaziergängen im Schweizer Jura auf, wo sie zwischen Schlehengebüsch stand. Ihre Blütenrispen mit den gelblich grünen Hochblättern schieben sich bereits im November aus den Stämmen. An milden Märztagen erblüht die Nieswurz, übrigens sehr dekorativ und schön in Verbindung mit Schneeglöckchen und frühen Lerchenspornen. Ihre Blütezeit erstreckt sich bis in den Mai hinein, danach reifen die Samen, fallen aus und werden von Ameisen in alle Himmelsrichtungen verschleppt.

Lange Zeit fragte ich mich, warum die Nieswurz bei uns nicht viel öfter in der Gartenkultur anzutreffen

Der Steinsame (*Lithospermum purpurocaeruleum*) macht mancher Staude ihren Platz streitig.

An geeigneter Stelle kann die Nieswurz 'Wester Flisk' üppige Bestände bilden, die für Bewunderung sorgen.

war und warum sie so gar keine Akzeptanz fand. In Großbritannien und Holland sieht man sie in stärkerem Umfang in vielen Gärten. Doch erst in letzter Zeit wird sie auch bei uns gepflanzt. Liegt es daran, dass Pflanzen aus der eigenen Umgebung keine Akzeptanz finden und man diese für nicht gartenwürdig erachtet? Von England kommt die Samensorte 'Wester Flisk', die bekannteste Samenselektion der Nieswurz. Bei ihr sind die Blätterstängel auffallend rötlich verfärbt. Einige andere Samenselektionen sind ebenfalls verbreitet, so 'Sopron' mit silbrig bereiften, dunkelgrünen Blättern, die in der Nähe der westungarischen Kleinstadt Sopron gefunden wurde.

> Vor trockenem Halbschatten oder tiefem Schatten sollten wir nicht kapitulieren, sondern ihn als eine Herausforderung betrachten. Und es gibt noch eine ganze Reihe an wunderbaren Stauden, die sich für diesen Lebensbereich ebenfalls gut eignen. Der Mäusedorn (Ruscus aculeatus) oder auch der Rauling (Trachystemon orientale) lassen als Beispiele grüßen!

Ein feuchter Schattengarten

Durch Bodenverdichtung, aber auch in Senken kann zu jeder Jahreszeit auch für längere Zeit Wasser stehen bleiben. Solche Stellen sind im Garten aber wohl selten, ganz besonders im schattigen Bereich. Selbstverständlich könnten wir diese Fläche trockenlegen oder eine Dränage verlegen, viel sinnvoller ist jedoch auch hier die richtige Pflanzenauswahl.

Ausgangssituation feuchte Senken

Nehmen wir an, diese Senke ist bei Ihnen im Garten vorhanden: Der gepflegte Rasen verliert sich in einen unattraktiven, ständig feuchten Teil, in dem bei längerem Regen sofort das Wasser knöcheltief steht und wo selbst in Trockenzeiten der Untergrund immer eine Restfeuchte behält. Eine solch extrem wechselfeuchte Stelle im Garten gilt es zu nutzen und entsprechend mit Pflanzen auszustatten, die sich dort wohlfühlen – und die darüber hinaus ein attraktives und überzeugendes Bild abgeben.

Stecken Sie diese Feuchtzone großzügig ab und versehen sie mit einem sichtbaren Abschluss zum Rasen hin. Falls sich diese feuchte Stelle zwischen bestehenden Gehölzen befindet, braucht nur gepflanzt zu werden. Den Beetrand zu einer Rasenfläche kann man mit Trittplatten, aber auch mit Holzbohlen sehr ansprechend gestalten. Durch die anhaltende Vernässung kann sich meist auf Dauer kein Rasen mehr bilden, sie können darum sofort gut ausgereiften Kompost auf die vorhandene Fläche aufbringen. Noch besser wäre sogar Lauberde mit einem gehörigen Lehmanteil. Auf jeden Fall sollten Sie dem Boden frische Nährstoffe zufügen.

Ein optimaler Pflanzplatz für ...

Die Auswahl der Pflanzen bestimmt sich dadurch, wie schattig unser Sumpf ist. Gehen wir von einer Lage in der Nähe größerer Gehölze aus, die im Sommer durch Blätter nahezu vollständig beschattet ist: Mir fallen hierzu vor allem Tafelblatt und Schildblatt als monumentale Stauden ein, die gerade im halbschattigen und schattigen Bereich zu prächtigen und ungeahnt dichten Beständen heranwachsen. Auch einige Arten der Pestwurz (*Petasites*) würden sich für solche Stellen gut eignen. Allerdings müssten wir für diese eine wesentlich größere Fläche bieten, um ein wirkungsvolles Erscheinungsbild zu erzielen. Je nachdem, wie viel Platz vorhanden ist, könnten wir zusätzlich zu den beiden Monumentalstauden lediglich noch den Randbereich mit einigen anderen Staudenarten bestücken. Auf jeden Fall würden wir mit ihnen einen bisher vernachlässigten Gartenteil ein

Das Schildblatt blüht bereits im Vorfrühling.

Wenn das Kleinklima stimmt, dann wächst die Scheinhortensie zu dichten Horsten. Ständige Bodenfeuchte braucht sie ebenso wie das daneben stehende Mammutblatt.

nahezu tropisch-üppiges Aussehen verleihen.
Das Tafelblatt (*Astilboides tabularis*) wird seinem Namen gerecht, da es gerade in feuchten und schattigen Lagen seine frischgrünen, ornamentalen, schildförmigen Blätter wunderschön ausbildet. Am Rand sind die Blätter leicht gelappt. Auch die cremeweiße Blüte kann sich sehen lassen.
In Kombination mit einigen Eisenhüten (*Aconitum*) oder Prachtspieren (*Astilbe*) würde sich das Tafelblatt hervorragend präsentieren – allerdings sollten die anderen Stauden möglichst im trockeneren Randbereich stehen.
Auch das Schildblatt (*Darmera peltata*) ist für unsere Extremsituation gut geeignet. Es bildet auf dem Boden kriechende, sehr dicke Rhizome, aus denen die glänzenden, rundlichen Blätter austreiben. Ein Blatt kann etwa 50 cm Durchmesser erreichen, der Horst wird gut 120 cm hoch. Im zeitigen Frühjahr, noch vor dem Austrieb, erblüht das Schildblatt mit seinen typischen, kugelförmigen, hellrosa Blüten, die sich auf borstigen, hüfthohen Stängeln befinden.
Vom Schildblatt gibt es auch eine Zwergform (*Darmera peltata* 'Nana'), die deutlich niedriger bleibt, nämlich nur etwa 50 cm hoch – sie ist prädestiniert für kleinere Gartenteile. Der klassische Einsatzbereich des Schildblattes sind allgemein eher die Teichränder und Bachläufe, aber auch solche feuchten Schattenbereiche kann es im Nu erobern und beherrschen.

Die Königin des Sumpfes (*Primula prolifera*) freut sich zumindest im Frühjahr über nasse Füße.

Kleinere Feuchtbereiche im Schatten

Kleinere Feuchtbereiche im Schatten, in denen nur ab und zu mal das Wasser steht, sind geradezu ideal für allerlei Himalaya-Primeln (Etagen-Primeln und andere). Früher erfreuten sie sich allgemeiner Beliebtheit, in letzter Zeit aber scheinen sie etwas aus der Mode gekommen. Man hat sie meist als Sumpfstauden für die Feuchtzone des Teichrandes angeboten. Dieser Standort wird diesen schönen Primeln aber überhaupt nicht gerecht und ist ohnehin ein sehr eingeschränkter, untypischer Verwendungsbereich. An ihren natürlichen Standorten im Himalaya und in Westchina wachsen sie sowohl auf Feuchtwiesen im Hochgebirge, entlang von Bächen, aber auch an schattigen Stellen. Für unsere mitteleuropäischen Gärten mit feuchten und schattigen Stellen scheinen somit viele der Himalaya-Primeln geradezu prädestiniert. Bekannt sind vor allem die bunten Hybriden von *Primula × bullesiana* sowie die karminrote *Primula japonica* und die gelb blühende *Primula florindae*. Auch einige Mehl-Primeln wären für diesen Standort geeignet, wenngleich ihrer Zartheit wegen nur Randplätze infrage kommen. Die Artenvielfalt ist jedoch bei Weitem größer – es darf hier experimentiert und ausprobiert werden!

Die Königin des Sumpfes (*Primula prolifera*) ist wohl die prächtigste von allen und man kann sich ihrem Zauber kaum entziehen. Die Stängel mit den vielen, hellgelben Etagenblüten erreichen Hüfthöhe und sind zur Blütezeit wirklich eine Wucht. In guten Böden, wo Etagen-Primeln nicht von anderen Stauden bedrängt werden, bilden sie bald dicke Horste. Positiv wirkt sich ein gelegentliches Austrocknen der oberen Bodenkrume aus, wobei eine stärkere und längere Trockenheit sehr nachteilig sein kann.

Randbereiche können übrigens auch ganz banal mit dem Pfennigkraut (*Lysimachia nummularia*) belegt werden, das schnell ganze Flächen überzieht. Für unseren speziellen Verwendungszweck würde ich stets die gelbblättrige Sorte 'Aurea' empfehlen, denn gerade im Schatten leuchtet sie ungemein. Ich war zwar noch nie ein besonders großer Freund des Günsels (*Ajuga reptans*), aber auch er erfüllt bravourös seine Funktion im Randbereich der Feuchtzonen im Schatten. Vor allem die buntblättrigen Formen wie 'Variegata', 'Grey Lady', 'Silver Carpet' oder 'Multicolor' oder die metallisch glänzenden Formen wie 'Atropurpurea' oder großrosettigen Sorten wie 'Catlin's Giant' oder 'Jungle Beauty' bringen Abwechslung und Farbe ins Bild. Nach einigen Jahren erkennen Sie, dass diese bunten Teppiche da und dort schütter werden. Nur ein paar Handvoll Erde zwischen die Rosetten gestreut – und schon danken es uns die Günsel durch ihren frischen Austrieb und geschlossenen Wuchs.

Einige auffällige Pflanzen

Mehrere bei uns noch mehr oder minder unbekannte Stauden kommen aus den sumpfigen Wäldern Nordamerikas und Ostasiens: Sie alle eignen sich für diese schwierigen Plätze, doch muss man ausprobieren, ob der Standort mit dem jeweiligen Feuchtigkeitsgrad auch der richtige ist. Der Stinkkohl (*Symplocarpus foetidus*) ist ein Aronstabgewächs mit auffallenden weinroten, der Calla ähnlichen Blüten, die einen unangenehmen Geruch verströmen. Frischer bis leicht feuchter Boden sagt dieser Waldpflanze am meisten zu.

Noch auffälliger sind die prächtigen Scheincallas, von der die gelb blühende, nordamerikanische Art (*Lysichiton americanus*) am häufigsten in Kultur ist. Die kaum weniger auffällige weiße, asiatische Art (*Lysichiton camtschatkensis*) hingegen bekommt man nur sehr selten. Beiden Arten sollten Sie unbedingt einen tiefgründigen und nährstoffreichen Boden bieten. Auf einer zu dünnen Erdschicht über einer Teichfolie können sie sich niemals entwickeln und bleiben auf ewige Zeiten Kümmerlinge. Im Frühjahr dürfen Scheincallas auch direkt im Wasser stehen. Und jeder, der beispielsweise die herrlichen Bestände im Botanischen Garten Berlin-Dahlem oder im Seleger Moor in der Schweiz gesehen hat, wird sie selbst im Garten haben wollen. Die Blütenspatha, also das den Blütenstand überragende Hochblatt, wird bis zu 40 cm lang – und es ist eine Augenweide, wenn sich im April zuerst die riesigen Blüten entfalten und nach der Blüte dann die langen Blätter. Scheincallas benötigen allerdings enorm viel Platz für eine artgerechte und optimale Entwicklung.

Eindrucksvolle Sumpfpflanze der amerikanischen Auwälder: die Scheinkalla (*Lysichiton americanus*) zieht mit ihren imposante Blüten jeden Betrachter in ihren Bann.

In den Innauen hier bei uns in Österreich finden wir den Riesen-Schachtelhalm (*Equisetum telmateia*) in beeindruckenden Beständen, wo er sich in nassen Böden auch in tiefschattigen Lagen wohlfühlt. Er sieht schon sehr urwüchsig aus und lässt trotz seiner Größe von über anderthalb Meter kaum erahnen, dass er verwandt mit Riesenbäumen aus der Karbonzeit ist. Der Riesen-Schachtelhalm ist eigenartigerweise kaum in Kultur, eine andere Art hingegen sehr wohl. *Equisetum hyemale* wird in einigen Varianten gärtnerisch vermehrt, wobei *E. hyemale* var. *camtschaticum* wohl die bekannteste sein dürfte. Die dunkelgrünen Stängel erreichen ebenfalls fast Mannshöhe, die Pflanze wächst in der Sonne wie auch im tiefen Schatten – immer vorausgesetzt, der Boden ist feucht genug. Eingewachsene Bestände beeindrucken durch ihren dichten Wuchs zutiefst, sie lassen allerdings kaum Konkurrenz zu.

Von Beth Chatto nahm ich einst *Cheloniopsis moschata* mit. Auch diese einem Bartfaden ähnelnde Pflanze möchte frischen bis feuchten Boden im Halbschatten. Die weinroten, länglichen Blüten erscheinen über den ganzen Sommer bis tief in den Herbst hinein. Hier haben wir es mit einer problemlosen Staude zu tun, die mit ihren drahtigen Trieben schnell kleine Bestände bildet. Ebenfalls viel zu wenig erprobt ist ein Schlangenbart aus den Wäldern des Mittleren Westens der USA: *Chelone lyonii* ist meist als 'Pink Temptation', einer hellrosa Auslese, in gärtnerischer Kultur. Auch für ihn ist ein halbschattiger, leicht feuchter Boden im Randbereich sinnvoll.

Bestens für Randbereiche geeignet

Apropos Randbereich unseres feuchten Schattenbeetes. Im Übergang haben Prachtspieren ihre Daseinsberechtigung, sehr wirkungsvoll sind auch hier größere Gruppen von fünf bis 15 Pflanzen. Das Sortiment ist riesengroß, dominant sind immer noch die Sorten von Georg Arends aus Wuppertal, einem der bekannteren Staudenzüchter neben Karl Foerster. Prachtspieren (*Astilbe* Japonica-Hybriden und *Astilbe* Arendsii-Hybriden) sind etwas aus der Mode gekommen, doch in letzter Zeit sorgten einige neuere, dunkelblättrige Sorten für Aufregung. In halbschattigen Gartenteilen mit frischen bis feuchten Böden wachsen Prachtspieren besonders gut und leiden auch nicht so unter der sommerlichen Hitze. Ihr Heimatstandort in Japan sind feuchte Bergwälder entlang von Bächen und an Wasserfällen.

Ob wir die Sumpf-Wolfsmilch auch in schattige Gartenteile mit feuchten Böden pflanzen können? Viel schöner entwickeln sich *Euphorbia palustris*

allerdings in der vollen Sonne im trockenen Lehmboden an Teichrändern – trotz ihrer Herkunft aus sumpfigen Wiesen. In unseren Schaugärten steht *Euphorbia villosa* in einem schattigen Teil, wo öfter das Wasser stehen bleibt. Diese Art ist eine nahe Verwandte der Sumpf-Wolfsmilch, sodass ich denke, dass auch *Euphorbia palustris* in diesem Lebensbereich durchaus gedeihen und zusammen mit der Sumpf-Dotterblume (*Caltha palustris*) prägende Frühlingsbilder hervorrufen könnte.

Riesen-Schachtelhalm benötigt einige Jahre, um seine volle Schönheit zu offenbaren. Besonders eindrucksvoll entwickelt sich *Equisetum camtschatkense* zwischen anderen monumentalen Stauden.

Sumpfgräser sorgen für ein natürlicheres Aussehen der Uferrandzone als Kies und Steine.

Gräser und Farne nicht vergessen

Und Gräser? Hier fällt mir besonders eines ein, das für diesen doch schwierigen Bereich bestens geeignet scheint – und das ist die Riesen-Segge (*Carex pendula*) mit ihren wintergrünen Blatthorsten und den überhängenden Blütenhalmen. Hier im feuchten Schatten wird sie wesentlich prächtiger und schöner gedeihen als an jedem zu sonnigen Standort. Aber leider wird gerade die Riesen-Segge oftmals viel zu sonnig gepflanzt, was überhaupt nicht ihrem Naturell entspricht.

Eine andere Segge, die für halbschattige, wechselfeuchte Stellen geeignet ist, wäre die Palmwedel-Segge (*Carex muskingumensis*), die sowohl in der weiß panaschierten Form 'Silberstreif' existiert als auch in der gelb gestreiften Form 'Oehme'. Beide Sorten werden bis zu 50 cm hoch und sind unkompliziert, zudem sehen sie über das ganze Jahr attraktiv aus. Die klein bleibende 'Little Midge' würde sich in diesem Umfeld von stattlichen Stauden verlieren, sodass sie bestenfalls an den Rand gepflanzt werden könnte.

Auch einige Farne gedeihen in diesem schwierigen Umfeld – immer vorausgesetzt, Sie pflanzen die geeigneten Arten. Der Königsfarn (*Osmunda regalis*) kann in diesem Bereich zur Höchstform auflaufen, wenn ihm ein sauer reagierender Boden zur Verfügung steht. Alternativ können Sie die Pflanzstelle mit etwas Torf verändern. Unter optimalen Verhältnissen – wenn auch erst nach vielen Jahren – kann dieser prächtige Farn nahezu die Schulterhöhe eines großen Erwachsenen erreichen. Wollen Sie nur Farne pflanzen, empfehle ich Ihnen eine Kombination aus Straußfarn (*Matteuccia struthiopteris*) und Kamm-Wurmfarn (*Dryopteris cristata*): beides sind Farne aus Feuchtzonen. Der Kamm-Wurmfarn wächst in Hochmooren, ist aber in Gärten recht tolerant, was seine Ansprüche an Erde und Nährstoffe anbelangt – Hauptsache, Sie sorgen für nasse Füße! Vom Straußfarn sind mir riesige Bestände entlang Gebirgsflüssen bekannt, teils in der Sonne, teils im Vollschatten. Dieser Farn bedeckt durch seine Ausläufer nach Jahren die gesamte Fläche. Die beeindruckenden Trichter erreichen mühelos Brusthöhe, wobei das Schönste an ihm sicher die vertrocknenden Fruchtstände (fertile Wedel) sind. Überschreitet er die Grenzen des ihm ursprünglich zugedachten Gartenbereichs, können Sie Ausläufer relativ problemlos ausreißen.

Oft genügen wenige Arten, um eine Situation perfekt erscheinen zu lassen: Der Straußfarn zeigt sich unbeeindruckt vom bodendeckenden Immergrün.

Wechselfeuchte Beete in der vollen Sonne

Wechselfeuchte Beete in der vollen Sonne lassen sich pflanzlich wesentlich besser ausstatten als ähnliche Standorte im Schatten. Wir können hier auf eine Menge Stauden zurückgreifen, die intensiv züchterisch bearbeitet wurden, aber auch auf Wildarten aus allen möglichen Herkunftsländern, einheimische inklusive.

Iris und immer wieder Iris

Denke ich an nasse wechselfeuchte Wiesen, dann fallen mir spontan Sibirische Schwertlilien (*Iris sibirica*) und Sumpf-Iris (*Iris pseudacorus*) ein, die dort im Mai und Juni die Szenerie beherrschen. Bei den Wiesen-Iris, auch Wiesen-Schwertlilien genannt, können wir auf ein großes Angebot an Sorten zurückgreifen. Sei es in puncto Farbe, Blütenform, Höhe und Wuchsfreudigkeit – hier ist wirklich für jeden Geschmack etwas zu finden. Moderne Sorten wie solche des Iriszüchters Dr. Tomas Tamberg aus Berlin sind traumhaft. Man erkennt sie an den waagrecht abstehenden Hängeblättern der Blüten, die bei der reinen Wildart nach unten hängen. Die Horste dieser Iris können mit den Jahren ganz schön mächtig werden. Ein sommerliches Austrocknen des Bodens schadet ihnen nicht, sondern ist für das Ausreifen der Rhizome eher förderlich.

Kombinieren lassen sich Wiesen-Iris mit allen möglichen Stauden des Lebensbereiches „Freiflächen feucht": sei es mit Wasserdost (*Eupatorium purpureum* mit seinen Sorten) oder auch dem Sumpf-Storchschnabel (*Geranium palustre*). Eine besonders hübsche Kombination habe ich in unserem Schaugarten ausprobiert: Der dunkelbraune Austrieb von mehreren Gruppen des Braunen Wasserdostes (*Ageratina altissima* 'Chocolate'), dazwischen einige Sommer-Knotenblumen (*Leucojum aestivum*) und später folgt dann die Wiesen-Iris – perfekt, und durch Zufall entstanden. Später im Jahr dominieren dann dort einige Greiskräuter (*Ligularia dentata* 'Franz Feldweber'), die

Wasserdost kann sich auch auf normalen, nicht zu trockenen Böden gut entwickeln, aber er braucht Platz.

Die Hohe Frühlingsknotenblume bildet mit der Zeit dichte Horste.

Eine der modernen Sorten der Sibirischen Schwertlilie (*Iris sibirica*).

Sternwolkenaster (*Boltonia asteroides* 'Snowbank') sowie der Bergknöterich (*Aconogonon polymorphum* 'Johanniswolke'). Allen gemein ist, dass ihnen vorübergehende Überflutung nichts anhaben kann, ganz im Gegenteil.

Experimente für große Wiesen

Auf größeren feuchten Wiesen können Sie durchaus noch mit ganz anderen Stauden experimentieren, wobei man solchen Situationen möglichst ein natürliches Aussehen verleihen sollte. Der typische Charakter der passenden Stauden bringt dies aber ohnehin schon zum Ausdruck. Wie schön wirkt doch eine größere blühende Fläche bestehend aus dem blauvioletten Waldstorchschnabel (*Geranium sylvaticum*) und der großblumigen Form des Wiesenknöterichs (*Bistorta officinalis* 'Superbum').

Dazwischen können Sie auch Frauenmantel, Wiesenknöpfe (*Sanguisorba officinalis*-Formen) und andere mehr pflanzen – möglichst Stauden, die später im Jahr blühen. Beim Frauenmantel rate ich Ihnen sehr, nicht den stark wuchernden und sich selbst aussäenden Kaukasischen Frauenmantel (*Alchemilla mollis*) zu pflanzen, sondern vielmehr *Alchemilla epipsila*. Dieser zierliche und kompakte Frauenmantel sät sich kaum aus und benimmt sich somit wesentlich zivilisierter.

Hier in der Nähe wachsen jede Menge Wiesenschaumkräuter in wechselfeuchten Wiesen, dabei sogar etliche gefüllt blühende Formen. Die weißlichen bis hellblauen dicken Blütenköpfe von *Cardamine pratensis* 'Plena' sorgen im Frühling für Aufheiterung. Sie sind in feuchten Wiesensituationen vollkommen problemlos, jedoch leider nicht immer leicht zu beschaffen, trotz ihrer eigentlich langen Gartengeschichte.

Schöne Effekte schaffen

Ich liebe es, mit besonderen Stauden ohne Aufwand große Effekte schaffen zu können. So pflanzte ich an einem Teichrand – allerdings schon mehr im trockenen Bereich – die panaschierte Form der heimischen Sumpf-Iris (*Iris pseudacorus* 'Variegata'). Ihr weithin sichtbarer, gelblich grüner Austrieb korrespondiert wunderhübsch mit einigen Rosen-Primeln (*Primula rosea* 'Gigas').

Wie sieht es aber hier mit Gräsern aus? „Kein Gartenteil ohne Gräser" – dieses Credo gilt natürlich auch für die nasse Sonne. Ein ganz besonders attraktives Gras für feuchte bis nasse Wiesen, aber

Arten und Sorten des Greiskrautes (*Ligularia*) passen sowohl an den Teichrand als auch an feuchte Stellen im Staudenbeet.

auch für Teichränder, ist die Morgenstern-Segge (*Carex grayi*) mit ihren auffälligen geißelähnlichen Fruchtständen, die lange haften bleiben.
Bei der Auswahl der Gräser sollten Sie allerdings aufpassen, nicht solche zu pflanzen, die ständig im Wasser stehen müssen, wie beispielsweise Zyperngräser (*Cyperus longus*). Bedenken Sie, wir haben es hier mit einem wechselfeuchten Bereich zu tun, der im Sommer auch einmal ganz austrocknen kann. Ich probierte in einem solchen Umfeld früher einmal *Carex elata* 'Bowle's Golden' aus: Es blieb bei einem Versuch, denn diese leuchtend gelbe Sorte mit ihrer hervorragenden Fernwirkung wächst nur in ständig nassem Boden zufriedenstellend, beispielsweise an einem Teichrand.

Nur abschneiden, was stört

Für die Pflege der wechselfeuchten Beete gelten letztlich dieselben Regeln wie auch beim feucht-nassen Schattengarten: nur abschneiden, was stört. Zahlreiche Schwertlilien-Samenstände sehen nicht nur gut aus, sondern verleihen einem winterlichen Garten die nötige Struktur. Und einmal eingewachsen machen diese Bereiche im Garten die allerwenigste Arbeit! Allenfalls Weidenröschen, Kratzdisteln und andere Unkräuter, die sich gefährlich aussäen könnten, sollten Sie regelmäßig entfernen.

Unsere einheimische Sumpf-Iris (*Iris pseudacorus*) gibt es auch in der panaschierten Form 'Variegata'.

Zeichen des Klimawandels: Kies- und Steppengärten

Kiesgärten sind derzeit so populär, dass man sie in jedem zweiten Vorgarten entdecken kann – allerdings sieht man leider wenig gute Beispiele! Kiesgärten haben nämlich weit mehr zu bieten als lediglich eine gleichförmige Schotterfläche, ausgestattet mit ein paar Kugelbuchsbäumen und Säulenwacholdern. Abwechslungsreich bepflanzte Kiesgärten sind dagegen über viele Jahre eine Augenweide.

Nach dem Vorbild der Natur

Schon während meiner Schweizer Volontärzeit vor über 30 Jahren gestalteten wir einige Kiesgärten. Und in Japan werden Kiesgärten seit jeher aus religiöser oder philosophischer Tradition heraus gepflegt, allerdings haben diese Gärten wenig mit unserem Kiesgartenverständnis gemein. Doch erst durch Beth Chattos Umgestaltung ihres alten Parkplatzes Ende der 1980er-Jahre zu einem „Gravel Garden" sowie das gleichnamige Buch schwappte diese Methode des Gärtnerns auch zu uns herüber. Gerade heute, zu Zeiten des Klimawandels mit längeren Trockenphasen im Sommer und ruppigen Wetterkapriolen, haben wir mit einem Kiesgarten eine ideale Möglichkeit, hitze- und trockenheitsresistente Stauden und Gehölze in einem harmonischen Umfeld unterzubringen. Und zugleich sparen wir uns das Gießen bei Trockenperioden.

Ein idealer Lehrmeister für Kiesgärten ist die Natur selber. Wir finden Kiesflächen an Flüssen oder in ausgetrockneten Flüssen und Bächen sowie als Schotterkare im Gebirge. Kies- und Steppengärten sind nichts anderes als solche der Natur nachempfundenen Flächen, die durch ihre Bepflanzung Felssteppencharakter haben, aber auch durchaus einen südländischen Touch erfahren dürfen.

Ihre Bepflanzung kann äußerst vielseitig sein und Pflanzen aus allen Erdteilen können vertreten sein: hier eine Zypresse in einem Schotterbeet, dort eine graublättrige Wolfsmilch oder einige dauerblühende Mittagsblumen, vereint mit winterharten Kakteen.

Besonders wirkungsvoll sind solche Gärten mit Kiesabdeckung vor modernen Bürogebäuden, aber auch auf Verkehrsinseln oder akzentuiert in großen Rasenflächen. Kiesgärten in kleinerem Rahmen können sich auf Dachflächen und in Innenhöfen befinden oder aber entlang einer südseitig gelegenen Hauswand. Die Auswahl der Stauden richtet sich nach den jeweiligen Situationen und Gegebenheiten. Für eine Verkehrsinsel wird man natürlich nur die robustesten Stauden auswählen – doch das sind gar nicht so wenige. Kiesgärten haben jedoch nicht im Entferntesten mit dem zu tun, was man so oft unter diesem Namen zu Gesicht bekommt: eine sterile Schotterfläche, unter der eine Folie ausgebreitet wurde, mit einigen senkrecht gestellten Steinen, daneben einer jener überdimensionalen, streng geschnittenen Freilandbonsai oder einige Buchsbaumkugeln. In meinen Augen ist dies eine der denkbar schlechtesten Formen der Gartengestaltung – und ganz weit von dem entfernt, was ein Kiesgarten zu bieten imstande ist. In Kiesgärten überraschen uns Pflanzen unterschiedlichster Art, die den Taktstock vom Vorfrühling bis in den Spätherbst schwingen und diesem Gartenteil ihre spezielle Note geben.

Steppengärten können vielseitig gestaltet werden. Die Horste des Riesen-Federgrases sind im Sichtungsgarten Weihenstephan besonders eindrucksvoll.

Mit Stauden experimentieren

In Kiesgärten wird längst nicht so dicht gepflanzt wie in konventionellen Staudenpflanzungen, damit die Struktur des Kieses und der Steine auch zur Geltung gelangt. Man kommt mit wesentlich weniger Pflanzen aus: ein bis drei Pflanzen pro Quadratmeter, so lautet die Regel. Die Pflanzen spielen also die wichtigste Nebenrolle und sind für wesentliche Akzente in ihrem Umfeld verantwortlich. Ein großes Experimentierfeld eröffnet sich uns, denn in diesem mineralischen, ja steinigen Umfeld gedeihen Stauden unterschiedlichster Herkunft. Hier können wir pannonische Wildstauden neben Steppenpflanzen aus Zentralasien oder Stauden der Trockenprärie Nordamerikas mit allerlei mediterranem „Gestrüpp" geschickt und kontrastreich vermengen. Die Puristen unter uns verwenden ausschließlich einheimische Pflanzen aus der jeweiligen Region – beispielsweise im Osten Österreichs Vertreter aus dem pannonischen Lebensraum. Das macht durchaus Sinn, allerdings stößt man schnell an die Grenzen der Beschaffbarkeit, denn welche Staudengärtnerei kultiviert schon ein nennenswertes Sortiment an pannonischen Wildstauden? Und dennoch – in keinem anderen Gartenteil haben wir so vielfältige Möglichkeiten, mit Pflanzen unterschiedlichster Herkunft zu experimentieren, die teilweise Grenzfälle der Winterhärte darstellen oder aber aus unwirtlichen Regionen der Erde stammen und daher vollkommen winterhart sind. Sie können also als Gartenbesitzer auf Pflanzen zurückgreifen, die sowohl Kälte als auch große Hitze vertragen und denen die Trockenheit auch über Wochen nichts anhaben kann. So vermeiden wir, im Garten kostbares Trinkwasser zu vergeuden. Kiesgärtnern ist Gärtnern ohne jegliche Bewässerungssysteme, es reicht vollkommen, was an kostbarem Nass von oben kommt. Ich finde, dieser Tatsache sollte wesentlich mehr Beachtung geschenkt werden.

Vorbereitung: Den Boden abmagern

Als Standort sollten Sie möglichst die sonnigste Stelle ihres Gartens auswählen. Selbstverständlich kann ein Kiesgarten auch im Schatten wirkungsvoll sein, allerdings ist dort die Pflanzenauswahl wesentlich eingeschränkter – und der Charakter des Gartens ein ganz anderer. Die sonnigen Plätze sind für südländische Verhältnisse oder für nachempfundene Flusswadis notwendig.
Die wichtigste Maßnahme ist das Abmagern des Oberbodens durch Sand, wobei dies mit gewöhnlichem, scharfem Flusssand geschieht. Durch das Abmagern erhält der Boden eine höhere mineralische Komponente, er wird dadurch lockerer und durchlässiger. Durch diese Maßnahme wachsen viele Kiesgartenpflanzen langsamer und werden dadurch wesentlich langlebiger. Die meisten dieser Pflanzen stammen ursprünglich aus den Steppen Zentralasiens und gebirgigen Gegenden des Orients und des Mittelmeerraumes, wo humusarme, mineralische Böden vorherrschen. Der Sandanteil der oberen Bodenschicht von etwa 20–40 cm sollte im Verhältnis 50:50 zum vorhandenen Boden betragen und die Schicht gut durchmischt werden. Der pH-Wert des Bodens, also sein Säuregehalt, ist hierbei zweitrangig. Wem genügend Platz zur Verfügung steht, kann sogar ein Flussbett oder eine Art Wadi imitieren oder eine Bodenmodellierung vornehmen.

Blaurauten sind für mich wichtige Kiesgartenpflanzen.

Objekte aus Schwemmholz oder ein altes Wagenrad geben dem Kiesgarten eine besondere Note.

Pflanzen auslegen – ohne Vlies

Die Auswahl der Pflanzen richtet sich in erster Linie nach der Größe der vorgegebenen Fläche. In einem kleinen Kiesgarten mit nur wenigen Quadratmetern machen wuchtige und üppig wachsende Pflanzengestalten zarteren Gewächsen den Platz streitig, sodass diese kaum noch zur Geltung kommen können. Sie sollten also genau überlegen, welche Pflanzen Sie miteinander kombinieren. Und auch für den Kiesgarten gilt: Weniger ist mehr, denn wenige Pflanzen erzeugen ein ruhigeres Gesamtbild. Das Sortiment ist riesengroß – und Sie werden sich wieder einmal beschränken müssen. Vielleicht wollen Sie sich den winterharten Sukkulenten widmen, während in anderen Kiesgärten eher Gräser dominieren.

Ist die Auswahl der Pflanzen getroffen, wird ausgelegt, gruppiert und gepflanzt. Entgegen anderslautender Auffassungen ist es keinesfalls notwendig, ein Vlies oder eine Folie gegen Unkräuter auf die Pflanzfläche zu legen, dort hinein Löcher zu stanzen, anschließend zu pflanzen und danach die Fläche mit Kies zu bedecken. Ausdauernde Unkräuter kommen sowieso durch die Pflanzlöcher hindurch, wenn sie nicht vorher beseitigt werden. Die Kiesschicht wirkt ähnlich einer natürlichen Mulchschicht: Sie hält die einjährigen Unkräuter nur so lange ab, bis sich Humusanteile durch Falllaub zwischen den Steinen bilden. Spätestens dann laufen allerlei Beikräuter auf. Ich sah Kiesgärten, in denen das Unkraut auf der ausgelegten Folie zwischen den Steinen munter keimte – denn dort hatte sich verrottendes Laub angesammelt. Kiesgärten machen in perfekt eingewachsenem Zustand nicht mehr und nicht weniger Arbeit als ein normaler Gartenteil, dagegen hilft auch keine Folie. Auch das Argument einer Vermischung der Kiesschicht mit dem Unterboden ist haltlos, denn man wird bei einer Nachpflanzung die Kiesschicht lediglich punktuell händisch entfernen müssen – auf diese Weise wird kaum eine Durchmengung stattfinden.

Ostwärts gerichtete, möglichst im Regenschatten liegende Kiesgärten sind optimal für viele trockenheitsliebende Pflanzen.

Auch an der Nordseite eines Hauses kommen Kiesgärten gut zur Geltung, besonders rund um den Eingangsbereich.

Nach erfolgter Pflanzaktion wird die ganze Fläche sorgfältig mit Kies bedeckt. Nehmen Sie dazu möglichst gewaschenen Kies unterschiedlichster Stärke ohne Feinanteil. Mit Feinanteil bekommen wir zwar eine natürlichere Oberfläche – allerdings sprießt dort dann auch das Unkraut munter. Die Kiesschicht sollte zwischen 5–10 cm dick sein. Die vorher gepflanzten Stauden werden auf diese Weise fast zugedeckt und verschwinden beinahe zwischen dem Kies. Erfahrungsgemäß wachsen sie aber sehr rasch nach oben und passen sich hervorragend ihrer Umgebung an. Ein gelungener Kiesgarten zeichnet sich durch einige größere Solitärsteine (fälschlich meist Findlinge genannt) sowie durch verschiedene Kiesgrößen von Stärken zwischen 1–5 cm aus, deren unterschiedlich große Flächen ineinander verlaufen. Sie können die verschiedenen Kiesgrößen aber ebenso auch miteinander vermischen, damit ein natürlicher Charakter entsteht.

Ein paar Pflegeregeln

Das Entfernen von Unkraut zählt zu den wichtigsten Pflegemaßnahmen der ersten Zeit. Kein Problem, wenn Sie gleich bei der Sache sind und kontinuierlich jäten. Wie schon erwähnt, kann das herabfallende oder angewehte Laub mit der Zeit zwischen den Steinen Humus bilden. Das bewirkt mit der Zeit stärkeren Unkrautdruck. Ein Laubbläser wäre hier von Vorteil. Der Rückschnitt aller Stauden erfolgt ausschließlich im Frühjahr, bevor sich der neue Austrieb ankündigt.

Ein eingewachsener Kiesgarten fügt sich in jeden Garten ein – sei er nun traditionell der Natur nachempfunden oder modern gehalten, ganz gleich in welcher Stilrichtung auch immer. Die Steine speichern Wärme und geben diese wieder ab. Dadurch fühlen sich selbst Eidechsen wohl, und bald wird der Kiesgarten zu einem spannenden Gartenteil – einem lebendigen Biotop ohne jegliches Wasser.

Pflanzen für jeden Geschmack

Einzelne, akzentuiert gepflanzte Gräser wie der Blaustrahl-Wiesenhafer (*Helictotrichon sempervirens*), das Riesen-Federgras (*Stipa gigantea*) oder der Atlas-Schwingel (*Festuca mairei*) geben dem Kiesgarten erst seine unverwechselbare Note. Die im Winde wehenden silbergrauen Halme einer Gruppe Federgräser – dieser Traum wird nur im Kiesgarten wahr! Und nirgends ist eine Gruppe Riesensteinbrech (*Bergenia*) wirkungsvoller aufgehoben als inmitten eines Kiesgartens. Wo haben alle rosa und rot blühenden Duftnesseln eine Chance, länger zu überleben, wenn nicht im mageren Boden des Kiesgartens. Eine Augenweide sind die stattlichen Mittelmeer-Wolfsmilch (*Euphorbia characias* subsp. *wulfenii*), die allerdings nur an besonders geschützten Standorten durch den mitteleuropäischen Winter kommen.

Während eine Kräuterschnecke sich in Wirklichkeit nur bedingt für Gewürze eignet, stellt ein Kiesgarten zumindest für *Salvia officinalis*, *Thymus vulgaris* und Co. eine gute Umgebung dar. Diese Stauden lassen sich hier auf beste Weise mit anderen Steppenpflanzen und Stauden des mediterranen Raumes arrangieren. Und auch der Lavendel wächst nirgendwo sonst zu solchen stattlichen, gesunden Exemplaren heran – ein Tipp für eine gelungene Pflanzenverwendung, die nichts mit den frühen Empfehlungen aus den 1970er-Jahren zu tun hat, wo der Lavendel ausschließlich als Begleiter zu Rosen empfohlen wurde. Bei der richtigen Auswahl erübrigt sich ein Rückschnitt, es müssen höchstens die verblühten Blütenähren abgeschnitten werden. Versäumen Sie nicht, für alle Jahreszeiten zu planen. Zwiebelpflanzen und andere Frühlingsgeophyten läuten das Frühjahr auch in einem Kiesgarten ein. Geben Sie hierbei aber den botanischen Wildarten den Vorrang, da sie besser mit diesem besonderen Umfeld zurechtkommen. Dem Spätherbst sollten Sie ebenfalls große Beachtung schenken, denn Gräser und Strukturpflanzen zieren mit Halmen und Fruchtständen bis der erste Schnee ins Land kommt.

Der Meerkohl ist eine der markanten Kiesgartenstauden, er kann aber auch anderweitig gepflanzt werden.

Für den Kiesgarten gut geeignet

Gehölze

Buxus sempervirens	Buchsbaumsorten, besonders langsam wachsende
Caryopteris × clandonensis	Bartblume
Genista	Ginster
Juniperus	Wacholderarten, schwach wachsende
Lavandula angustifolia	Lavendel
Poncirus trifoliata	Bitterorange (für große Kiesgärten)
Prunus tenella	Pannonische Mandel
Santolina chamaecyparissus	Heiligenkraut
Tamarix	Tamariske (nur für große Anlagen)

Solitärstauden

Althaea cannabina	Kaukasische Stockrose
Desmodium canadense	Zeckenklee
Iris barbata-elatior	Hohe Bart-Iris
Salvia sclarea var. turkestanica	Muskateller-Salbei
Yucca flaccida in Sorten	Palmlilie

Sonstige Begleitstauden

Agastache in Arten und Sorten	Duftnessel
Artemisia 'Powis Castle'	Wermut
Asphodeline lutea	Junkerlilie
Asphodelus albus	Weißer Affodil
Aster amellus in Sorten	Berg-Aster
Aster linosyris	Steppen-Aster
Bergenia in Sorten	Riesensteinbrech
Calamintha nepeta	Bergminze
Ceratostigma plumbaginoides	Winterharte Bleiwurz
Crambe maritima	Meerkohl
Delosperma in Arten und Sorten	Mittagsblume
Erodium × hybridum	Großer Reiherschnabel

Gräser

Agropyron magellanicum	Magellan-Kammquecke
Ammophila breviligulata	Blauer Strandhafer
Eragrostis in Arten	Liebesgras
Festuca gautierii, Festuca mairei	Bärenfellgras, Atlas-Schwingel
Stipa in div. Arten	Federgräser
Helictotrichon sempervirens	Blaustrahlhafer Wiesenhafer
Leymus arenarius	Strandroggen (Rhizomsperre einsetzen!)
Muhlenbergia in Arten	Muhlenbergie

Frühlingsblüher

Eremurus robustus	Riesen-Steppenkerze und andere Lilienschweif-Arten
Iris danfordiae	Winter-Iris und andere Zwiebel-Iris
Iris reticulata in Sorten	Netzblatt-Iris
Tulipa humilis	Wildtulpen
Tulipa sylvestris	Weinberg-Tulpe
Scilla greilhuberii	Blaustern
Ixolirion tataricum	Berglilie

Euphorbia characias	Mittelmeer-Wolfsmilch (nicht überall winterhart)
Gypsophila repens	Zwerg-Schleierkraut
Iris barbata-nana in Sorten	Zwerg-Bart-Iris
Iris variegata	Gelbe Iris
Oenothera pilosella	Nachtkerze
Opuntia, winterhart	Feigenkakteen
Papaver orientale	Orientalischer Mohn
Penstemon × mexicalii in Sorten	Bartfaden
Salvia nemorosa in Sorten	Zier-Salbei, Steppen-Salbei
Salvia officinalis	Gewürz-Salbei
Sedum telephium in Sorten	Fetthenne
Teucrium chamaedrys	Gamander
Veronica gentianoides	Ehrenpreis

Verschiedenste Gewürze und Kräuter, besonders graublättrige Arten aus dem Mittelmeerraum.

Extreme Standorte: zwischen Asphalt und Verkehr

Ich bin immer wieder von neuem beeindruckt, was manche Stauden aushalten und wegstecken können. Wir sollten uns dies viel mehr zunutze machen. Extremstandorte verlangen vor allen nach der richtigen Staudenauswahl – egal, ob es sich nun um Fahrbahnteiler oder um Dachbegrünungen handelt.

Für Stauden ist nichts zu schwer

Die Art und Weise, Verkehrsinseln mit Stauden ökologisch sinnvoll zu bepflanzen, ist nicht neu. Sie stammt aus den späten 1980er-Jahren, als im Freiburger und Elsässer Raum vielen Gemeinden eine Sommerflorbepflanzung in der Pflege und im Unterhalt zu aufwändig wurde. Die Sommer sind dort sehr heiß und trocken, entsprechend sorgfältig mussten die Gärtner den Wechselflor gießen und pflegen. Und im Winterhalbjahr präsentierten sich die kahlen Flächen nicht gerade schön. Man suchte daher nach preisgünstigen und attraktiven Alternativen für viele Jahre.

Mein langjähriger Freund und Staudengärtnerkollege Ewald Hügin entwickelte in Zusammenarbeit mit einigen Gemeindegärtnern ein Pflanzkonzept, das mit wenig Pflege über viele Jahre dauerhaft funktioniert. Die Auswahl der Stauden basiert auf Trockenheitsresistenz und fiel auf solche Arten, denen Salzstreuung im Winter wie auch Abgasemissionen nichts anhaben können. Außerdem mussten die Verkehrsinselbepflanzungen Schneedruck durch Räumfahrzeuge und Spritzwasser der vorbeifahrenden Autos wegstecken können.

Bepflanzung für viele Jahre

Vieles steckte damals noch im Experimentierstadium, denn man konnte bei Stauden noch auf keinerlei Erfahrungswerte zurückgreifen. Man probierte allerdings nach und nach eine Menge Arten mit Erfolg aus und schaute sich nebenbei auch in der Natur um. Entlang der Gebirgsstraßen Südeuropas findet man eine ganze Reihe Stauden, die sich als robust und widerstandsfähig erwiesen haben – und sich daher auch für diesen Zweck gut eigneten. Es wurden dabei natürlich nicht nur reine Wildarten verwendet, sondern man griff hauptsächlich auf gärtnerisch selektierte Sorten zurück. Im Sortiment der Staudengärtner gab es zudem schon immer eine Menge Stauden, die nicht nur robust und zweckerfüllend sind, sondern auch die Vorbeifahrenden mit ihrer Blüte erfreuen. Gelungen bepflanzte Verkehrsinseln nenne ich daher auch gern „bunte Staudenbeete zwischen Asphalt und Verkehr".

Für die Bepflanzung war immer auch entscheidend, in welcher Umgebung sich die Verkehrsinseln befinden. In einigen Gebieten waren es Fahrbahnteiler an Autobahnauffahrten, weit ab von jeglicher Ansiedlung. Und trotzdem sollten sie sich über die Jahre attraktiv präsentieren. Andere Verkehrsinseln lagen in urbanem Umfeld und wurden prägnanter und repräsentativer mit robusten Blütenstauden und Gräsern bepflanzt. Die Blütenhöhepunkte waren vom Vorfrühling bis in den Spätherbst über das Jahr verteilt. Später startete man Versuche, standortgerechte Staudenarten durch Einsaaten zu verbreiten oder auch Staudenmischpflanzungen zu etablieren.

Die damals bepflanzten Verkehrsinseln im südbadischen Neuenburg befinden sich auch nach zwanzig Jahren immer noch in einem tadellosen Zustand. Einige Arten wie der Sand-Thymian (*Thymus serpyllum*) und der Breitblättrige Gewürz-Salbei

(*Salvia officinalis* 'Berggarten') sind mit den Jahren etwas schütter geworden. Der Persische Gamander (*Teucrium chamaedrys*), die Chinesische Bleiwurz (*Ceratostigma plumbaginoides*), der Große Reiherschnabel (*Erodium × hybridum*), das Lampenputzergras (*Pennisetum orientale*), die Berg-Aster (*Aster amellus*), der Atlas-Schwingel (*Festuca mairei*), der Echte Lavendel (*Lavandula angustifolia*), das Graue Heiligenkraut (*Santolina chamaecyparissus*) und viele andere Arten erwiesen sich als erstaunlich langlebig. Aufgrund des südländischen Charakters einiger Inseln macht es keinen allzu großen Aufwand, der Pflanzung mit einigen Blumenzwiebeln und Stauden-Nachpflanzungen wieder ein frisches Gesicht zu verleihen.

Auch Beetstauden eignen sich

In den Anfängen meiner Gärtnerei kamen die Landschaftsgärtner des Landes Oberösterreich in Sachen Verkehrsinselbepflanzung auf mich zu. Damals baute man innerhalb weniger Jahre sehr viele Kreuzungen zu verkehrsentspannten Kreiseln um. So entstanden zwangsläufig jede Menge Fahrbahnteiler und runde oder ovale Mittelinseln. Diese sollten mit winterfesten und vor allem robusten Stauden bestückt werden, zweckmäßig und repräsentativ – und zugleich arbeitseinsparend, um die Pflegekosten zu senken. Die Pflanzungen zwischen Asphalt und Verkehr wurden mit der Zeit ein großer Erfolg, und die Akzeptanz bei der Bevölkerung war recht groß.

Nach und nach experimentierten wir sogar mit etlichen Beetstauden, die im alpenländischen Raum sehr gut ankamen. So plante ich neben dem Steppen-Salbei (*Salvia nemorosa*), dem Blumen-Dost (*Origanum laevigatum*), der Pyrenäen-Aster (*Aster pyrenaeus* 'Lutetia') und vielen anderen gut bekannten Stauden, auch zunehmend viele Taglilien-Sorten (*Hemerocallis*), Riesensteinbrech (*Bergenia*), Katzenminze (*Nepeta*), Storchschnabel (*Geranium × cantabrigiense*) und Rutenhirse (*Panicum-virgatum*-Sorten) in die Pflanzungen mit ein.

Die Bleiwurz ist ein robuster Bodendecker, der im Herbst hübsch blau blüht und rasch dichte Bestände bildet.

Nicht weit von der Gärtnerei entfernt befindet sich ein großer Kreisverkehr mit mehreren Staudeninseln, auf denen sich die herrliche Bergenia 'Eroica', einige großblütige Taglilien und vieles mehr wundervoll präsentieren – und dies schon seit weit über zehn Jahren.

Besonders Taglilien und Schwertlilien (Iris) funktionierten auf den meisten Verkehrsinseln auf beste Weise. Das Klima in Oberösterreich ist gegenüber Südbaden doch ein wenig anders – mit höheren Niederschlägen und etwas gemäßigteren Sommertemperaturen. Ein schmaler, langer Fahrbahnteiler vor einem Buswartehäuschen diente mir als Gratis-Versuchsfeld, wo ich manche Neuheit und unbekannte Staude für diesen Zweck ausprobierte. Und die Auswahl ist riesengroß! Es wurden unbekanntere Eberrauten (Artemisia) aus Osteuropa und Zentralasien sowie Flockenblumen (Centaurea) getestet. Aber nicht alles war dauerhaft genug. Die prachtvolle Ochsenzunge (Anchusa italica 'Loddon Royalist') ist beispielsweise für ihre Kurzlebigkeit bekannt, wenn sie nicht sofort nach ihrer Blüte heruntergeschnitten wird. Einige der herrlichen Mohnsorten aus Laufen hielten sich ebenfalls nicht sehr lange, sie waren vielleicht doch etwas zu salzempfindlich. Auch erwartete ich mir vom Echten Meerkohl (Crambe maritima) eine etwas längere Ausdauer – zumal er durch seine Herkunft von den Stränden der Nordsee jede Menge Salz vertrug. Im Straßenbeet war die Trockenheit aber wohl doch zu hoch, während er im Kiesbeet der Gärtnerei zu wuchtigen Exemplaren heranwuchs. Wie schön wäre es gewesen, wenn neben den Bergenia noch eine andere breitblättrige, ornamentale Strukturstaude ihren Platz auf den Verkehrsinseln hätte finden können!

Bepflanzung in größeren Gruppen

Wie wurden die Stauden aber auf die Verkehrsflächen gepflanzt? Ich war schon immer eher ein Anhänger für eine differenziertere, natürliche Form der Bepflanzung, orientiert an der Geselligkeitsstufe einzelner Stauden. Die betreuenden Gärtner waren oft anderer Meinung – ihnen war diese Pflanzweise zu wenig auffällig, zu wenig plakativ. Sie pflanzten Mädchenauge, Salbei, Riesensteinbrech und andere Stauden lieber in größeren Gruppen. Was die Pflege anbelangt, muss ich ihnen im Nachhinein recht geben. Durch diese Art von „Blockabfertigung" war sie auch für Nichtkenner zu bewältigen, die die unterschiedlichen Stauden auf diese Weise wesentlich besser auseinanderhalten konnten.

Die Bodenvorbereitung erfolgte eigentlich immer auf die gleiche Art und Weise. Die Fahrbahnteiler und Verkehrsinseln wurden nach ihrer Erstellung mit Substrat aufgefüllt, meist bis zu einer Tiefe von mindestens 50 cm. Hier wurde vor allem aus Gründen der Dauerhaftigkeit von Stauden und Zwerggehölzen auf einen relativ hohen mineralischen Anteil des Bodens geachtet. Nach der Bepflanzung wurde mit Splitt oder Kies ohne jeglichen Feinanteil abgedeckt.

Ganz ohne Pflege geht es eben nicht!

Die Pflege beschränkte sich auf ein jährliches Durchputzen der Inseln im Frühling sowie den erforderlichen Rückschnitt der Stauden und Gräser. Auftretende Unkräuter sollten möglichst entfernt werden, noch bevor sie ins Samenstadium kamen. Ähnlich wie bei den Kiesgärten wird auch die Bepflanzung auf Verkehrsinseln eher locker gehalten, die Abstände zwischen den Staudengruppen sind größer, sodass Kies und Steine zwischen den Stauden zur Geltung gelangen. Dadurch kann es passieren, dass sich im Laufe der Zeit einjährige

Geradezu ein Klassiker ist Bergenia 'Eroica' von Ernst Pagels.

Gelungenes Beispiel einer extensiven Kiesgartenbepflanzung anlässlich der LGS in Deggendorf/Niederbayern.

Unkräuter ausbreiten – dies stört zwar zunächst das Gesamtbild nicht, kann sich aber schnell zur Plage entwickeln.

Zeitgleich wurden in vielen anderen Gegenden Mitteleuropas die Verkehrsinseln auf ähnliche Weise bepflanzt. Und manchmal hatte ich den Eindruck, dass die Kreativität dort keine Grenzen kannte, wenn bildhauerische Objekte oder andere Gegenstände von Künstlern mit einbezogen wurden. Ob die Bepflanzung dazu auch immer stimmig und passend war? Vermutlich nicht.

Leider enttäuschte aber das Langzeitresultat einiger Fahrbahnteiler und Verkehrsinseln, die zu Beginn durchaus stimmig und gelungen waren. Der Grund dafür war ganz einfach zu sehen: Mancher Gemeinde war schlichtweg ein Minimum an Pflege offenbar immer noch zu viel. Und einigen Pflegekräften schien die anfallende Arbeit zu lästig oder sie handelten nach dem Motto: „Nach mir die Sintflut!" So war es trotz anfänglich guter Erfolge nicht zu verstehen, dass nach einiger Zeit so manches Beet aus dem Ruder lief, was Unkrautdruck und Rückschnitt der Stauden anbelangte.

In einigen Gemeinden wurden solche Bepflanzungen nach nur wenigen Jahren leider wieder zurückgebaut und Rasen eingesät. In anderen Gemeinden halten sich diese Bepflanzungen dagegen bis zum heutigen Tag.

Meine Erfahrung: Wo seitens der Gemeinden Sinn und Interesse an blühender Ästhetik vorhanden ist, wird auch in die jährliche Pflege der Verkehrsinseln ein Minimum investiert. Und längst gilt es ja als erwiesen, dass Rasenflächen über das Jahr wesentlich mehr Aufwand erfordern als Staudenflächen. Abgesehen davon, dass sich die Pflegekräften beim Mähen wesentlich öfter dem Verkehr und den Abgasen aussetzen müssen, was sonst die Stauden übernehmen würden.

Extreme Standorte: Stauden auf Dächern

Auf Dächern herrschen ähnlich extreme Bedingungen wie auf Verkehrsinseln – es gibt zwar keine Beeinträchtigungen durch Salz und Abgase, doch stellen Temperaturschwankungen und Trockenheit hohe Ansprüche an die Stauden. Die Widerstandsfähigkeit und Überlebensfähigkeit einzelner Staudenarten ist gefordert.

Hauswurze auf dem Hüttendach

In vielen Ländern sind extensive Dachbegrünungen auf Fabrikdächern, Schulgebäuden und sonstigen größeren Dachflächen bereits vorgeschrieben und werden mit Vegetationsmatten realisiert, die aus *Sedum*-Sprossen bestehen. Aber wir können auch unsere viel kleineren Dächer begrünen, die mittels Dachpappe, Kiesabdeckungen oder Dachziegel gedeckt wurden. Denn heute ist es enorm wichtig, jegliche wie auch immer versiegelte Fläche durch eine Bepflanzung für die Natur rückzugewinnen, und sei sie noch so klein.

Bei uns in der Gärtnerei steht im Eingangsbereich eine kleine Hütte, die uns zur Aufbewahrung für Verpackungsmaterialien dient. Das Dach besteht aus ganz normalen Ziegeln und mein Plan war es, diese kleine Fläche ausschließlich mit Hauswurzsorten zu bepflanzen. Eine Herausforderung war der relativ steile Dachwinkel. Ich musste diese Steilheit irgendwie abfangen, denn sonst wären sämtliche Hauswurze beim ersten stärkeren Regen weggeschwemmt worden. Für diesen Zweck suchte ich unterschiedlich große und eher breite Kieselsteine. Diese Kiesel mit einem Durchmesser zwischen 10–20 cm klebte ich mit einem Fliesenkleber fest. Tage später holte ich mir sehr lehmige Landerde und vermengte diese mit etwas Topferde und Sand. Mit Wasser verrührte ich diese Mischung zu einem zähen Brei, der dann hinter die Kiesel aufs Dach kam. In die noch feuchten, kuhfladenähnlichen Häufchen steckte ich dann Hauswurze aller Arten und Sorten.

Pflanzen: robust und langlebig

Besonders schöne Kontraste ergeben sich, wenn neben weißfilzigen Spinnweb-Hauswurzen (*Sempervivum arachnoideum*-Auslesen) einige großrosettige *S.-tectorum*-Sorten wachsen, oder grünrosettige sich mit roten, orangen und andersfarbigen Pflanzen abwechseln. Die gekauften Töpfe bei Hauswurzen bestehen meist aus mehreren Rosetten, die man gut auseinanderzupfen kann und dann einzeln stecken sollte. Besteht das Topfsubstrat aus reinem Torf, sollten Sie die Rosetten besser von sämtlichem Anzuchtsubstrat befreien. Der Lehm auf dem Dach bietet wesentlich bessere Voraussetzungen für ein jahrelanges, gutes Gedeihen der Pflanzen.

Unsere kleine Dachbepflanzung existiert nun schon über 15 Jahre: Es wurden noch nie Pflanzen ausgewechselt, geschweige denn gewässert oder gedüngt. Die abgeblühten Rosetten werden zu Humus – und das reicht ihnen offenbar. Und sie bekommen von oben das, was immer sie an Feuchtigkeit brauchen.

Unkonventionelle Orte nutzen

Ein großes Weinfass, das mir ein Freund zu einem runden Geburtstag schenkte, ist ein weiteres Beispiel einer Dachbepflanzung. Es hat recht große Ausmaße und ich stellte es an einem leicht beschatteten Ort im Schaugarten auf. Links und rechts wächst der Bergknöterich (*Aconogonon polymorphum* 'Johanniswolke') in beeindruckenden

Exemplaren. Sie umrahmen unser Fass zur Blütezeit sehr eindrucksvoll und sind beinahe so hoch wie das Eichenfass selbst.

Wir zogen ein Vlies über das Dach des Fasses und tackerten dann ein sehr engmaschiges Hasengitter darauf. Den Zwischenraum zwischen Hasengitter und Vlies stopften wir mit lehmig-sandigem Dachgartensubstrat aus. Von außen wurde anschließend das Gitter mit einer Zange an vielen Stellen aufgeschlitzt, um Fetthennen, Hauswurze, Blauschwingel und auch einige Schnittlauchsorten einzupflanzen. Schnittlauch ist für solche Dachbepflanzungen geradezu prädestiniert – er hat eine sehr weite Standortamplitude, kann also unterschiedlichste Standorte besiedeln – und hält sich viele Jahre. Er sät sich sogar aus.

Unbedingt musste ich auch *Iris tectorum* auf das Dach setzen. Die Dach-Iris stammt aus China, wo sie in einigen Gegenden traditionell auf Dächer gepflanzt wird. Eigentlich ist sie bei uns ausreichend winterhart – doch hatte ich mit ihr eigenartigerweise kein Glück. Während sämtliche andere Stauden noch heute hervorragend wachsen, kam ich mit der Dach-Iris auf keinen grünen Zweig. Vielleicht war ihr die Erdschicht doch zu dünn.

Fast überall möglich

Ein hervorragender Ort, sich mit standortgerechten Stauden auf Dächern auszutoben, ist ein Garagendach, das entweder begehbar oder zumindest von oben einsichtig ist. Mein ehemaliger Chef und Mentor Domenico Tommasini in der Schweiz bepflanzte sein Garagendach, indem er auf die vorhandene Kiesfläche ein wasserdurchlässiges Vlies spannte und darauf eine sandig-lehmige Erdschicht verteilte. Dieses Garagendach existiert heute noch, es wurde damals mit Polster-Nelken, Thymian, Brandkraut, Salbei und vielen anderen mediterranen, wärmeliebenden Stauden bepflanzt. Einige säten sich sogar selbst aus und so entstand eine dynamische Staudenfläche, in der auch einige Gehölze ihren Platz fanden. Der Höhepunkt war, als sich nach Jahren der Konsolidierung sogar einige Knabenkräuter einstellten.

Auf jeden Fall ist der Blick von einem Wohnzimmerfenster auf ein bepflanztes Garagendach um ein Vielfaches gefälliger als wenn der Blick auf eine reine Kiesfläche fällt. Bevor Sie sich aber an die Bepflanzung machen, sollten Sie unbedingt Erkundigungen über die Tragfähigkeit des Daches einholen. Ebenso wichtig ist eine gute Dränageschicht mit einem Wasserabzug.

Unser Hingucker im Garten: das mit Fetthennen und Schnittlauch bepflanzte Weinfass.

Unendlich große Pflanzenwelt: Alpinum und Steingarten

Die Welt der Alpenpflanzen ist faszinierend und komplex zugleich. Sie eröffnet uns eine unglaubliche Vielfalt an Schätzen, die unser Wissen und gärtnerisches Können herausfordern. Das Gärtnern mit Alpenpflanzen ist sicher kein Hobby für jeden – aber Vorsicht, so manch einer konnte sich dem Zauber dieser Pflanzen nicht mehr erwehren!

Die Krone der Staudengärtnerei

Und wer diesen Virus einmal eingefangen hat, wird ihn so schnell nicht mehr los. Man bekommt ihn bei Besuchen in privaten und botanischen Gärten sowie bei Wanderungen und beim Bergsteigen im Hochgebirge gleichermaßen. Mir erging es so, als ich zu meiner Schweizer Volontärzeit das umfangreiche Alpinum eines begnadeten Pflanzensammlers erleben durfte und bald anschließend mit Arbeitskollegen meine erste richtige Bergtour auf den Säntis unternahm. Dort bekam ich eine Vorstellung davon, wie Alpenpflanzen in der Natur gedeihen. Eine perfektere Einführung in diese eigene Welt kann man sich gar nicht vorstellen – nach so einem Wochenende musste ich wohl zum großen Alpenpflanzenliebhaber werden.

Und die Bergblumen waren es auch, die mich unter anderem zum Reisen veranlassten und in die Ferne zogen. Dabei beschränkt sich die Gebirgsflora ja nicht allein auf die Alpen, sondern auf sämtliche Gebirge der gemäßigten Zonen der Nord- und Südhalbkugel, auch wenn wir normalerweise im Sprachgebrauch von Alpenpflanzen reden. Sie können sich vorstellen, welche riesige Artenvielfalt uns hier erwartet. Bedenkt man dabei, dass Gebirgspflanzen in Höhen zwischen 800 m bis weit über 4000 m hinaus gedeihen, auf unterschiedlichstem Untergrund und klimatischen Lebensraum, abgesehen von ihrer großen, gärtnerischen Sortenvielfalt, dann erahnt man die riesige Bandbreite.

Mit langer Tradition

Die Voraussetzung zum Sammeln und Kultivieren von Gebirgspflanzen im Flachland ist die Schaffung eines geeigneten Umfeldes – praktisch gesehen also eine Nachbildung ihrer natürlichen steinigen Umgebung. Und genauso wie ein Gartenteich und andere Gewässer im Garten ebenfalls immer nur eine Nachbildung sein können und niemals eine Kopie der Natur, gilt das auch für diesen Fall. Umgangssprachlich ist von einem Steingarten die Rede, im engeren Sinne von einem Alpinum oder Alpengarten.

Die Alpenglöckchen (*Soldanella*) sind in der Gartenkultur nicht ganz einfach.

Die empfindlichen Dionysien eignen sich für die Topfkultur im Alpinenhaus.

Das Gärtnern mit Alpenpflanzen hat eine lange, alte Tradition. Ganz besonders intensiv und schon seit Jahrhunderten wird dieses Hobby in Großbritannien praktiziert. Einen reichen Erfahrungsschatz haben jedoch auch einige Länder Mittel- und Osteuropas aufzuweisen – wie Deutschland und ganz besonders Österreich und Tschechien. Neuerdings sind auch in den USA, in Neuseeland, Japan, den Beneluxstaaten, der Schweiz und Skandinavien größere Steingärten entstanden, wo sich viele Alpenpflanzenliebhaber diesem Hobby widmen. Nicht wenige Liebhaber sammeln intensiv innerhalb einer Gattung und ziehen all ihre Pflanzen in Töpfen. Bei in Kultur empfindlichen und heiklen, hochalpinen Stauden ist dies sogar die weitaus beste Methode, sie zu ansehnlichen, blühenden Exemplaren zu bringen – man nennt dies „Growing for Showing". Schau-Aurikeln (*Primula × pubescens*-Hybriden) beispielsweise, aber auch Arten und Sorten des Steinbrechs (*Saxifraga*), viele Enziane, empfindliche Arten und Sorten der Gattung *Dionysia* aus den Gebirgen des Orients, sowie Zwiebel- und Knollenpflanzen, die während des Sommers eine ausgiebige Trockenphase benötigen, werden so gezogen. Statt im Steingarten oder Alpinum werden solche Gebirgspflanzen auch in speziellen Alpinenhäusern kultiviert.

Spezialistentum oder für jedermann?

Der Steingarten mit seiner Pflanzenwelt ist der Anfang eines großen und spannenden Betätigungsfeldes. Aber keine Sorge, jeder Spezialist und Sammler fing einst im kleinen Rahmen und mit ganz unkomplizierten Pflanzen an. Mit dem Geschmack steigt meist auch die Herausforderung. Übrigens sind von den unendlich vielen Gebirgspflanzen, die es weltweit gibt, die allerwenigsten in gärtnerischer Kultur. Privatleute können heiklen Alpinen viel besser entsprechen als Gärtnereien, denn sie beschäftigen sich zeitaufwändig mit den speziellen Anforderungen dieser Pflanzen. In einer Staudengärtnerei mit einem breiten Sortiment gehen zu empfindliche Stauden im großen Getümmel meist unter. Ein gutes Grundsortiment erhalten Sie allerdings in jeder Staudengärtnerei, spezielle Sortimente ausschließlich mit Alpinen sind aber eher selten zu finden. In Zeiten des Internets können Sie jedoch in ganz Europa Ausschau halten – und dabei sehr bald fündig werden. In- und ausländische Steingartenclubs und Staudengesellschaften bieten lobenswerterweise jährliche Samentauschaktionen. Ebenso leben in den USA, Tschechien, Großbritannien und anderen Ländern einige Privatleute, die Samen von Gebirgspflanzen aus aller Welt anbieten. Und nichts ist erlebnisreicher, als viele seiner eigenen Schützlinge vom Samenkorn bis zur blühenden Pflanze selbst aufzuziehen.

In letzter Zeit wurde der Steingartenbereich zugunsten anderer aktueller Gartenthemen etwas in den Hintergrund gedrängt, doch sind auch weiterhin sehr rührige Steingartenclubs mit unterschiedlichen Regionalgruppen äußerst aktiv am Werk. Und in nahezu jedem Botanischen Garten lässt sich ein Alpinum bewundern, und sogar einige architektonische Steingärten sind in letzter Zeit vor modernen Institutsgebäuden errichtet worden.

Ein Alpinum nach der Natur aufbauen

Die Anordnung einiger größerer Findlinge ergibt noch lange keinen Steingarten. Und der Übergang von einem Kiesgarten zum Steingarten kann kreativ und fließend sein. Eine einfache Definition lautet: Als Alpinum kann eine Nachbildung einer Hochgebirgslandschaft auf kleinem Raum bezeichnet werden, in der entsprechende Pflanzen gedeihen. Ganz wichtig ist für jeden noch so kleinen Steingarten die harmonische Anordnung, Gruppierung und Platzierung der Steine. So kann selbst der einfachste Steingarten an einer Terrassenböschung völlig disharmonisch wirken, wenn seine Steine unnatürlich verlegt wurden und die Böschung dadurch von Weitem eher einem „gespickten Rehrücken" ähnelt als einer Nachempfindung eines winzigen Teiles des Hochgebirges. Oberstes und wichtigstes Prinzip bei Alpinum und Steingarten lautet daher: der beste Lehrmeister ist die Natur selbst.

Ja, selbst auf kleinsten Räumen im Garten können Sie einen Steingarten errichten, der Ihr ganzer Stolz sein wird. Es macht zweifellos großen Spaß, eine Böschung in eine Art Hochgebirge zu verwandeln. Doch trotz umfangreicher Literatur und etlicher Beispiele aus botanischen Gärten rate ich Ihnen zunächst, den Rucksack zu schultern und an einem Sommerwochenende eine Bergtour beispielsweise in die Nördlichen Kalkalpen zu machen. Es spielt dabei keine Rolle, durch welche Gegend der Alpen Sie wandern, doch sollten Sie wachen Auges durch die oberen Regionen rund um die Baumgrenze steigen. Felsblöcke, einzelne Steine und deren Bewuchs sollten Sie im Vorbeigehen auch einmal genauer betrachten und sich verinnerlichen, wie sich Pflanze und Stein miteinander arrangieren und den Platz teilen.

Alpine Polsterstauden schmiegen sich an die Felsen, bilden mit ihm eine Einheit und füllen Zwischenräume aus, wo sich Humus angesammelt hat. Andere sitzen eng in Felsspalten und saugen mit ihren Wurzeln förmlich die Feuchtigkeit tief aus dem Inneren der Gesteinsbrocken. Auf Schotterkaren steilster Abhänge kann man erkennen, wie sich die Pflanzen ihr Terrain erobern. Selbst ein unwirtlicher, zugiger Felsgrat wird von Zwergsträuchern überzogen und hält die Erosion in Schach. Felsbrocken und herabgefallene Steine liegen mit ihrer Breitseite im Boden – nur sehr selten stehen sie durch Zufall, sie liegen fast immer. Und so sollten sie auch in Ihrem Steingarten verbaut werden.

Spaltengärten sind eine Spezialität

Die größten Meister im Bauen von Steingärten aller Art sowie im natürlichen und harmonischen Verlegen der Steine sind zweifelsohne unsere tschechischen Nachbarn. Dort zeugen traumhafte Beispiele in unzähligen Privatgärten von großem Einfühlungsvermögen. Zu den Spezialitäten der tschechischen Pflanzenfreunde zählen unter anderem die Spaltengärten. Ich erwähnte bereits, dass die Steine mit ihrer Breitseite, ihrem Schwerpunkt nach unten verlegt werden, als würden sie aus dem Boden wachsen. Dies geschieht normalerweise auch so, was aber nicht heißt, dass es nicht auch ausnahmsweise anders gemacht werden darf. Ein Spaltengarten ist ebenfalls eine Nachbildung natürlicher Gesteinsfluren. Zum ersten Mal sah ich diese Formation im Schweizer Jura, wo die Kalkschichtung durch die Jahrmillionen durch eine Verschiebung des Kalkgebirges schräg oder sogar fast senkrecht nach oben verworfen wurde. Durch diese natürlichen Vorbilder entstand die Idee, eine solche Schichtung als Steingarten nachzubilden. Statt eines normal gestalteten Steingartens können Sie sich durchaus auch an einen Spaltengarten wagen. Dieser braucht wesentlich weniger Platz, da er in die Höhe gebaut wird, verschluckt deswegen aber wesentlich mehr Gesteinsmaterial als ein normaler, flach gehaltener Steingarten.

Spaltengärten passen sich an, egal ob modernes Gebäude oder traditionelles Haus.

Welche Gesteinsart nehmen?

Achten Sie beim Bau Ihres Alpinums unbedingt darauf, dass Sie bei einer einzigen Gesteinsart bleiben. Neben dem harmonischen Verlegen der Steine ist dies der zweitwichtigste Faktor. Ich sah schon Steingärten, wo zwei bis drei unterschiedlichste Gesteinsarten verwendet wurden. Nicht nur, dass sich dies auf den Gesamteindruck höchst disharmonisch auswirkt – insgesamt sieht ein solches Gemisch unnatürlich, unruhig und daher in höchstem Maße unprofessionell aus. Es entspricht zudem so gar nicht der Natur.

Es ist vollkommen unerheblich, welche Gesteinsart Sie für Ihr Alpinum auswählen. Es darf Granit, Gneis, Grauwacke, Schiefer oder Konglomerat sein, auch vulkanischer Basalt ist möglich, wenngleich nicht ideal. Geschichtete Muschelkalkplatten oder auch rundliche Kalksteine stellen jedoch die klassischen Steine für Ihr Alpinum.

Sollten Sie Kalksinter auftreiben können, entspräche dies zwar nicht dem Hochgebirge, aber Sie hätten das beste und pflanzenverträglichste Baumaterial. Kalksinter (im Volksmund auch Tuffstein genannt) ist nicht nur sehr einfach zu bearbeiten, sondern auch viel transportabler, da wesentlich leichter. Es ist zugleich das ideale Material, in dem viele empfindliche Hochalpine hervorragend gedeihen.

In Kalkgebirgen kommen zwar die meisten aller Gebirgspflanzen vor, Sie sollten sich jedoch jedoch nicht auf den Kalkstein als Steingartenmaterial versteifen, wenn dieser in Ihrer direkten Umgebung nicht existiert. Die meisten Gebirgsstauden wachsen im Garten auch problemlos auf Urgestein. Die Frage, welches Gestein man schließlich nimmt, ist eher pragmatisch zu sehen. Nur wenige Pflanzen sind ausschließlich an den Kalk oder ausschließlich an sauer reagierendes Urgestein gebunden – auf diese sollten Sie natürlich Rücksicht nehmen. Letztlich ist es aber eine Frage der Ästhetik, ob Sie Ihre Hungerblümchen zwischen Eifellavafelsen pflanzen oder ob Sie diese Art zwischen Kalksteine platzieren, so wie sie an ihrem Naturstandort auch wachsen.

Einige Gedanken vorab

Falls Sie in der Norddeutschen Tiefebene zu Hause sind, kann sich ein Steingarten wesentlich kostenintensiver gestalten als anderswo, da ideales Gestein in der Regel in viel größerer Entfernung zu besorgen ist. Daher wird der Transport des Steinmaterials bis zu Ihrem Garten um vieles teurer als bei einem Garten im Bergland, wo das geeignete Material womöglich in allernächster Nähe liegt. Die Größe Ihres Steingartens entscheidet natürlich auch über die Kosten – und ist abhängig davon, wie groß der Ihnen zur Verfügung stehende Platz ist. Ein Steingarten braucht auch nicht die Größe wie jener am Niederrhein zu haben, den ich einmal für einen Kollegen errichtete. Oft sieht ein kleines Steingärtchen mit 10–15 qm im Vorgarten wesentlich gefälliger und dekorativer aus, denn es passt sich allein durch die geringere Größe viel besser an den Rest des Gartens an. Zudem ist ein solcher Steingarten wesentlich leichter zu pflegen. Ein Alpinum zu bauen bedeutet auch nicht zwangsläufig, dass Sie sogleich ein steiles Miniatur-Matterhorn errichten müssen. Gerade flach gehaltene Steingärten haben ihren großen Reiz, und hier zeigt sich der wahre Könner im Verlegen von Steinen.

Ideen und Vorbilder finden

Steingärten zu errichten ist ausgemachte Schwerstarbeit, das gebe ich ehrlich zu. Gerade deshalb sollte man sich dabei Zeit lassen und seine Arbeit in Ruhe und mit viel Muße angehen. Und Sie dürfen selbstverständlich Hilfsmittel wie Steinzangen, Stemmeisen oder sogar Minibagger einsetzen. Gute Ideen liefert uns nicht nur die Natur als Vorbild, auch einige private Steingärten oder Anlagen in botanischen Gärten geben Zeugnis davon, was und wie man es bewerkstelligen könnte. Und nach einigen Besuchen unterschiedlichster Steingärten sollte sich herauskristallisiert haben, was Ihnen gefällt und was zu Ihrem Garten und zu Ihrem Haus passt. Eines meiner ganz großen Vorbilder ist der Alpengarten des Klosters Menzingen im Kanton Zug in der Schweiz. Auf einer relativ kleinen Fläche von rund 5 × 30 m entstand vor Jahrzehnten ein geradezu mustergültiges Alpinum, sehr gefühlvoll angelegt von Anton Fähndrich, dem damaligen Klostergärtner. Dieses Kleinod

Auf die richtige Lage der Steine kommt es an! Die Gesteinsart hingegen ist zweitrangig.

ist unbegreiflicherweise nur wenigen Insidern bekannt. Wie kaum anderswo sind hier Pflanzen und Steine miteinander vereint und in Jahrzehnten in Harmonie zusammengewachsen.

Soll Ihr Steingarten in Ihre Terrassenböschung integriert werden, wie bei so vielen Besitzern eines Steingartens? Oder soll er doch lieber frei im Rasen platziert werden – quasi als Insel, von allen Seiten ersichtlich? Ein Schmuckstück kann ein Steingarten tatsächlich im Eingangsbereich des Hauses sein. Ideal ist stets ein sonniger Platz, wobei die Nord- und Ostseite des Alpinums automatisch durch die Felsen und Steine einem Schattenwurf unterliegen.

Steine aussuchen und platzieren

Nun geht es ans Aussuchen der Steine. Wenn Sie die Zeit und Gelegenheit dazu haben, rate ich sehr dazu. Meist liegen im Steinbruch die Steine nach Größen sortiert oder aber auf einem Haufen, wo man nach Belieben aussuchen kann. Wählen Sie einige ganz große, weniger große und sehr viele handliche, kleine Steine aus. Und verabschieden Sie sich von dem Gedanken, all Ihre Steine von Wanderungen mitzubringen, denn auf diese Weise wird Ihr Alpinum nie fertig. Mir ist bewusst, dass die Patina durch Moos und Algen in der Natur wesentlich ausdrucksvoller und natürlicher aussieht als frisch gebrochener Stein aus dem Steinbruch. Abgesehen davon, dass die Entnahme aus der freien Natur nicht gestattet ist, darf ich Sie beruhigen: Die Patina stellt sich mit den Jahren auch in Ihrem Garten ganz von allein ein. Und es gibt einige Rezepte, wie Sie diese noch steigern können.

Patina selbst gemacht

Vielleicht wollen Sie nachhelfen und Ihre frisch gebrochenen, unnatürlich hellen Kalksteine gleich mit einer Schicht Patina versehen? Man nehme eine Gießkanne und verrühre darin einige Löffel Joghurt. Mit dieser Lösung übergießen Sie Ihre Steine. Sie werden schon nach einiger Zeit sehen, dass sich Moose und Flechten bilden. Übrigens können Sie auf diese Weise auch Ihre Aurikeltöpfe mit einer Schicht aus Algen und Moosen versehen. Viele Pflanzenliebhaber mögen diesen „shabby Style", andere können damit nur wenig anfangen.

Auch einzelne Steine mit Spontanvegetation können Charme ausstrahlen.

Wichtig ist auch, gleich den dazugehörigen Schotter und etwas feineren Splitt derselben Gesteinsart aus dem Steinbruch mitzunehmen. Unterschätzen Sie aber bitte nicht das Gewicht der Steine – ich war schon manchmal mit weit weniger Material überladen. Am besten lassen Sie sich die ausgesuchten Steine mit einem LKW anliefern. Das erspart Ärger, Nerven und letztlich Kraft.

Als ein Anhaltspunkt, wie viele Steine Sie für etwa 15 qm Steingarten benötigen, dient die Vorstellung, dass beim Auslegen ebenfalls eine etwa 15 qm große Fläche flach mit Steinen zugedeckt sein sollte. Einige freie Flächen ergeben sich später automatisch, denn beim Aufbau des Alpinums überlappen sich einige Steine und so entsteht woanders Platz für eine freie Schotter- oder Kiesfläche. Machen Sie sich bewusst, dass ein frisch errichteter Steingarten zunächst eher einem Steinbruch oder einer Steinwüste gleicht. Der Stein dominiert zunächst vollkommen, doch mit der Zeit erobern die Pflanzen das Terrain. Und erst nach einigen Jahren entsteht der lang ersehnte Eindruck einer eingewachsenen Miniatur-Felsenlandschaft.

Praxis: die ersten Schritte

Falls bei Ihnen in näherer Umgebung grober Bauschutt aus Ziegelbruch anfällt, können Sie sich glücklich schätzen, denn genau solcher ist als Steingarten-Untergrund wunderbar geeignet und verschafft Ihnen die notwendige Dränage. Und Sie müssen sich um weit weniger Erdmaterial kümmern. Lassen Sie sich aber nur so viel an Bauschutt herfahren, wie Sie verarbeiten können. Mit dem Bauschutt können Sie Ihr Alpinum schon einmal grob vormodellieren. Ganz ideal wäre natürlich auch das Aushubmaterial Ihres gerade ausgebaggerten Garten- oder Schwimmteiches.

Den Schutt soll dann eine 30–50 cm hohe Schicht aus sandiger Erde bedecken, in der anschließend Ihre Steingartenpflanzen wachsen können. Die Mischung dieser Schicht sollte zur Hälfte aus magerem Ackerboden und zur anderen Hälfte aus grobem Flusssand und feinem Kies bestehen. Für eine gute Struktur der oberen Bodenschicht hat sich auch das Hinzumischen weniger Säcke aufgedüngter Topferde bewährt. Diese Erde sollte jedoch allerhöchstens 10–20 Prozent der oberen Schicht ausmachen.

Wichtig zu wissen

Steingartenpflanzen sind an den Stein, an Splitt und Schotter gebunden, was mineralischen Boden als Ausgangsbasis bedingt. Besteht die Pflanzerde des vorhandenen Bodens aus Humus oder gar Kompost, bedeutet dies das schnelle Aus für Ihre alpinen Pflanzen.

Auch wenn sich später sicher einige der vorhandenen flach liegenden Steine als Trittsteine verwenden lassen, sollten Sie bereits ab einer Größe von 20 qm einen kleinen Weg einplanen, der durch den Steingarten führt. Bedenken Sie auch, dass Ihr Steingarten unmittelbar nach seiner Fertigstellung etwas höher ist als später, wenn er sich gesetzt hat.

Der Bau beginnt

Der ideale Zeitpunkt zum Errichten eines Steingartens ist der Herbst. In dieser kühleren Jahreszeit gestaltet sich das Arbeiten – vor allem das Steine schleppen und Steine verarbeiten – wesentlich angenehmer als im Hochsommer. Außerdem hat Ihr Steingarten nach der Fertigstellung genügend Zeit, sich über die Wintermonate zu setzen, und Sie können ihn dann im darauffolgenden zeitigen Frühjahr mit Hingabe bepflanzen.
Lassen Sie sich die ausgesuchten Steine möglichst auf einer freien Fläche ganz in der Nähe Ihres zukünftigen Steingartens abkippen. Nun breiten Sie die Steine etwas auseinander, um bessere Übersicht über deren „Gesichter" zu bekommen. Beginnen Sie mit dem Bau nie in der Mitte, sondern stets am Rand Ihres zukünftigen Steingartens. Legen Sie zunächst einige schwergewichtige, klobige oder größere, flache Steine an die Eckpunkte und an die Mitte des vorderen Randes, füllen Sie dann mit kleineren Steinen die Zwischenräume und arbeiten sich danach entweder „stufenweise" nach oben oder flach gehalten auf die Mitte zu. Keine Sorge: Dies zu beschreiben ist viel schwieriger als die eigentliche Arbeit.
Vor dem Verlegen der Steine sollten Sie primär immer die schönste Ansichtsseite aussuchen. Sitzt der Stein optimal, dann hinterfüttern Sie ihn mit der sandig-lehmigen Erdschicht. Der verlegte Stein braucht nicht festgeklopft zu werden, auch wenn er vielleicht etwas wackeln sollte. Mit der Zeit festigt sich alles wie von selbst. Kommen Sie auch nicht auf die Idee, Ihr Werk mit Mörtel zu verfestigen. Denn falls Sie später einmal einige Steine anders verlegen möchten, wollen Sie sicher nicht gleich zum Vorschlaghammer greifen müssen.

Wasser gewünscht?

Vielleicht möchten Sie ein Bachbett mit kleinen Wasserfällen durch Ihren Steingarten bauen oder einen kleinen Teich inmitten einer größeren Anlage integrieren? Beides lässt sich ohne Weiteres realisieren, will aber im Vorhinein gut überlegt sein. Während des Aufbaus Ihres Steingartens geht der Bau leichter vonstatten als im Nachhinein, wenn Sie Eingewachsenes womöglich wieder zerstören müssten.
Heute werden Teiche, Bachläufe und dergleichen mit Teichfolie erstellt. Diese sollte sorgfältig zugeschnitten und mit möglichst wenig Falten verlegt werden. Achten Sie auf die Gestaltung des Teichrandes oder Bachrandes, damit von der Folie möglichst nichts mehr zu sehen ist. Einen Teil des Wasserrandes können Sie auch mit sich flächig ausbreitenden Polstern bepflanzen, die bis ins flache Wasser hineinwachsen: Bodensee-Vergissmeinnicht (*Myosotis rehsteinerii*), teppichartig wachsende Gauklerblumen (*Mimulus primuloides*), winterharte Bubiköpfe aus Neuseeland (*Pratia pedunculata*) und andere mehr. Mit einem Rundumlaufsystem und der dazugehörigen Pumpe lässt sich ein geschlossener Kreislauf bilden.

Einige Arten der Gauklerblume müssen nasse Füße bekommen, um sich im Steingarten wohl zu fühlen.

Ganz zum Schluss: die Bepflanzung

Kennen Sie auch dieses herrliche Gefühl? Man rennt unschlüssig herum, in der einen Hand eine Pflanzschaufel, in der anderen die Staude auf der Suche nach dem idealen Platz. Nun, bei den Steingartenstauden ist es gar nicht so schwierig. Sie sollten sich nur vergegenwärtigen, wie die eine oder andere Staude wächst und welchen Standort sie benötigt. Die allermeisten Vertreter der Alpenpflanzen besitzen ein polsterförmiges Aussehen und wachsen mit der Zeit zu größeren Matten, andere hingegen benötigen Felsritzen oder schätzen die Besiedelung von Kies- oder Schotterflächen, um sich gut entfalten zu können.

Der Rhodopenrächer (*Haberlea rhodopensis*) liebt senkrechte Felsspalten. Dort bildet er bald größere Horste, die Jahrzehnte überdauern.

Der Rhodopenrächer (*Haberlea rhodopensis*) ist eine seltene Rosettenstaude aus den Gebirgen des Balkans. Dort wächst er an nahezu unzugänglichen, senkrechten Felsen in schattigen Spalten. In Ihrem Alpinum finden Sie geeignete Plätze an der Nord- oder Ostseite. Einmal zwischen zwei größere Steine gepflanzt hat man den Rest seines Lebens Freude daran, denn Rhodopenrächer werden wie auch die Felsenteller (*Ramonda*) sehr alt und bilden mit den Jahren größere Tuffs. Sie sind übrigens nahe verwandt mit dem Usambaraveilchen, sie gehören derselben Pflanzenfamilie an und sind seltene Tertiärrelikte.

Niedrige Glockenblumen beeindrucken mit den Jahren ebenfalls durch ihre großen Polster. Die meisten von ihnen wachsen entweder in lockeren Kiesflächen oder ebenfalls in Felsspalten, die sie mit ihrem Polster rasch ausfüllen. Eine meiner Lieblingsglockenblumen ist *Campanula × pulloides* 'G.F. Wilson' mit zahlreichen dunkelvioletten, nickenden Blüten. Die Polster können Durchmesser von bis zu 50 cm ergeben. Suchen Sie ihr also einen Platz aus, der ihrer würdig ist und wo sie besonders auffällt.

Ganz anders verhalten sich Hungerblümchen (*Draba*) sowie einige Arten des Mannsschildes (*Androsace*). Viele dieser Arten sind hochalpine Juwelen und besiedeln durchwegs Felsritzen. Dementsprechend bedacht sollten sie auch ins Alpinum gepflanzt werden, denn es handelt sich meist um äußerst zarte Pölsterchen. Beim Pflanzen entfernt man am besten einen größeren Stein und drückt den Topfballen flach, aber ohne dessen Wurzeln zu verletzen. Für einen besseren Halt sollten Sie die Polster mit einigen Steinchen verkeilen. Wichtig beim Pflanzen ist der Bodenschluss nach hinten, also eine Verbindung mit dem vorhandenen Erdreich, um dadurch eine Kapillarwirkung zu erzielen. So vertrocknen Ihre Polster auch dann nicht, wenn sie sich an senkrechten Felsen befinden, sondern bekommen immer genügend Wasser aus den dahinter liegenden Erdschichten. Sie können natürlich solche Polster auch in der Waagrechten in Kies pflanzen, doch der Idealstandort befindet sich meist in Felsritzen. Keine Angst, der Ideenreichtum nimmt mit der Zeit zu – und mit einem Mal sind sie so richtig detailverliebt.

Bei Hauswurz (*Sempervivum*), Steinbrech (*Saxifraga*) und vielen anderen Alpenpflanzen gestaltet sich die Auswahl des Standortes nicht so dramatisch, ein sonniger bis halbschattiger Standort

Dieses Weidenröschen (Epilobium dodonei) ist eher kurzlebig. Schotter und Kies sind sein Refugium!

ist ausreichend. Diese Pflanzen wachsen dort sehr schnell zu größeren Polstern heran. Einige Gattungen wie die Kugelblumen (*Globularia cordifolia*) umfassen Felsbesiedler, die mit der Zeit spalierstrauchartig über die Steine wachsen, aber auch horstige Vertreter (*Globularia nudicaulis*), die eigentlich mit jeder Stelle zufrieden sind. Frischen, kräftigen Lehmboden schätzt hingegen unser Kurzstängeliger Enzian (*Gentiana clusii, Gentiana angustifolia* und *G. kochiana*, allgemein unter der Sammelart *G. acaulis* und dessen viele Auslesen bekannt). Dies sollte man berücksichtigen und ihm einen eigenen Pflanzplatz herrichten, denn dann blüht er auch überreich und bildet dichte Matten. Und sind Sie sich überhaupt nicht sicher, wie und wo eine Ihrer Neuerrungenschaften am besten gedeiht, dann hilft Ihnen eine äußerst umfangreiche Literatur weiter, ebenso Kataloge und das Internet. Ich bin mir fast sicher, kaum ein anderer Zweig des Staudengärtnerns weist einen solch umfangreichen Wissensschatz auf. Wer sich einmal damit auseinandersetzt, wird aber nicht umhinkommen, auch auf einige besondere Bücher in englischer Sprache zurückzugreifen. Denn im Englischen existiert nahezu über jede Staudengattung eine Monografie.

Wenn Gemüse und Stauden aufeinander treffen

Meine Idee war, jungen Menschen das Gärtnern im wahrsten Sinne des Wortes wieder schmackhaft zu machen – also spielerisch und unverkrampft Blumen und Nutzpflanzen miteinander zu vereinen. Denn selbst in den klassischen Bauerngärten spielen Stauden nur eine kleine Nebenrolle. Und das müsste sich doch durchaus ändern lassen.

Gemüse neu verwendet

Meist werden Gemüse und Kräuter in einem abgeschlossenen Gemüsegarten nach allerlei erdenklichen Methoden und Erfahrungen gezogen. Gemüse in akkuraten, abgetrennten Beeten nach Plan und Fruchtfolge zu ziehen, bedeutet ein Mindestmaß an Wissen, eine Menge an Zuwendung und auch eine gewisse Konsequenz. Sie ist in dieser Form sicher nicht immer jedermanns Sache. Den Gemüsegarten samt dem Kompost in den hintersten Gartenteil zu verbannen, ist auch keine ansprechende Lösung. Da kam mir die Idee, verschiedene Gemüse quasi als Begleit- und Füllpflanzen zwischen schon vorhandene Stauden zu pflanzen, ganz zwanglos und ohne irgendwelche Vorgaben und Pläne.

In unserem Schaugarten befand sich eine quadratische Fläche von etwa 10 × 10 m an einem sehr günstigen Standort. Ich ließ zunächst eine Ladung gute Ackererde kommen und verteilte diese auf der gesamten Fläche. Danach steckte ich mit einer

Auftakt zu neuen Ufern: Hier entsteht ein etwas anderer Gemüsegarten.

Schnur die Wegeführung ab und schaufelte die Wege anschließend aus: Ein Weg geht diagonal durch das Beet, zwei kleinere Stichwege führen wieder zum Rand des Beetes. Die Wege wurden zunächst mit Sand belegt, doch sollten sie zu einem späteren Zeitpunkt mit wetterfestem Klinker versehen werden.

Randbepflanzung aus Stauden

Ein Anliegen war es mir, die unterschiedlichen Möglichkeiten der Beetrandbepflanzung aufzuzeigen. So pflanzte ich auf der einen Seite eine Reihe des Dunkelgrünen Gamanders (*Teucrium × lucidrys*), gegenüber einige *Bergenia* 'Herbstblüte'. Der Gamander lässt sich wie eine kleine Hecke schneiden und gibt ein recht ansehnliches Bild ab. Bergenien (oder auch Riesensteinbrech genannt) zählten immer schon zu meinen Favoriten, allein schon deswegen, weil sie sich im Garten unwahrscheinlich vielseitig einsetzen lassen. Sie blühen nicht nur schön, sondern verleihen dem Beet durch ihre wintergrünen Blätter auch während des Winterhalbjahres Leben. Bergenien als Einfassungsstaude sind eher ungewöhnlich – wenn Sie aber die richtigen Sorten aussuchen, kann dies sehr gelungen aussehen. Eine Sorte blüht sogar dreimal im Jahr, neben ihrer Frühlings- und Sommerblüte hat sie ihre Hauptblütezeit in den Herbst verlegt – daher ist ihr der Sortenname 'Herbstblüte' gegeben worden. Ich durfte diese außergewöhnliche Bergenie vor einiger Zeit in einem Garten in England bewundern, wo sie ein sehr langes Rosenbeet säumte und zusammen mit den Rosen gerade in der Vollblüte stand.

Einen Beetrand weiter probierte ich Polster-Nelken aus, vis-à-vis davon eine Reihe aus rosa blühendem Ysop (*Hyssopus officinalis*), hier eine halbe Reihe Lavendel, aber auch die rotblättrigen Purpurglöckchen (*Heuchera* 'Plum Pudding') sowie Bergminzen (*Calamintha nepeta* 'Triumphator'). Alles funktionierte großartig, bis auf die *Heuchera*, die mir schon nach zwei Jahren regelrecht verkahlten. Diesen Pflanzen hätte ich wahrlich mehr zugetraut, denn die bekannte Sorte 'Molly Bush' steht in einem halbschattigen Trockenbeet im Schaugarten wie eine Eins – und das seit Jahren! Offenbar ist bei den Sorten doch auf Dauer ein Unterschied in ihrer Präsentation festzustellen.

Der Frauenmantel fühlt sich als Einfassungsstaude wohl.

Sedum, Frauenmantel und Kräuter

Den rechten, äußeren Rand bepflanzte ich mit *Sedum telephium* 'Indian Chief' – die Vertreterin der Hohen Fetthennen mit den wohl breitesten Blütentellern. Ich nahm sie in einer kleinen Gärtnerei in England mit. Kollegen von mir behaupteten zwar, sie würden keinen Unterschied zur deutschen Sorte 'Herbstfreude' sehen, aber wir pflanzten beide Sorten nebeneinander und stellten fest, dass die englische 'Indian Chief' tatsächlich wesentlich breitere Teller besitzt. In ihrer Farbe kann man allerdings wirklich keinen Unterschied ausmachen.

Mit Frauenmantel stattete ich die Längsseite entlang unseres Hauptweges aus. Ich wollte hier bewusst die noch immer wenig gebräuchliche *Alchemilla epipsila* demonstrieren. Diese vom Balkan stammende Art ist wesentlich zierlicher und gefälliger als ihre große Schwester *Alchemilla mollis* vom Kaukasus. Sie sollte eigentlich gar nicht mehr in den Gärten verwendet werden, da sie ihre Nachbarschaft kolossal verdrängt und sich sehr stark aussät, wenn man sie nicht gleich nach ihrer Blüte zurückschneidet. *Alchemilla epipsila* mit ihren schwefelgelben Blüten hingegen verhält sich in dieser Weise wesentlich zurückhaltender. Trotzdem bewirkt auch hier ein Rückschnitt nach ihrer Blüte, dass die kahlen Blattpolster sich wieder ordentlich präsentieren.

Zum zukünftigen Gemüsebeet passt natürlich Schnittlauch ganz hervorragend, ihn können Sie sogar als Einfassungspflanze verwenden. Hierzu eignet sich ganz besonders *Allium schoenoprasum* 'Forescate'. Die englische Sorte blüht nämlich überreich in einer rosaroten Farbe und verbindet Blütenwirkung und Küchentauglichkeit. Sie sollten Ihre Schnittlauchzeile allerdings sofort nach der Blüte knapp über dem Boden abschneiden, damit sich der Schnittlauch nicht aussät und außerdem frisch durchtreibt.

Diese Staudenränder haben etwas, ich bereue meine Wahl auf gar keinen Fall. Sie geben den einzelnen Beetflächen quasi den dazugehörigen Bilderrahmen und lockern darüber hinaus die einzelnen Felder gehörig auf.

Leitstauden in die Beete

In die vier unterschiedlich großen Beete pflanzte ich nun allerlei Stauden unterschiedlichsten Charakters, die irgendwie zum Gemüse harmonierten. Einige neuere Phloxsorten aus Osteuropa mussten natürlich auch ihren Platz finden, aber auch panaschierter Meerrettich, wuchtige Sonnenblumen und ein paar Astern. Hinter den Frauenmantel pflanzte ich eine Reihe neuer Wiesenknöpfe (*Sanguisorba* 'Chocolate Tip'), die ihn mit ihren braunroten Blüten umspielten. Ich pflanzte von Buschastern (*Kalimeris*) und Astern ausschließlich einzelne Exemplare, da diese mit der Zeit doch beachtlich groß werden. Von einem lieben Kollegen bekam ich seine eigene, weiß blühende *Vernonia* – dieses Eisenkraut musste auch noch unbedingt hinein! Ich pflanzte es aber in den Hintergrund, weil seine Größe dem Beet sonst jegliche Tiefe genommen hätte.

Platz für viele Gemüsesorten

Sie müssen sich ein Beet vorstellen, das zwar aus Leitstauden besteht, wo aber alle Begleit- und Füllstauden fehlen. So präsentierte sich nun mein alternatives Gemüsebeet – es sollte auf jeden Fall genügend Platz für Gemüse vorhanden sein. Gänzlich ohne System pflanzte ich allerlei Pflücksalat, Eichenblattsalat, Kohlrabi und Blumenkohl. Dabei sorgte ich aber dafür, dass die verschiedenen Gemüse sich nicht wahllos durcheinander präsentieren, sondern pflanzte sie in Gruppen. Dadurch wurde ihre farbliche Wirkung erhöht und ihre Blatttexturen konnten sich entfalten. Zum großen Teil entstanden auf diese Weise außergewöhnliche Kombinationen. Und ich kam in diesem Garten endlich wieder zu meinem geliebten „Moosleitner-Radi", eine lokale Rettichsorte, die – wie keine andere – ein außergewöhnliches Aroma besitzt. Man nimmt an, dass sie ursprünglich von Kriegsgefangenen aus Frankreich stammt und hierher mitgenommen wurde. Jedenfalls bildet diese Sorte rübenförmige, hellrosa Rettiche aus, die bis in den Winter hinein halten und nur hier im Innviertel angebaut werden. Ich lasse immer ein oder zwei Exemplare stehen, damit sie zur Blüte kommen und ich so das originale Saatgut einsammeln kann. Ebenfalls pflanzte ich Stauden-Rucola und Petersilie, die sich mit den Jahren durch Aussaat weitervermehren und auf diese Weise erhalten.

Vom Schnittlauch gibt es eine ganze Reihe an reichblühenden Sorten, die sich auch für die Küche eignen.

Auch im Gemüsegarten lassen sich kurzlebige Dauerblüher wie dieses Eisenkraut (*Verbena bonariensis*) verwenden.

Eine Art Fazit

In den ersten beiden Jahren klappte alles vorzüglich, erst ab dem dritten Jahr bekam ich leider Platzprobleme für das Gemüse durch die immer breiter wachsenden Stauden. Während der Saison belegten wir die einzelnen Flächen immer wieder. Ein besonderes Highlight war dann im Herbst der Zuckerhutsalat, der ja ein Vitaminbringer allererster Güte für die kalte Jahreszeit darstellt. Er blieb bis in den November hinein stehen und wurde dann nach und nach abgeerntet, die restlichen Salate an einem trockenen Platz eingeschlagen. Wie in jedem anderen Gemüsegarten sollte gegen Jahresende möglichst alles abgeerntet sein. Auf die kahlen Flächen verteilten wir ausgereiften Kompost, der im zeitigen Frühjahr mit dem Krail leicht eingearbeitet wurde. Guter Kompost ist eine Notwendigkeit, um Gemüse und Beetstauden immer ausreichend mit Nährstoffen zu versorgen. Es besteht übrigens überhaupt keine Notwendigkeit, im Spätherbst die frei gewordenen Flächen mit dem Spaten umzugraben. Auflockern im Frühling reicht vollkommen!

Diese unkonventionelle Methode eines Nutzgartens regt die Experimentierfreude an und macht großen Spaß, ohne dass dabei die Arbeit je ausartet. Jedenfalls nicht mehr oder weniger als in anderen Bereichen des Gartens. Und zugleich gibt es positive Effekte für die Küche und den Gaumen. Vor allem jüngeren Leuten möchte ich mit dieser Idee Mut zusprechen, es einmal auf diese Weise im Garten zu versuchen – abseits von jeder Norm und Zwängen. Und falls es misslingt, können die verbliebenen Lücken statt mit Salat und Kohl schnell wieder mit Begleitstauden aller Art belegt werden.

Wintersalat mit Zuckerhut

Die Hälfte eines großen Zuckerhut-Salates reicht locker für 4 Personen.

Für die Marinade:
2 EL heller Balsamico-Essig, 3 EL Olivenöl,
1 EL Sahne, 1 Spritzer Kürbiskernöl,
1 Knoblauchzehe, 1 TL scharfer Senf,
Pfeffer aus der Mühle, Salz, Liebstöckl.

Den in sehr feine Streifen geschnittenen Salat nur leicht in einem Sieb waschen, da sonst die wertvollen Bitterstoffe verloren gehen. Alle anderen Zutaten vermengen und kurz vor dem Servieren mit dem geschnittenen Salat vermischen. Lecker!

Ideenreich: Stauden in Töpfen, Kisten und Kübeln

Nachhaltig beeindruckt haben mich einige Staudenkombinationen, wie man sie im Elsass oft bewundern kann. Dort werden allerlei Stauden und Gräser zwischen den üblichen Sommerflor gepflanzt, was dem Ganzen eine besondere Note verleiht.

Kreative Ideen mit Liebesgras

Dabei ist mir insbesondere das Südafrikanische Liebesgras (*Eragrostis curvula*) aufgefallen. Gepflanzt wird es dort von den kreativen Balkongärtnern vor allem in Hanging-Baskets. Oft zusammen mit Pelargonien, Buntnesseln und diesen gelb- und dunkelblättrigen Süßkartoffeln, die ihre langen Winden nach unten baumeln lassen.

Das Liebesgras stammt aus Südafrika und wird inzwischen in vielen Gärten gepflanzt. Es existieren mehrere Typen. Bei einem Besuch der kleinen Privatgärtnerei von Hannay's of Bath in der Nähe von Bristol in England nahm ich dieses Gras Ende der 1980er-Jahre mit. Damals sagte mir die Besitzerin, sie glaube nicht, dass es in Österreich winterhart wäre. Um es kurz zu machen, es existiert in unserem Schaugarten bis heute und erfreut sich allgemeiner Beliebtheit. Im Schaugarten steht eine größere Gruppe am Fuße eines Perückenstrauches. Dort herrschen sehr trockene Verhältnisse, daher wird es höchstens 50 cm hoch. Besagte Hanging-Baskets im Elsass werden dagegen regelmäßig gegossen – und so präsentiert sich das Gras dort bis zum Herbst nahezu meterhoch. Verwendet wird dort auch das Südamerikanische Fiedergras (*Nasella tenuisissima*), aber weit eindrucksvoller ist sicher das Liebesgras.

Herbstzauber – aber richtig

In den letzten Jahren wurden einige buntblättrige Stauden für den sogenannten Herbstzauber vermarktet: insbesondere gelb- und rotblättrige Purpurglöckchen kombiniert mit Winterheide und viel Silber- und Graublättrigem. So kreativ sich hier auch die Gärtner zeigten – Stauden wurden mit einem Mal zum Wegwerfartikel degradiert und ihre Dauerhaftigkeit spielte keine Rolle mehr.

Nun bleibt es sicher dem einzelnen Gartenliebhaber überlassen, ob er diese Herbstzauberpflanzen später in den Garten pflanzt oder ob sie tatsächlich auf dem Kompost landen. Es steht jedenfalls fest, dass diese Art von Bepflanzung allerhöchstens für ein paar Monate zu gebrauchen ist. Danach ist die Erde verbraucht, die Stauden hungern und wachsen sozusagen „rückwärts".

Stauden, die über längere Zeit in Balkonkästen, Terrakottatöpfen oder Trögen bleiben können, suchen wir beim üblich vermarkteten Herbstzauber vergeblich. Wir finden sie aber bei den Steingartenstauden sowie den Funkien und sehr robusten Stauden wie dem Riesensteinbrech und einigen anderen Gattungen, mit denen wir Gefäße der unterschiedlichsten Art für einige Jahre bepflanzen können. Ich sage bewusst für einige Jahre, denn irgendwann sollte jedes bepflanzte Arrangement neue Erde bekommen und die Stauden verjüngt werden.

Schattenstauden in Töpfen

Besonders hübsch und begehrt sind Funkien in großen Töpfen. Die Liebhaber und Sammler von Funkien lassen sich dafür einiges einfallen, ich sah sie sogar schon in alten Zink-Wäschewannen und Pökelzubern. Es müssen also gar nicht unbedingt frostfeste Terrakotta-Töpfe sein. Sehr ansprechend stehen Funkien in Töpfen am Nordeingang des Hauses oder akzentuiert an jeder x-beliebigen Stelle im halbschattigen Garten. Am schönsten ist eine Gruppe mit sechs bis sieben Exemplaren unterschiedlichster Sorten, also beispielsweise eine riesige *Hosta* 'Blue Angel' neben einer mittelgroßen 'Liberty', davor die grauweiße 'El Niñyo' und die gelbgrüne 'June', auf der anderen Seite zwei gelb panaschierte Sorten und eine grüne 'Sparkling Burgundy' sowie 'Night Before Christmas'. Je größer der Kontrast, umso abwechslungsreicher und lebendiger wird die Szenerie. Solche Funkien-Arrangements können auch ohne Weiteres durch andere Staudenarten in Töpfen belebt werden.

Üppige Fülle entsteht, wenn der Sommerflor durch Südamerikanisches Federgras (*Nasella tenuifolia*) ergänzt wird.

Sonnenhungrige Kakteen und mehr

Leider bekommt man Balkonkästen aus Ton oder aus verzinktem Blech nur selten zu Gesicht. Dabei könnten diese mit winterharten Kakteen bepflanzt und an Ihren südseitig gelegenen Fenstern aufgestellt werden, wo die Sonne so richtig in Aktion tritt. Wir haben an der Ostseite unseres Hauses mehrere Kisten mit Opuntien, *Cylindropuntia* und einigen *Echinocereus* bepflanzt. Die Kästen passen durch ihre ziegelbraune Färbung bestens zum Pflanzenarrangement mit Kakteen. Die Zwischenräume bepflanzte ich mit winterharten Mittagsblumen und einigen Hauswurzen, der restliche Platz wurde mit Kieselsteinen belegt. Außerordentlich erstaunlich war für mich die Tatsache, wie lange diese Bepflanzung hielt, ohne jegliches Umpflanzen. Gegossen wurde in der Vegetationszeit nur einmal pro Woche, danach alle paar Wochen, wobei dem Gießwasser in der Vegetationszeit zwischen April und August eine Spur Flüssigdünger beigefügt wurde. Auf diese Weise kann eine Balkonkistenbepflanzung auch ausschließlich mit flachwachsenden Fetthennen (*Sedum*) oder allein mit Hauswurz unterschiedlichster Sorten erfolgen. Da fällt mir noch eine sehr originelle Form der Bepflanzung ein. Bei einer Wiener Künstlerin erwarb ich einige Bilderrahmen aus Keramik mit kleinen, ausgesparten Nischen, wo einige Hauswurzen Platz fanden. So entstanden erstmalig bepflanzte Bilder. Ebenso erinnere ich mich noch an jene Keramikköpfe, die wir mit allerlei Fetthennen ausstatteten, sodass sie später wie eine ondulierte Haarpracht aussahen.

Durch die so unglaubliche Formenvielfalt innerhalb des Staudenreiches eröffnen sich ungeahnte Möglichkeiten der Kreativität – nicht nur im Garten, sondern auch in der Fantasie. Es lassen sich sogar Miniaturabbildungen von Hochgebirgen auf kleinstem Raum schaffen: Aber das ist eine ganz andere Geschichte!

Keramikbilder lassen sich mit Hungerkünstlern kreativ bepflanzen.

Diese Afrikanische Schmucklilie begleitete mich bereits mein ganzes Leben. Im Jahr 2016 hatte sie 34 Blütendolden!

Über Christian Kreß und Sarastro Stauden

Sarastro-Stauden wurde 1995 von Christian Kreß gegründet und kontinuierlich zu einer Sortimentsgärtnerei ausgebaut. Durch weitreichende Kontakte zu Sammlern und Züchtern in aller Welt findet der Kunde hier ein breitgefächertes Staudenangebot mit vielen Seltenheiten aus aller Welt. Schwerpunkte sind Schattenstauden, aber auch Alpine, sowie ein großes Sortiment an *Phlox paniculata*, dem Hohen Stauden-Phlox.

Von Anfang an wurde auf Ambiente und Schaugärten großen Wert gelegt, um die Gärtnerei zu einer Attraktion werden zu lassen.

Stauden verbinden und lassen sich zu einer harmonischen und friedlichen Einheit verquicken, aus welchem Land sie auch immer herkommen, wenn der Mensch es zulässt. Dies könnte man sich in unserer Zeit als einen friedlichen Maßstab nehmen – fremdländisch und einheimisch nebeneinander, in ein und derselben Gartenkultur. Nazrih sei dieses Buch gewidmet, er möge nun in Sicherheit unter uns leben.

Bezugsquellen

Empfehlenswerte Staudengärtnereien mit Pflanzenversand

Sarastro-Stauden
Christian H. Kreß
A–4974 Ort im Innkreis
office@sarastro-stauden.com
www.sarastro-stauden.com

Die Staudengärtnerei
Till Hofmann & Fine Molz GbR
Alte Iphöfer Str. 27
D–97348 Rödelsee
www.die-staudengaertnerei.de

Staudenclematis Manfred Herian GbR
Adlesweg 11
D–89440 Lutzingen OT Unterliezheim
www.clematis-herian.de

Planwerk, Hostagärtnerei am Chiemsee
Volker Eschenbach
Esbaum 2
D–83358 Seebruck
shop.hostaversand.eu

Gärtnerei am Nassachtal
Georg Mayer
Heerstraße 150
D–73066 Uhingen
www.nassachtal-gaertnerei.de

Gärtnerei Staudenfan GbR
Adrian Hülsewede und Christian Wever
Dohlenweg 13
D–40668 Meerbusch
www.staudenfan.de

Gartenbau M. Härtl GmbH & Co. KG
Am Frießelsbach 3
D–34305 Niedenstein
www.ihrgartenbau-haertl.de

Empfehlenswerte Staudengärtnereien ohne Versand

Stauden Kopf KG
Thomas und Elke Kopf
Haltestelleweg 2
A–6832 Sulz
www.stauden-kopf.at

De Hessenhof
Hans und Miranda Kramer
Hessenweg 41
NL–6718 TC Ede
www.hessenhof.nl

Kakteen und Staudengärtnerei
Schleipfer
Sedlweg 71
D–86356 Neusäß

Franks Salvias
Frank Fischer
Im Fuchsloch 1
D–79224 Umkirch
www.franks-salvias.de

Gärtnerei Ewald Hügin
Zähringer Straße 281
D–79108 Freiburg
www.ewaldhuegin.com

Staudengärtnerei
Gerhild Diamant
Mühlenweg 39
D–47239 Duisburg
www.stauden-diamant.de

Wichtige Pflanzenmärkte

Termine bitte den jeweilgen Websites entnehmen; meist ein- bis zweimal jährlich. Und natürlich gibt es viele regionale Märkte, die sich auch sehr lohnen!

Berliner Staudenmarkt
Im Botanischen Garten Berlin-Dahlem
Unter den Eichen 5
D–12203 Berlin
www.berliner-staudenmarkt.de

Freilichtmuseum am Kiekeberg
Am Kiekeberg 1
D–21224 Rosengarten-Ehestorf
www.kiekeberg-museum.de

Freisinger Gartentage
Landratsamt Freising
Landshuter Str. 31
D–85356 Freising

Wiener Raritätenbörse
Botanischer Garten der Universität Wien
Am Rennweg 3
A–1030 Wien

Gartentage Seitenstetten
Stift Seitenstetten
Am Klosterberg 1
A–3353 Seitenstetten

Vereine und Verbände

Gesellschaft der Staudenfreunde e. V.
GdS Geschäftsstelle: Evi Roth

Neubergstraße 11
D–77955 Ettenheim
www.gds-staudenfreunde.de

Perenne e.V.
Verein für Staudenzüchtung und Sortimentsentwicklung
Anja Rehse
Reimersweg 12
D–21077 Hamburg
www.perenne.de

Internationale Staudenunion (ISU)
Godesberger Allee 142–148
D–53175 Bonn
www.isu-perennials.org

Staudensichtungsgärten und Schaugärten

Staudensichtungsgarten der Fachhochschule für Gartenbau, Weihenstephan
Am Staudengarten 8
D–85345 Freising/Weihenstephan
www.hswt.de/fgw

Schau- und Sichtungsgarten Hermannshof e. V.
Babostraße 5
D–69469 Weinheim/Bergstraße
www.sichtungsgarten-hermannshof.de

Schaugarten der Bayerischen Landesanstalt für Weinbau und Gartenbau (LWG)
An der Steige 15
D–97209 Veitshöchheim
www.lwg.bayern.de

Sichtungsgarten Hannover (Berggarten)
Herrenhäuser Straße 4
D–30419 Hannover
www.hannover.de/herrenhausen

Peter Janke Gartenkonzepte
Hochdahler Straße 350
D–40724 Hilden
www.peter-janke-gartenkonzepte.de

Einige Lesetipps

Chatto, Beth; Lloyd, Christopher: Dear Friend and Gardener. DVA 2013

Chatto, Beth: Schattengarten. DVA 2011

Chatto, Beth: Der Kiesgarten. Gärtnern auf trockenem Standort. Ulmer Verlag 2013

Coulthard, Sally: Shabby Style im Garten. Christian Verlag 2013

Davies, Aaron; Grimshaw, John; Bishop, Matt: Snowdrops. A Monograph of Cultivated Galanthus. The Griffin Press 2006

Foerster, Karl: Ein Garten der Erinnerung. Ulmer Verlag 2009

Gerritsen, Henk: Gartenmanifest. Ulmer Verlag 2014

Hinkley, Daniel: The Explorer Garden. Timber Press 2009

Janke, Peter: Meine Vision wird Garten. Becker Joest Volk Verlag 2012

Kummert, Fritz: Pflanzen für das Alpinenhaus. Ulmer Verlag 1989 (nur noch antiquarisch erhältlich)

Lugerbauer, Katrin: Schattenstauden. Ulmer Verlag 2017

Oudolf, Piet: Design trifft Natur. Die modernen Gärten des Piet Oudolf. Ulmer Verlag 2013

Oudolf, Piet; Kingsbury, Noël: Neues Gartendesign mit Stauden und Gräsern. Ulmer Verlag 2014

Perdereau, Philippe; Willery, Didier: Filigrane Leichtigkeit. Ulmer Verlag 2012

Reif, Jonas; Kress, Christian: Blackbox Gardening. Mit versamenden Pflanzen Gärten gestalten. Ulmer Verlag 2014

Ruksans, Janis: Buried Treasures. Timber Press 2007

Smit, Tim: Lost Gardens of Heligan. Ulmer Verlag 2016

Wegerer, Ruth: Gärtnerin aus Liebe. Brandstätter Verlag 2008

Gartenpraxis, Ulmers Pflanzenmagazin. Ulmer Verlag, erscheint monatlich

Register

A
Abmagern 186
Acantholimon 42
Acer
– *rubrum* 'October Glory' 153
– *triflorum* 153
Ackerunkraut 108
Ackerwinde 109
Aconitum 74
Aconogonon polymorphum 'Johanniswolke' 148, 181, 196
Actaea 62
Aegopodium podagraria 'Variegata' 168
Agastache 191
Ageratina altissima 'Chocolate' 180
Agropyron magellanicum 191
Ahorn
– Dreiblatt- 153
– Rot- 153
Ajuga reptans 175
– 'Atropurpurea' 175
– 'Catlin's Giant' 175
– 'Grey Lady' 175
– 'Jungle Beauty' 175
– 'Multicolor' 175
– 'Silver Carpet' 175
– 'Variegata' 175
Alchemilla
– *epipsila* 181, 209
– *mollis* 209
Allium schoenoprasum 'Forescate' 128, 210
Alpengarten 199
Alpenpflanzen 198, 206
Alpenveilchen, Vorfrühlings- 154, 160
Alpinenhaus 123
Alpinum 14, 199, 200, 202
Althaea cannabina 191
Ammophila breviligulata 191
Amsonia 65, 79
– *illustris* 128
Amsonie 65, 79, 128
Anaphalis margaritacea 49
Androsace 206
Anemone
– *japonica* 'Honorine Jobert' 161
– *japonica* 'Whirlwind' 161
– Herbst- 72
– Japanische 161
– *nemorosa* 'Rotkäppchen' 122
– *tomentosa* 'Robustissima' 72
Arnebia pulchra 118
Artemisia
– *lactiflora* 'Elfenbein' 144
– 'Powis Castle' 191
Artenvielfalt 148
Aspektbildner 62
Asphodeline lutea 191
Asphodelus albus 191

Aster
– Frikarts 129
– Glattblatt- 129
– Herbst- 95
– Kissen- 129
– *amellus* 26, 191
– *dumosus* 95
– *dumosus* 'Augenweide' 129
– *linosyris* 191
– *novi-belgii* 95
– *novi-belgii* 'Nannis Liebling' 129
– *pilosus* 147
– × *frikartii* 26
– × *frikartii* 'Wunder von Stäfa' 129
Astilbe 114
– Arendsii-Hybriden 176
– Japonica-Hybriden 176
Astilboides tabularis 173
Aussaat 111
Aussaaterde 112
Auswintern 30

B
Bärlauch 75
Beet anlegen 61
Beete, wechselfeucht 180
Beetform 53
Beetgestaltung 62
Beetgröße 53
Beetrandbepflanzung 209
Beetstauden 55
Begleitstauden 46, 53, 61, 144, 154
– Rosen- 49
Begleit- und Füllpflanzen 208
Begleit- und Füllstauden 62, 210
Beinwell 167
Bergenia 190, 191
– 'Eroica' 130, 194
– 'Herbstblüte' 209
– 'Morgenröte' 65
Bergenie 130, 209
Bergfenchel 69
Bergknöterich 148, 181, 196
Bergminze 131
Berufskraut 147
Blackbox Gardening 79, 141, 145
Blackbox-Gartenstaude 125
Bleiwurz 161, 167
Bloom, Alan 53
Blühfolge 61
Blütenhöhepunkte 154
Boden
– abmagern 186
– verbessern 50
– vorbereiten 82, 194
Bodenbearbeitung 29
Bodendecker 75, 144, 155, 161, 167, 168
Bodenverdichtung 82, 172
Bodenverhältnisse 49
Boehmeria 76

Boltonia asteroides 'Snowbank' 148
Botrytis galanthae 99
Bottke, Eva 136
Bukiniczia cabulica 119
Buxus sempervirens 153, 191

C
Calamagrostis
– *brachytricha* 130
– × *acutiflora* 'Karl Foerster' 148
Calamintha nepeta 191
– subsp. *nepeta* 'Triumphator' 131
Campanula
– *punctata* var. *hondoense* 33
– 'Sarastro' 67, 131
– *trachelium* 33
– × *pulloides* 'G.F. Wilson' 206
Carex
– *elata* 'Bowle's Golden' 183
– *grayi* 183
– *montana* 159
– *morrowii* 'Gilt' 158
– *morrowii* 'Variegata' 148
– *muskingumensis* 'Oehme' 178
– *muskingumensis* 'Silberstreif' 178
– *pendula* 159, 178
– *pulicalis* 159
– *umbrosa* 159
Carter, John 18
Caryopteris × *clandonensis* 191
Ceratostigma plumbaginoides 161
Chatto, Beth 154, 184
Chelone lyonii 'Pink Temptation' 176
Chelonopsis moschata 176
Chinaschilf 148
Chinesische Brennnessel 76, 126
Chrysanthemen
– Garten- 132
– Herbst- 114, 147
Chrysanthemum
– 'Herbstkuss' 147
– 'Poesie' 132
Chrysogonum virginianum 'Andre Viette' 122
Cimicifuga 62
Colchicum 163
– *autumnale* 75
– 'Nancy Lindsay' 122
Convallaria 75
– 'Hardwick Hall' 157
– *majalis* 157, 170
Corydalis
– 'Craighton Blue' 123
– *elata* 123
– *flexuosa* 123
– *solida* 'Beth Evans' 162
– *solida* 'George Baker' 123, 162
Corylopsis pauciflora 153
Cotoneaster divaricatus 153
Crambe maritima 191, 194

Crocus speciosus 163
Cyclamen coum 154, 160

D
Dachbegrünung 196
Dactylorhiza sambucina 38
Daphne mezereum 76
Darmera peltata 173
– 'Nana' 173
Dauerblüher 131
Dauerhaftigkeit 32, 65, 79
Dauerheld 65, 66
Delosperma 191
– 'Fire Spinners' 119
Delphinium 95
– Elatum-Hybride 'Morgentau' 132, 144
Desmodium canadense 191
Dianthus plumarius 'Ohrid' 120
Dickmännchen 155
Dionysia 199
Draba 206
Drängler 70
Dryopteris 48
– *cristata* 178
Duftnessel 190
Dunkelkeimer 112
Dynamik 59, 61, 79, 145, 147

E
Echinacea 67
– *purpurea* 'Wuschelkopf' 127
Edelraute 144
Ehrenpreis, Hoher 144
Eigendynamik 20
Einbeere 75
Einfassungspflanze 129, 210
Einfassungspolster 102
Einfassungsstaude 209
Eisenhut 74
Eisenkraut, Argentinisches 146
Elfenblume 65, 155, 167
Endemiten 41
Enzian 207
Epimedium 65
– *perralderianum* 167
– *pinnatum* 'Elegans' 167
– × *perralchicum* 'Frohnleiten' 155, 167
Equisetum
– *hyemale* 176
– *hyemale* var. *camtschaticum* 176
– *telmateia* 176
Eragrostis 191
– *curvula* 213
Eranthis hyemalis 112
Erbler, Franz 17, 136, 144
Eremurus robustus 191
Erigeron annuus 147
Erodium
– *daucoides* 133
– *manescavii* 133
– × *hybridum* 133, 191
Eselsdistel 145

Etikettieren 156
Eupatorium purpureum 180
Euphorbia
– *amygdaloides* 'Purpurea' 133
– *amygdaloides* var. *robbiae* 166
– *characias* 191
– *characias* subsp. *wulfenii* 190
– *cornigera* 'Goldener Turm' 134
– *griffithii* 'Dark Form' 134
– *griffithii* 'Dixter's Variety' 134
– *griffithii* 'Fern Cottage' 134
– *griffithii* 'Fire Glow' 134
– *palustris* 48, 176
– *villosa* 177
Exkursionen, botanische 40
Extremstandorte 192

F

Fähndrich, Anton 202
Fallopia
– *japonica* 72
– *sachalinensis* 72
Farbkombinationen 86
Farne 48
Federgras, Riesen- 190
Federmohn 70
Felberich 70
Felsenmispel 153
Festuca 190, 191
Fetthenne 170
– Hohe 34, 140, 209
Flächendecker 170
Flachwurzler 168
Fluche, Eberhard 158
Flügelknöterich 72
Foerster, Karl 36, 65, 92, 122, 138, 162
Foerster, Marianne 129
Folie 188
Frauenmantel 181, 209
Frühjahrspflanzung 20
Frühjahrsrückschnitt 164
Frühjahrssaison 25
Frühlingsgeophyten 60
Füllstaude 53
Funkie 103, 213

G

Gaganov, Pavel 138
Galanthus
– 'Atkinsii' 124
– 'Brenda Troyle' 124
– 'Magnet' 124
– 'Merlin' 124
– *plicatus* 'Spindlestone Surprise' 124
– *reginae-olgae* subsp. *reginae-olgae* 163
– 'S. Arnott' 124
Gamander
– Dunkelgrüner 209
– Persischer 170
Gartenbereich 46
Gartenkultur 36
Garten, pflegeleichter 21

Gartenreisen 20
Gartenschauen 61
Gartenszene 20
Gartentage 27
Gärtnerei Ashwood Nurseries 156
Gebirgsstauden 202
Gehölzstecklinge 115
Gemüse 208, 210
Genista 191
Gentiana acaulis 207
Geranium 13
– 'Bressingham Pink' 135
– *cinereum* 51
– *dalmaticum* 40, 51
– 'Dragon Heart' 135
– *himalayense* 'Irish Blue' 63
– *macrorrhizum* 41, 78, 168
– *macrorrhizum* 'Czakor' 168
– *macrorrhizum* 'Mytikas' 169
– *macrorrhizum* 'Olympos' 169
– *macrorrhizum* 'Prionia' 169
– *macrorrhizum* 'Spessart' 168
– *macrorrhizum* 'White-Ness' 169
– *palustre* 180
– *psilostemon* 135
– ROZANNE ® 67
– × *cantabrigiense* 78
– × *cantabrigiense* 'Biokovo' 169
– × *magnificum* 'Wisley Blue' 102
– × *oxonianum* 'Königshof' 135
Gerüststauden 46
Geselligkeitsstufen 46, 63, 194
Gesellschaft der Staudenfreunde (GdS) 24, 112
Gesteinsart 202
Gewächshäuser 13
Giersch 85, 108, 168
gießen 28, 86, 90
Gilbfelberich 70
Glockenblume 131, 206
– Nesselblättrige 33
– 'Sarastro' 33
Goldkörbchen 122
Goldleistengras 73
Goldrute 140, 141
Grabgabel 84
Gräser 61, 94, 95, 158, 182, 190
growing for showing 199
Grundgerüst 61
Gruppenstaude 129
Günsel 175
Gypsophila repens 191

H

Haberlea rhodopensis 206
hacken 29, 108
Hakonechloa
– 'All Gold' 158
– 'Aureola' 158
– *macra* 65, 124, 158
Halbschattenstauden 122
Halbschatten, trockener 167, 171

Hamamelis 153
Händel, Andreas 125, 129
Handspaten 89
Hanging-Basket 213
Hansen, Richard 46
Hätschelpflanzen 66
Hauswurz 115
Spinnweb- 196
Helenium 95
– 'El Dorado' 136
Helianthemum 105
Helictotrichon sempervirens 190, 191
Helleborus
– *argutifolius* 170
– *foetidus* 125, 170
– *foetidus* 'Sopron' 171
– *foetidus* 'Wester Flisk' 125, 171
– Orientalis-Hybriden 156
Hemerocallis 65
– 'Haller Kardinal' 136
Hepatica nobilis 'Maria Theresia' 125
Herbizide 28
Herbstblüher 61, 163
Herbstpflanzung 20, 26, 30, 89
Herbstzauber 213
Herzblattwurz 161
Heuchera 'Plum Pudding' 209
Hochbeete 80
Holunder 153
Hosta
– 'Blue Angel' 103, 154
– Garten- 19
– 'On Stage' 154
– 'Patriot' 154
– 'Tardiflora' 127, 162
– verjüngen 103
Hügin, Ewald 34, 192
Humus 84
Hungerblümchen 206
Hylotelephium 34
– *atropurpureum* 34
– *spectabile* 34
– *telephium* 191
Hymenoxys scaposa 120

I

Iberis 105
Igelpolster 42
Inselbeet 53, 144
Internationale Staudenunion (ISU) 11, 34, 38
in the green 99
Iris 194
– Bart- 101
– Dach- 197
– Oncocyclus- 137
– Regeliocyclus- 137
– Sumpf- 180, 182
– *barbata-elatior* 101, 191
– *barbata-media* 101
– *barbata-nana* 101, 191
– *danfordiae* 191
– *pseudacorus* 180

– *pseudacorus* 'Variegata' 182
– *reticulata* 191
– *sibirica* 48, 101, 180
– *sibirica* 'Cambridge' 70
– 'Spirit of Khaleb' 137
– *tectorum* 197
– *variegata* 191
Isodon
– *rubescens* 126
– *umbrosus* 126

J

Japangras 65, 124, 158
jäten 106, 189
Jungpflanzen 114
Juniperus 191

K

Kakteen, winterharte 214
Kalksinter 202
Kaltkeimer 112
Katzenminze 137
Kautz, Wolfgang 132
Kiesgärten 184, 186, 188
Kiesgrößen 189
Kiesschicht 188
Klon, steriler 120
Knabenkraut, Holunder- 38
Knautia macedonica 145, 146
Kombinationen 69
Kompost 85, 108, 164, 211
Königsfarn 178
Königskerzen 42
Kopf- und Teilstecklinge 110
Krail 83, 85
Kramer, Hans 156
Kreisregner 28
Krokusse, Herbst- 163
Kuhtritt 118
Küstenmammutbaum 24

L

Lampionblume 73
Langlebigkeit 65
Langzeitdünger, organischer 85
Lavandula angustifolia 191
Lavendel 190
Lebensbereich 46, 56, 59, 69
– Beet 60, 63
– Freifläche feucht 63, 180
– Freifläche trocken 63
– Gehölz 48
Leberblümchen 125
Lebermoos 109
Lehmboden 50
Leitstauden 46, 61, 62, 144, 154, 210
Lenzrosen, Ashwood- 156
Lerchensporn 123, 162
Leymus arenarius 73, 191
Lichtkeimer 112
Liebesgras, Südafrikanisches 213

Lieblingsstauden 63, 65, 79, 117
Lilie, Tiger- 76
Lilium lancifolium var. *splendens* 76
Lithospermum purpurocaeruleum 170
Lock, Sigurd 120, 158
Löwenzahn 108
Lungenkraut 155
Lysichiton
– *americanus* 175
– *camtschatkensis* 175
Lysimachia
– *ciliata* 'Firecracker' 70
– *nummularia* 175
– *nummularia* 'Aurea' 175
– *punctata* 70

M
Macleaya cordata 70
Maiglöckchen 75, 157, 170
Mannsschild 206
Massey, John 156
Matteuccia struthiopteris 178
Meconopsis betonicifolia 56
Meerkohl, Echter 194
Mehlbeere 153
Metasequoia glyptostroboides 153
Minimalismus 148
Miscanthus
– *sacchariflorus* 73
– *sinensis* 'Kleine Silberspinne' 148
– *sinensis* 'Sioux' 148
Mittagsblumen 119
Mixed Border 64
Molinia arundinacea 79
Muhlenbergia 191
Mulchschicht 90, 95, 106, 109, 188
Mutterpflanzen 11, 24, 25, 27

N
Nachtschatten, Kaukasischer 77
Nachtschattengewächse 77
Nasella tenuisissima 213
Näser, Konrad 122
Nelke, Feder- 120
Neophyten, invasive 72
Nepeta racemosa 95
– 'Walker's Low' 63, 137
Neuheiten 69
Neuzüchtungen 67
Nieswurz 125
– Korsische 170
– Palmblatt- 170
Nutzgarten 211
Nyssa sylvatica 153

O
Oenothera pilosella 191
Onopordum acanthium 145
Opuntia 191
Origanum vulgare 'Thumble's Variety' 102
Osmunda regalis 178

P
Pachysandra
– *procumbens* 155
– *terminalis* 155
Paeonia 65
Pagels, Ernst 130, 134, 155
Palmlilien 105
Panicum virgatum 'Northwind' 144
Papaver orientale 191
Paris quadrifolia 74
Patina 203
Peglow, Uwe 136
Penstemon × *mexicallii* 191
Perlkörbchen, Großes 49
Pestwurz 172
Petasites 172
Pfeifengras 79, 148
Pfennigkraut 175
Pfingstrosen 27, 65, 103, 104
– verjüngen 104
Pflanzabstände 86
Pflanzbeispiele 143
Pflanzdichte 53
Pflanzen 86, 89
Pflanzenliste 61
Pflanzenstärkungsmittel 109
Pflanzenverwendung, 190
Pflanzplan 61, 86
Pflege 148, 194
Phlox 139
Phlox
– Museum 7
– *paniculata* 26, 95
– *paniculata* 'Drakon' 138
– *paniculata* 'Düsterlohe' 138
– *paniculata* 'Ostinato' 139
Physalis alkekengii 73
Physoclaina orientalis 77
pikieren 114
Pionierpflanzen 106
Platzbedarf 53
Pleioblastus pygmaeus 72
Pleione limprichtii 126
Plünderungen 39
Polsterstauden 105
– Alpine 200
Polygonatum 75, 105
– *biflorum* 'Giganteum' 148, 157
– *hirtum* 157
– *odoratum* 157
– *roseum* 157
Polystichum polyblepharum 170
Poncirus trifoliata 191
Prachtspiere 114, 176
Präriegärten 56

Prärielilie 60
Primel 159
– Echte Teppich- 159
– Himalaya- 174
– Historische 159
– Kissen- 159
Primula
– *florindae* 174
– *japonica* 174
– *juliae* 159
– *prolifera* 174
pruhoniciensis 159
– *vulgaris* 159
– × *bullesiana* 174
– × *pubescens* 40, 199
Problemzonen 166
Prophetenblume 118
Prunus tenella 191
Pulmonaria 155
Purpurglöckchen 209

Q
Quecke 85

R
Ranunculus ficaria 18, 154
– 'Double Bronce' 126
Ranunkel, Zwerg- 19, 154
Raritätenbörsen 27
Reiherschnabel 133
Reitgras 148
– Koreanisches Diamant- 130
Rhizom- und Wurzelschnittlinge 110
Rhodopenrächer 206
Riesensteinbrech 190, 209
Rigolen 83
Rindendekor 85, 90
Rindenhumus 90
Risslinge 39
Rittersporn 95, 132, 144
Rückschnitt 79, 94, 95, 148
Rutenhirse 144, 148

S
Salomonssiegel 75, 105, 157
Salvia
– *nemorosa* 95, 191
– *officinalis* 190, 191
– *sclarea* var. *turkestanica* 191
Sambucus nigra 'Variegata' 153
Sammlergarten 150
Sanguisorba
– 'Chocolate Tip' 210
– *officinalis* 181
– 'Scapino' 139
Santolina chamaecyparissus 191
Saponaria
– *hausknechtii* 120
– *sicula* var. *intermedia* 'Sigurd' 120
Saruma henryi 161
Saxifraga 199

– *cortusifolia* var. *fortunei* 162
– *fortunei* 127
– *ongifolia* 40, 121
Saxifragensammlung 16
Schachtelhalm
– Acker- 109
– Riesen- 176
Scharbockskraut 18, 25, 126
Schatten 171
– feucht 172
– trocken 169
Schattenblume 105
Schattengarten 122, 152, 159
– Pflege 164
Schatteninsel 153
Schattenstauden 213
Schau-Aurikel 199
Schaubeete 20
Schaugarten 19, 30, 196, 208
Scheincalla 175
Scheinhasel 153
Scheinmohn 56
Scheinsonnenhut 67
Schildblatt 173
Schildfarn 170
Schlangenbart 176
Schleifenblume 105
Schleipfer, Eugen 147
Schmidt, Hans Martin 16
Schneeball 153
Schneeglöckchen 98, 124, 156
– Herbst- 163
Schneeglöckchentage 24
Schnittlauch 128, 197, 210
Schwerkeimer 112
Schwertlilie 194
– Sibirische 48, 101, 180
Schwingel, Atlas- 190
Scilla greilhuberii 191
Scopolia carniolica 77
– var. *hladnickiana* 77
Sedum 34
– Teppich- 48
– *floriferum* 48
– 'Matrona' 34, 67, 140
– *ponticum* 170
– *sieboldii* 162
– *telephium* 191
– *telephium* 'Indian Chief' 209
Segge 148, 159
– Morgenstern- 183
– Palmwedel- 178
– Riesen- 178
Seibert, Karl 160
Seidelbast 74, 76
Seifenkraut 120
Selbstaussaat 79
Selektionsarbeit 32
Selesi gummiferum 69
Sempervivum 115
– *arachnoideum* 196
– *tectorum* 196
Sequoia sempervirens 24
Setzschaufel 89

Silberimmortelle 49
Silberkerze 62
Smilacina 105
Solanaceae 77
Solidago
– 'Hiddigeigei' 140
– 'Loysder Crown' 141
Solitärgräser 73
Sommerpflanzung 89
Sonnenbraut 95
Sonnenröschen 105
Sorbus aria 153
Sortenechtheit 24
Sortimentsgärtnerei 22
Spaltengärten 201
Spartina pectinata 'Aureomarginata' 73
Spezialgärtnereien 22
Stachys lavandulifolia 121
Standortamplitude 48, 197
standortgerecht 56
Standortkennzahlen 46
Starkzehrer 99
Statik 147
Stauden
– abdecken 25, 30
– alpine 118
– Anordnung 61
– Anzucht 13
– austopfen 88
– giftige 74, 77
– hapaxanthe 119
– kurzlebige 100, 145
– langlebige 103
– positionieren 86
– Rückschnitt 189
– Vergesellschaftung 45
– verjüngen 100
– vermehren 30, 110
Staudenbeet 59
– anlegen 52
Staudengärtnerei 10, 28, 129
Staudenkombinationen 20
Staudenmischpflanzung 86
Staudenneuheiten 66
Staudenpflanzung 58
Staudenphlox, Hoher 26
Staudensichel 98
Staudensortiment 21
Staudentage 23

Staudenverwendung 36, 46, 59, 61, 65, 69
Staudenzüchter 155
Stecklinge 114
– Frühjahrs- 26
– schneiden 26
– Winter- 30
Stecklingsvermehrung 115
Steinbrech 15, 199
– Herbst- 162
– Oktober- 127, 162
– Pyrenäen- 40, 121
Steinbrechsammlung 16
Steine 203
Steingarten 14, 51, 199, 200
Steingartenpflanzen 204
Steingartenstauden 118, 206
Steinsame 170
Stein-Zeppelin, Helene von 155
Steppengärten 184
Sterilität 137
Sternwolkenaster 148, 181
Stinkkohl 175
Stipa gigantea 190
Stockteilung 110
Storchschnabel 78, 102, 135
– Armenischer 135
– Aschgrauer 51
– Balkan- 41, 168
– Dalmatinischer 40, 51
– Sumpf- 180
Strandroggen 73
Strategietypen 46
Straußfarn 178
Succisella inflexa 141, 145, 146
Südamerikanisches Fiedergras 213
Sumpfstauden 174
Sündermann, Franz 133
Symphytum grandiflorum 167
Symplocarpus foetidus 175
Syneilesis aconitifolia 162

T

Tafelblatt 173
Taglilie 27, 65, 103, 136, 144, 194
Tamarix 191
Tamberg, Tomas 180
Teilung 114

Teucrium
– *chamaedrys* 191
– *hyrcanicum* 170
– × *lucidrys* 209
Teufelsabbiss 146
Texturen 59, 61
Thalictrum
– 'Elin' 141
– *flavum* subsp. *glaucum* 141
– *reniforme* 69, 127
– *rochebrunianum* 141
Thymus vulgaris 190
Tibetorchidee 126
Tiefenlockerung 83
Tischalpinum 80
Toleranzschwelle 48
Tollkraut 77
Tommasini, Domenico 197
Topfen 28
Trockenheitsresistenz 166
Trockenmauerwall 80
Tulipa
– *humilis* 191
– *sylvestris* 191
– 'White Triumphator' 60
Tupelobaum, Nordamerikanischer 153

U

Überwinterungskästen 30
Umpflanzen 104
Unkraut 28, 147, 189
– auszupfen 29, 108
Unkrautsamen 85
Urweltmammutbaum 153

V

Verbascum 42
Verbena
– *bonariensis* 146
– *hastata* 146
– *hastata* 'Alba' 145
Verkauf 26
Verkehrsinsel 185
Vermehrung
– generative 110
– Stecklings- 26
– vegetative 110
Vernässung 172
Veronica gentianoides 191

Veronicastrum 'Lavendelturm' 144
versamende Pflanzen 79
Verwechslungsgefahr 75
Viburnum plicatum 'Mariesii' 153
Vlies 30, 188
Vogelmiere 108
Vorfrühlingsbilder 18
Vorfrühlingsblüher 154
Vorträge 23, 24

W

Wasserdost, Brauner 180
Wegerer, Ruth 7
Wiesenhafer, Blaustrahl- 190
Wiesenknopf 139, 181, 210
Wiesenraute 127, 141
– Chinesische 69
Windröschen, Busch- 122, 161
Wintergarten 155
Winterling 112
Wolfsmilch 134, 166
– Himalaya- 134
– Mandelblättrige 133, 166
– Mittelmeer- 190
– Sumpf- 48, 176
Wulfenia
– *baldaccii* 118
– *orientalis* 118
– × *schwarzii* 118
Wurmfarn 48
– Kamm- 178

X

Xerophytengarten 55

Y

Yucca 105
– *flaccida* 191

Z

Zaubernuss 153
Zeigerpflanzen 106, 108, 109
Zeitlose, Herbst- 75, 122, 163
Ziest 121
Züchtung 32
Zuckerhut 211
Zufallssämling 32
Zwergbambus 72
Zwiebelpflanzen 60
Zwiebelstauden 122

Bildquellen

Alle Fotos stammen vom Autor mit Ausnahme der folgenden:
Cecchini, Rachele Z.: Titelbild, 2, 4 links, 5 oben, 6, 8/9, 11, 12, 13, 14, 17, 19, 24, 25, 26, 27 oben, 28, 29, 30, 44/45, 47, 51, 55, 57, 68, 75, 79, 82, 83 oben und unten, 84, 88, 89 oben und unten, 93, 94, 95, 96/97, 98, 101, 103, 108, 110, 114, 115, 116/117, 118 oben, 147, 154, 167, 172, 186, 187, 190, 207, 215, 216/217
Flora Press/Martin Hughes-Jones: Seite 212
Manfred Ruckszio/shutterstock.com: Seite 109
mauritius images: Seite 16, 18, 34, 36, 37, 38, 40, 41, 42, 56, 71, 72, 73, 74, 76, 78, 104, 106, 112, 118 unten, 124 oben und unten, 126 Mitte, 133 unten, 140 oben, 155, 156, 159, 160, 163, 168, 169, 170, 174, 175, 180, 181 links, 183, 193, 198, 199, 205, 206, 210, 124 Mitte
Schmidt, Cassian: Seite 141 oben
StGrafix/shutterstock.com: Seite 90

Impressum

Die in diesem Buch enthaltenen Empfehlungen und Angaben sind vom Autor mit größter Sorgfalt zusammengestellt und geprüft worden. Eine Garantie für die Richtigkeit der Angaben kann aber nicht gegeben werden. Autor und Verlag übernehmen keine Haftung für Schäden und Unfälle. Bitte setzen Sie bei der Anwendung der in diesem Buch enthaltenen Empfehlungen Ihr persönliches Urteilsvermögen ein. Der Verlag Eugen Ulmer ist nicht verantwortlich für die Inhalte der im Buch genannten Websites.

Bibliografische Information der Deutschen Nationalbibliothek
Die Deutsche Nationalbibliothek verzeichnet diese Publikation in der Deutschen Nationalbibliografie; detaillierte bibliografische Daten sind im Internet über http://dnb.d-nb.de abrufbar.

Das Werk einschließlich aller seiner Teile ist urheberrechtlich geschützt. Jede Verwertung außerhalb der engen Grenzen des Urheberrechtsgesetzes ist ohne Zustimmung des Verlages unzulässig und strafbar. Das gilt insbesondere für Vervielfältigungen, Übersetzungen, Mikroverfilmungen und die Einspeicherung und Verarbeitung in elektronischen Systemen.

© 2017 Eugen Ulmer KG
Wollgrasweg 41, 70599 Stuttgart (Hohenheim)
E-Mail: info@ulmer.de
Internet: www.ulmer-verlag.de
Konzeption und Projektmanagement: SeitenWerk, Ute Rather, Hamburg
Lektorat: Ute Rather, Doris Kowalzik
Herstellung: Silke Reuter
Umschlagentwurf: Michaela Mayländer, Stuttgart, www.sistermic.de
Satz: Atelier Reichert
Reproduktion: timeRay visualisierungen, Jettingen
Druck und Bindung: Firmengruppe APPL, aprinta Druck, Wemding
Printed in Germany

ISBN 978-3-8001-0834-3